江西省2013高校人文社会科学重点研究基地
招标项目（JD1339）成果

江西科技师范大学2016年度著作
出版资助基金项目

U0652237

职业心理与测评

李 霞 _主编

施晶晖 陈水平 _副主编

北京师范大学出版集团
BEIJING NORMAL UNIVERSITY PUBLISHING GROUP
北京师范大学出版社

图书在版编目(CIP)数据

职业心理与测评/李霞主编. —北京:北京师范大学出版社,
2018.1

(工业与组织心理学)

ISBN 978-7-303-22977-2

Ⅰ. ①职… Ⅱ. ①李… Ⅲ. ①职业—应用心理学
Ⅳ. ①B84

中国版本图书馆 CIP 数据核字(2017)第 254238 号

营 销 中 心 电 话 010-58805072 58807651
北师大出版社高等教育与学术著作分社 http://xueda.bnup.com

出版发行:北京师范大学出版社 www.bnup.com
　　　　　北京市海淀区新街口外大街 19 号
　　　　　邮政编码:100875
印　　刷:北京京师印务有限公司
经　　销:全国新华书店
开　　本:787 mm×1092 mm 1/16
印　　张:12.75
字　　数:240 千字
版　　次:2018 年 1 月第 1 版
印　　次:2018 年 1 月第 1 次印刷
定　　价:49.00 元

策划编辑:何　琳　　　责任编辑:王星星
美术编辑:李向昕　　　装帧设计:金基渊
责任校对:陈　民　　　责任印制:马　洁

前　言

　　近年来，我国就业形势越来越严峻，高等教育培养的人才与企业招聘的职位出现"人职错位"现象，大学生毕业找不到工作，企业招不到合适的人才。即使就业，个体对就业单位不满意，跳槽现象频繁。为培养建设社会主义现代化的人才，整个教育系统面临挑战，针对这种现状，如何更好地进行职业教育，已成为当前社会和学者关注的一大热点问题。

　　在一个人漫长的一生中，有将近三分之一的时间被工作占据。职业是个体在这个世界上赖以生存和发展的一个重要依托。个体自踏入社会，为了在社会上立足，每个人就开始面临找什么工作、适合什么工作、是否对工作满意、要不要换工作等一些实际的生存和发展问题，其背后主要涉及的是个体的职业心理。职业心理又是个体一生中较为重要的一种心理体验，且国内外针对这些的研究逐渐丰富，但成果较为零散。本书尝试对相关研究成果进行整合。为使个体更好地了解个体的职业心理，达到更好的职业适应和发展，本书主要从科学性和实用性的角度出发，对个体入职前到入职后主要的职业心理现象进行剖析和阐释。入职前主要涉及的相关心理有职业兴趣、职业胜任力、职业人格、职业价值观；入职后涉及的职业心理有职业适应、职业认同、职业压力、职业倦怠、职业自我效能感和职业幸福感。因此，本书详细介绍国内外这些主要职业心理的概念、相关理论基础及测评工具。

　　对这些职业心理的梳理和整合，在理论层面上有利于丰富个体职业心理的系统理论研究。本书在注重科学性的同时，也注重实用性。职业测评是一种通过一系列科学手段了解个人与职业相关心理的方法。本书对相关职业心理测评工具的介绍，有利于帮助求职者更好地择业、爱业、敬业、乐业，有利于帮助企业更好地招聘到合适的人才；同时入职后员工心理问题的预防与疏导，能使员工更好地做到人适其职、职得其人、人尽其才、才尽其用。

　　本书相关章节文献的梳理和整合是由研究生来完成的，分别是龙兵、吴茜玲（第一章），陆寒（第二章），张丽敏（第三章），朱攀华（第四章），邓岑珊（第五章），白纪云（第六章），胡婷婷（第七章），权田田（第八章），吴国邦（第九章），郭瑾（第十章），王慧（第十一章），占婷婷（第十二章）。其中陆寒、白纪云和吴茜玲还参与了本书的校正工作。此外，本书引用了许多国内外研究者的研究成果，对学者们在该领域的贡献表达衷心的感谢，如需使用相关测评工具，请与测评工具研发者联系。

本书可作为大中专职业院校和职业教育研究所等机构教学和科研的参考用书，也可为企业人力资源部门的人才招聘和员工职业心理的引导与干预提供借鉴和参考。

本书仍有许多不足之处，敬请专家批评指正！

目 录
CONTENTS

第一章　职业心理

第一节　职业心理概述

一、职　业

（一）职业的内涵

职业是人们谋生的手段，也是人们社会地位的体现方式，是人类社会分工的结果。随着社会不断向前发展，生产力水平在科学技术的推动下越来越高，社会分工越来越精细，职业的类别和内部构成、外部关系也越来越丰富，对职业这个概念的界定角度及其涉及的内涵也越来越丰富（吕建国，孟慧，2000）。从词义学的角度来分析"职业"一词，"职"有社会职责，带有权利和义务的含义，"业"有从事某种业务、完成某种事业的意思。

美国社会学家舒尔兹对职业做了这样的界定：职业是一个人为了不断取得个人收入而连续从事的、具有市场价值的特殊活动，这种活动决定着从业者的社会地位。他认为"职业"的三要素是技术性、经济性和社会性。

另外，美国教育学家杜威则从教育学的观点出发，将职业解释为：人们可以从中得到利益的生活活动。

日本社会学家尾高邦雄认为，职业是社会分工或社会角色的持续实现，包括工作、工作场所和社会地位。

美国社会学家泰勒在他的《职业社会学》一书中提出：职业的社会学概念可以解释为一套成为模式的与特殊工作经验有关的人群关系。这种成为模式的工作关系的整合，促进了职业结构的发展和职业意识形态的显现。他认为，职业是生产关系的本质。从泰勒的观点出发，我们可以推论，职业是社会关系中的角色体系，它由特定的社会历史文化条件所规定，由个体相应的资格条件来担当，二者的合理匹配有利于职业组织和社会的发展。

我国一些学者认为，职业指人们从事相对稳定的、有收入的、专门类别的工作。它是对人们的生活方式、经济状况、文化水平、行为模式、思想情操的综合性反映，也是一个人的权利义务、职责，进而是一个人社会地位的一般性表征。职业是人的社会角色的一个极为重要的方面。《现代汉语词典》把职业定义为：个人在社会中所从事的作为主要生活来源的工作。可见，职业既是人们在走入社会后，获取社会地位和社会对自身价值肯定的一种方式，也是人们独立获得生活来源的一种有价值的社会活动。

不同学者对职业的科学内涵有不同的界定（丁刚，2014），概括起来主要有以下几种。

1. 职业的本质特征说

很多学者认为，"经济性"和"稳定性"是职业的两个较为本质的特征。例如，学者潘锦棠（1991）指出，职业是劳动者能够稳定从事的有酬工作。一者，职业意味着能够吸引劳动者长期稳定地投身其中；二者，职业意味着能够带来一定的经济收入。美国《社会科学百科全书》中的"职业"条目也强调了这两个基本特点，即职业是人们为了获取经常性的收入而从事的连续性的特殊活动。

2. 职业的劳动分工说

社会分工是职业产生的基础。人类历史上的三次大的分工，使职业活动成为普遍现象。在社会分工体系中，任一专门类别的社会业务劳动的生产工具、作业方式等都有其特殊性，这种特殊性决定了一种职业与另一种职业的区别。例如，加拿大《职业岗位分类词典》认为，职业是指若干种工作内容基本相同的工种。

3. 职业的劳动角色说

与职业概念相生的是劳动者及劳动角色（或身份）。因为任何一个专门类别的社会业务劳动或工种必然要有相应的劳动主体——劳动者。例如，从事人力资源管理工作的人力资源管理者，从事财务工作的会计师，等等。因此，也有学者从劳动角色的角度定位职业，认为职业是劳动者足够稳定地从事某项有酬工作而获得的劳动角色。认识与职业相生的劳动角色（或身份）这一点，对理解职业认同至关重要，因为职业认同隐含的一个设定是对"职业身份"的自我确认。

4. 职业的专业性辨析

之所以要强调职业的专业性问题，是因为在管理学领域的学术研究中，针对专业性较强的职业研究相对更多。在国外，用来表述职业概念的词汇有"career""occupation""vocation""profession"等，其中，"career"更多地指向职业生涯，它是一个长时间的乃至终生的概念，往往包含不止一种职业，是个动态、发展性的概念。相对"career"而言，"occupation"和"vocation"是两个静态的分类型的概念，指的是某专门类别的社会劳动。最后，"profession"也有职业、专业的意思，它指向专业化程度比较高的职业。所以，一些学者在研究专业化程度较高的职业及相关群体时，多采用"profession"或"professional"。

(二)职业的特征

行业是一种普遍存在于社会之中的亚文化现象。作为行业亚文化现象中的职业，具有以下特征(吕建国，孟慧，2000)。

同一性，即在某一类别的职业内部，劳动条件、工作对象、生产工具、操作内容、人际关系等方面相似或相同，人们形成了共同的行为模式、共同的语言，容易形成认同。

差异性，即不同职业在上述职业内部的方面具有很大的差异。

层次性，即重要性、价值等方面的社会评价使不同行业的社会地位具有层次上的差别。

基础性，即职业是个人和社会存在和发展的基础。

广泛性，即职业涉及所有社会成员和社会的各个领域。

时代性，一是指职业随时代的发展而变化，二是指每一个社会都有自己的时尚职业。

(三)职业的分类

1. 我国的职业分类

国家统计局、国家标准总局、国务院人口普查办公室1982年3月公布的供第三次全国人口普查使用的《职业分类标准》，依据在业人口所从事的工作性质的同一性进行分类，将全国范围内的职业划分为大类、中类、小类三层，即8大类、64中类、301小类。其8个大类的排列顺序是：第一，各类专业、技术人员；第二，国家机关、党群组织、企事业单位的负责人；第三，办事人员和有关人员；第四，商业工作人员；第五，服务性工作人员；第六，农林牧渔劳动者；第七，生产工作、运输工作和部分体力劳动者；第八，不便分类的其他劳动者。在8个大类中，第一、第二大类主要是脑力劳动者，第三大类包括部分脑力劳动者和部分体力劳动者，第四、第五、第六、第七大类主要是体力劳动者，第八类是不便分类的其他劳动者。

国家发展计划委员会、国家经济委员会、国家统计局、国家标准总局批准于1984年发布并于1985年实施了《国民经济行业分类和代码》。这项标准主要按企业、事业单位、机关团体和个体从业人员所从事的生产或其他社会经济活动的性质的同一性分类，即按其所属行业分类，将国民经济行业划分为门类、大类、中类、小类四级。门类共13个：①农、林、牧、渔、水利业；②工业；③地质普查和勘探业；④建筑业；⑤交通运输业、邮电通信业；⑥商业、公共饮食业、物资供应和仓储业；⑦房地产管理、公用事业、居民服务和咨询服务业；⑧卫生、体育和社会福利事业；⑨教育、文化艺术和广播电视业；⑩科学研究和综合技术服务业；⑪金融、保险业；⑫国家机关、党政机关和社会团体；⑬其他行业。

2. 西方国家的职业分类

根据西方国家一些学者提出的理论，西方国家一般将职业分为三种类型。

（1）按脑力劳动和体力劳动的性质、层次进行分类

这种分类方法把工作人员划分为白领工作人员和蓝领工作人员两大类。白领工作人员包括：专业性和技术性的工作人员、农场以外的经理和行政管理人员、销售人员、办公室人员。蓝领工作人员包括：手工艺及类似的工人、非运输性的技工、运输装置机工人、农场以外的工人、服务性行业工人。这种分类方法明显表现出职业的等级性。

（2）按心理的个别差异进行分类

这种分类方法根据美国著名的职业指导专家霍兰德创立的"人格—职业"类型匹配理论，把人格类型划分为6种，即现实型、研究型、艺术型、社会型、企业型和常规型。与其相对应的是6种职业类型。

（3）依据各个职业的主要职责或"从事的工作"进行分类

这种分类方法较为普遍，以国际标准职业分类为例，把职业由粗至细分为4个层次，即8个大类、83个小类、284个细类、1506个职业项目，总共列出职业1881个。其中8个大类是：①专家、技术人员及有关工作者；②政府官员和企业经理；③事务工作者和有关工作者；④销售工作者；⑤服务工作者；⑥农业、牧业、林业工作者及渔民、猎人；⑦生产和有关工作者、运输设备操作者和劳动者；⑧不能按职业分类的劳动者。

3. 其他分类方式

职业根据不同的标准，有不同的分类方法。例如，从行业上划分，可分为第一、第二、第三产业；从工作特点上划分，可分为务实（使用机器、工具和设备的工种），社会服务，文教，科研，艺术及创造，计算及数学（钱财管理、资料统计），自然界职业，管理，一般服务性职业等多种类型的职业。每一种分类方法，对其职业的特定性都有明确的解释，这对我们更好地掌握某一职业的特点，去选择适合自身的职业有指导作用（杜勤，2010）。

(四)职业的发展趋势

随着社会的进步，科学技术的蓬勃发展，职业的发展也是空前的，职业的发展趋势体现在以下几方面。

首先，职业种类日益增多。随着现代工业的发展，职业的数量、种类越来越多。

其次，职业结构变化加快。随着工业化进程，产业结构和行业结构变迁逐渐加快。工业革命以来，不但新行业不断涌现，而且各行业主次地位的变化也越来

越快。工业革命时期，主要行业是纺织业。进入 20 世纪，钢铁、化学、汽车、建筑业、信息产业先后超过纺织业。但是，电子从产生、发展到成为一个主行业，只用了几十年的时间。进入 21 世纪，知识经济时代的发展，将会给职业结构的变化带来又一次大的飞跃。

再次，脑力劳动职业增加。进入 20 世纪后，脑力劳动职位在社会职位总额中所占比重越来越大的趋势就更加明显了。

最后，职业要求不断更新。职业要求主要包括 4 个方面，即职业本身的内容、合作共事者之间的关系、职业要求以及职业报酬。社会经济发展处在不同历史时期，同一社会经济发展时期职业的内容、要求、报酬等都不相同。一些职业，因新的工作设备和条件变化对职业者提出了更高的要求，如行政工作人员、医生、教师、律师等；另一些职业由于任务、职责有一定改变，对就业的要求也会发生一定的变化(赵海，2010)。

二、职业心理

(一)职业心理的内涵

职业心理是人们在职业活动中表现出的认知、情感、意志等相对稳定的心理倾向或个性特征。和人一样，职业也有拟人化的心理和性格，不同的职业具有不同的性格特质。在职业心理中，性格影响着一个人对职业的适应性，一定性格的人适合从事一定性格特质的职业。同时，不同的职业对人也有不同的性格要求。求职路上厘清自己所选择的职业对性格的要求是非常关键的。如果依据个体踏入职业的阶段划分，职业心理可主要分为入职前的职业心理和入职后的职业心理。入职前主要涉及的相关心理有职业兴趣、职业人格、职业胜任力、职业价值观；入职后的心理主要有职业适应、职业认同、职业压力、职业倦怠、职业自我效能感及职业幸福感。

河南省大中专学校学生信息咨询与就业指导服务中心(2007)编写的《大学生职业发展教育导论》指出，职业心理的内涵主要包含以下几种。

其一，职业活动伴随着共同的心理过程。人们在职业活动中要经历选择职业、谋求职业、获得职业或者失业、再就业的过程。这些过程必然伴随着认知、情感、意志等共同的心理过程。例如，对选择的职业进行认识和深入的了解，通过思维想象发生情感过程。当选择的职业符合个人的需要和客观现实时，个体就会产生兴奋、愉快，甚至兴高采烈、欣喜若狂的情绪，反之则会情绪低落、闷闷不乐，甚至悲观失望、垂头丧气。

其二，职业活动反映出个性的差异。不同个性心理特征的个人，适合不同的社会职业，在选择职业时又有不同的心理表现，认知、情感、意志表现出不同的特点。有的人反应敏捷、全面，有的人则迟钝、片面；有的人达观、豁朗，有的人则忧虑、退缩；有的人果断坚决，积极克服困难去实现目标，有的人则朝三暮四、犹豫彷徨、知难而退。

其三，不同职业阶段有不同的职业心理。职业活动中的心理现象千奇百怪，依据职业活动的过程，职业心理可分为择业心理、求职心理、就业心理、失业心理、再就业心理等。不同阶段的职业心理对职业会产生不同的影响。

其四，不同的职业心理特点影响着人们的生活。择业、求职、就业、失业、再就业等不同阶段的人的心理特点，时刻影响着人们的生活态度、生活方式、价值取向。职业心理对大学生的职业选择起着很重要的作用。"知己知彼，百战不殆"，这句话正道出了在职业选择过程中一个很重要的原则，认识自己，了解自己，熟知自己的个性心理特征和心理过程，把个人的职业意愿和自身素质相联系，根据社会的需要和社会职业岗位需求的可能性，评估个人职业意向的可行性，以积极的态度去选择职业。

(二)不同职业生涯阶段的职业心理

根据人的需要、价值观、态度、行为等的差异，可以将员工的职业生涯划分为早期、中期和晚期（霍丽芳，贾海成，2010）。

1. 职业早期

职业早期一般发生在20~30岁，是一个人由学校走向社会，由学生变成员工的过程。此阶段的个体刚刚融入职业不久，开始慢慢适应职业，学习有效工作，学会处事、处世，以及应对工作中的成功感或失败感。此阶段主要有工作绩效、工作满意度、职业紧张、职业自我效能感、职场友谊、职业适应性、职业锚、离职意向等方面的研究。

2. 职业中期

职业中期是一个长达20年的时间段，一般发生在30~50岁，经过了一段时间的适应和学习之后，进入这个阶段的员工积累了一定的经验，能够独立地开展自己的工作。职业中期是事业取得成就的黄金时期，此阶段一些员工会出现与自己的同学、同事对比的情况，所承受的心理压力相对较大。因此，这一阶段职业压力的研究相对较多，主要为职业压力源和职业压力管理的研究，还有职业承诺、职业倦怠、职业激励等研究。

3. 职业晚期

职业晚期是指退休前的5~10年。尽管进入职业晚期的员工无论从体能、智能还是工作能力等方面都有了明显的退化，但是与年轻的员工相比，其自身仍具有一定的优势：其一，具有丰富的实践经验；其二，有较高的社会地位和影响力。此阶段的主要研究有职业耗竭、职业高原等。

另外，如今的职业心理学研究不仅局限于职业的不同阶段，甚至在进入职业前和退出职业后的时间段也有相关研究。进入职业前，一般在16～20岁，性格趋于稳定，开始发现和发展自己的需要、兴趣以及能力和才干，为进入职业做准备，主要有与职业有关的职业心理素质、职业价值观、职业兴趣、职业理想、职业成熟度等的研究，又有后来即将面临就业的职业决策困难、职业决策自我效能感、择业观以及职业指导的研究；退出职业后的研究主要有退休心理、退休抑郁症等。当然，每一个阶段的职业心理学研究并不是孤立的，它们相互联系、相互衔接。例如，工作满意度、职场友谊、职业激励等的研究贯穿整个过程。

从漫长的职业生涯来看，我们也可以认为职业心理主要涉及从个体入职前到入职后。入职前主要涉及的相关心理有职业兴趣、职业胜任力、职业人格、职业价值观；入职后涉及的职业心理有职业适应、职业认同、职业压力、职业倦怠、职业自我效能和职业幸福感。接下来的章节将对一些主要的职业心理的概念、理论模型及测评工具进行梳理和阐述。

(三)职业心理结构

职业心理是指人们在对自我、职业和社会的认识基础之上，形成的对待职业和职业行为的一种心理系统。它不仅包括个体自身有关职业的一些特质和特点，而且包括在对其认识的基础上所产生的对待职业的某种价值取向、兴趣和态度。具体来讲，个体的职业心理结构包括以下三个相辅相成的系统(梁津安，蒋冬双，2008)。

1. 职业导向系统

该系统包括职业价值观、世界观、职业伦理。职业导向系统中的各种成分引导个体去选择特定的职业，追求特定的职业目标，接受和内化职业价值，确立正确的职业角色，评价自己和别人的职业行为，努力争取职业成功。例如，在中华人民共和国成立初期，人们对职业的名声特别重视，因此，青年们往往选择当时声望比较高的军人，从而出现了参军热的现象；到了现在，青年们特别重视自我发展和自我价值，因此，往往选择那些有发展机会的职业和单位。这就是职业价值观对人们职业行为的作用，它决定了人们的职业目标和选择职业的标准。

2. 职业动力系统

该系统包括需要、动机、兴趣、信念、理想。职业动力系统中的各种成分推动和维持个体去努力实现职业目标，推动个体积极树立职业目标，克服各种各样的困难，坚持不懈地争取职业和人生的完善。比如，当一个人的主导需要是发展型需要时，他就会选择发展机会较好的工作，并且在工作中不断虚心地学习新知识、新技能，不断地积累自己的经验，从而发挥自己的特长以便在工作中获得最大的发展。但是，当一个人的主导需要是享受型需要的时候，他就会选择生活起来比较舒适的工作，并且工作热情也不会很高，他的目标就是只要生活得舒适就好了，不会努力争取获得很大的发展。

3. 职业功能系统

该系统包括气质、性格、能力。职业功能系统中的各种成分能够保证个体胜任特定的职业，同时，在努力胜任工作的过程中，个体的心理功能也得到磨砺、发展和加强。一个人的气质、性格和能力特点往往决定了一个人适合从事的职业。例如，如果一个人具有特殊的音乐才能，那他就适合从事与音乐有关的职业。当然，职业也会在一定程度上塑造一个人的气质、性格和能力。一个比较内向的人在从事一段时间的公关工作后，可能会变得活泼开朗、性格外向。因此，职业能力系统影响着一个人从事的职业，一个人所从事的职业也会影响和塑造一个人的个性。

三、职业心理学

职业心理学是应用心理学的分支，是研究与人们选择、从事和改变职业有关的个体差异和特点的一门学科。

职业心理学的研究主要集中在人们选择、从事和改变职业上有关的个体差异和特点，它包括职业选择、职业指导和职业教育等方面的内容，还包括现代社会大量出现的职业咨询问题。职业心理学的研究以人的能力概念为基础，以各种心理测验工具为方法和手段，帮助人们选择并确定适合其个性和能力的职业（都布林，2008）。

第二节　职业心理学的发展

一、职业心理学的早期发展

中西方在古代就开始了职业心理学的早期研究（吕建国，孟慧，2000）。在中国古代，孔老夫子就提出了"上智""下愚"的基本分类，并将这两种基本个性类型与当时的社会阶层匹配；他还提出了"狂""狷""中行"的个性类型三分法，并用这三个类型分析了他的七十二位弟子的个性，进一步对他们的职业、人生发展进行了预测与匹配。

中国古代社会一直把职业分为官、士农工商两个层次、五个类型，并与一定的德才标准匹配，制定了"士"与"官"的选拔标准。

孔子曾经说过，唯上知与下愚不移，意思是最聪明的人不需要改变，因为他认为自己已经是聪明的人了；最愚笨的人也不需要改变，因为他认为自己愚笨，改变不了。

孔子曾经说过，不得中行而与之，必也狂狷乎，狂者进取，狷者有所不为也。孔子把人的性格分成三类：狂者、狷者和中行。这里的狂者，相当于现代心理学所说的性格外倾型的人，狷者相当于内倾型的人，中行则相当于中间型性格的人。他还针对这三种类型，有区别地进行教育。

柏拉图提出"理智型""意志型""情绪型"的个性三分法，并将三种性格类型与社会地位及社会职业进行了匹配。他认为，"理智型"的人适合做统治者和哲学家，高居于民众之上；"意志型"的人适合做战士和公职人员，为国家服务；"情绪型"的人则只可做平民，接受统治与管理。

二、国外职业心理学的发展

1879 年，德国生理学家、心理学家冯特在德国莱比锡大学建立世界上第一个完整的心理学实验室，宣告心理学正式从哲学的母体中脱离出来，成为一门独立的学科。心理学研究涉及知觉、认知、情绪、人格、行为、人际关系、社会关系等众多领域，也与日常生活的许多领域，如家庭、教育、健康等发生关联。心理学一方面尝试用大脑运作来解释个人基本的行为与心理机能，同时也尝试解释个人心理机能在社会行为与社会动力中的角色；另一方面它与神经科学、医学、生物学等有关，因为这些科学所探讨的生理作用会影响个人的心理。职业心理现象也得以正式成为科学研究对象，并在第一次世界大战前的美国发展起来。

国外现代职业心理学的发展线索可以归纳为一个源头、两条支流。一个源头，指心理学的基础理论学科都要涉及与职业心理学有关的理论研究，生理心理学中的反射理论、普通心理学中的个性理论及社会心理学中的社会化理论、态度理论及群体理论、发展心理学中的终生发展理论等，为职业心理学的发展提供了广阔的理论背景。两条支流，指帕森斯所开创的从个体出发的职业心理学发展路线，以及孟斯特伯格（Munsterberg）所开创的从职业组织出发的职业心理学发展路线（汪罗，2015）。

1908 年，弗兰克·帕森斯通过职业咨询等一系列实践活动，首次提出了"职业指导"这一概念。帕森斯首先形成了系统的职业指导思想，指导人们进行职业选择，使人们认识到职业指导的重要性，按照职业规律和个体特点选择职业、规划人生，被认为是职业指导之父。1909 年，帕森斯等人出版了职业指导专著《选择一份职业》，提出了帮助人们正确选择职业的三因素理论，确立了职业指导在现代社会中的地位，标志着职业指导理论的创立。这些早期的职业指导活动，为职业指导事业的发展奠定了基础。他的职业选择三因素理论具有重大的指导意义：①对本人自身的能力、兴趣、志向、智能和自身局限有清楚的认识，理解自身特点形成的原因；②对成功的要求、条件，不同行业工作的优劣势、机会和前景有详细的了解；③对前两个原则之间的关系进行深入的分析，做到人职匹配（袁焕伟，张元，2010）。

孟斯特伯格最突出的贡献是创立了工业心理学，工业心理学的目的就是追求个人在工业中的最高效率和最适宜的环境条件。个人在工业环境中的最高效率，只有确保他在那种环境中获得最满意的适应时才能实现。孟斯特伯格的研究成果被广泛地应用于职业选择、劳动合理化以及改进工作方法、建立最佳工作条件等方面。选择适合工人体力、心理特征的工作条件，在当时不仅是生产力增长的重要因素，也是减少工人同企业主矛盾冲突的重要条件。孟斯特伯格认为，心理学应该对提高工人的适应能力与工作效率做出贡献。他希望能对工业生产中人的行为做进一步的科学研究。他研究的重点是，如何根据个体的身体素质以及心理特点把他们安置到最适合他们的工作岗位上；在什么样的心理条件下可以让工人发挥最大的干劲和积极性，从而能够从每个工人处得到最大的、最令人满意的产量；怎样的情绪能使工人的工作产生最佳的效果。管理史学家雷恩（Ryan）把孟斯特伯格的研究概括为三句话，即"最合适的人""最合适的工作""最理想的效果"。

最适合的人，即研究工作对人们的要求，识别最适合从事某种工作的人应具备什么样的心理特点，将心理学的实验方法应用在人员选拔、职业指导和工作安排方面。

最适合的工作，即研究和设计适合人们工作的方法、手段与环境，以提高人们工作效率。他发现，学习和训练是最经济的提高工作效率的方法和手段，物理的和社会的因素对工作效率有较强的影响，特别是创造工作中适宜的"心理条件"极为重要。

最理想的效果，即用合理的方法在商业中也同样可以确保资源的合理利用。他研究了对人的需要施加符合组织利益的影响的必要性。

美国、苏联、日本、法国的职业心理学研究与应用有着蓬勃发展的趋势（吕建国，孟慧，2000）。

（一）美国

美国是现代职业心理学的发源地，美国的职业心理学是从职业指导开始的。

19世纪末20世纪初，劳动分工的变化、科学技术的高速发展、民主政治和职业教育的发展四大社会因素促成了美国职业指导及职业心理研究和应用事业的产生与发展。1894年，梅内尔在旧金山加利福尼亚工艺学校推行职业辅导，这是最早的职业心理学实践。1908年，帕森斯在波士顿创设"职业局"，标志着美国职业心理学实践的正式开始，也标志着美国职业心理指导的诞生，由此，他被称为"职业心理学之父"。他为当时的新生的职业辅导提供了理论基础，进而为提高人员就业素质、改善人们心理社会适应状况的社会整合工作和提高职业组织的生产绩效发挥了积极作用。1911 年，布洛姆菲尔德（Bloomfield）在哈佛大学开设第一个辅导学的专业课程，开始职业辅导专业人员的培养，带动其他各州推行职业辅导人员培训计划。

1913 年，美国"全国职业辅导协会"（NVGA）正式成立，其章程正式将有关教育、职业、生活和社会的内容纳入工作范围，并于 1915 年出版发行《职业辅导学刊》，社会反响强烈。1952 年，NVGA 与其他人事方面的学术组织合并，组成"美国人事与辅导协会"（APGA），出版了《人事与辅导杂志》。美国职业指导的发展在政府立法支持下，形成了学校系统、政府系统和社会系统相互补充、协调的完整体系。社会系统中，除了前述职业指导行业组织和学术组织外，有关社会科学的学者与职业组织合作，在职业问题研究领域中推出了在世界范围内产生重大影响的成果。其中，不同流派的心理学家为职业科学的发展做出了重大贡献，丰富了职业心理学的理论基础和实践模式，从而促进了职业心理学的蓬勃发展。

（二）苏联

苏联十分重视职业教育和职业培训方面的理论和应用研究，职业指导工作起步稍晚于欧美各国。20 世纪 70 年代以后，职业指导等在苏联特别受重视，在政府的立法支持下，政府部门、社区、企业、学校都设有职业指导等的组织机构。设立职业定向工作中心，联合学校、校际教学生产联合体以及企业的职业定向办公室，向青年学生提供职业与人才需求信息，指导青年学生的职业选择，同时调查他们的求职心理，测查他们的个性心理特征。许多企业直接组织教学车间、工段，以配合学校的职业定向教育。教学生产联合体按照学生的专业方向提供初级的生产劳动教学，使学生对自己的专业方向和职业适应程度获得更加清晰、实际的认识，为学生的进一步学习、培训和未来的职业定向打好基础。

从中央到地方的教育部门和普通中学都设有职业定向教育机构。普通中学一般都设有职业定向教学法教研室，负责对青年学生进行职业兴趣的培养、专业思想教育及职业选择指导。职业定向教育已经成为学校的一项专门工作，通常要求全体管理者参加，班主任负主要责任。

（三）日本

日本的职业指导又叫作"出路指导"，由政府文部省负责，通过颁发有关文件对全国学校的出路指导进行督导。每一所学校都在校长的领导下成立指导部，发挥连接企业与学生、直接指导学生职业选择的作用。各校因地制宜实施出路指导，有的学校不但设有统管全校出路指导工作的主任，还分别设置专人负责全校的规划与经营、信息资料、调查与整顿、出路教学等方面的工作。有的学校还设置对外联络组，负责同有关企业单位的联系和协调。绝大部分学校设立了出路指导委员会，所有指导工作都按文部省规定，有严格的、具体的指导工作计划。文部省编辑出版的《初中、高中出路指导手册》列出了名目繁多的指导计划，供第一线的指导管理者根据教学需要选择。

（四）法国

法国的职业指导管理体制由中央、地区和地方三级结构组成，工作特点是中央集中领导、依靠校外机构，沟通学校与社会各方面来实施职业指导，分为三个层级。中央一级由教育部直接领导，设立职业指导部和全国教育与职业信息委员会。职业指导部负责指导人员的培训，制定职业指导政策，研究职业指导理论；全国教育与职业信息委员会研究全国劳动力市场、经济发展和教育趋势、需求、各种职业的要求，编制各种职业和教育信息资料，出版职业指导专业刊物，并负责协调教育部门与社会其他部门的联系。

地区一级设立地区职业信息与指导委员会。地区一级组织的主要职责是沟通地方与中央的联系，负责落实职业指导部与上级委员会的政策和计划，向上级通报本地区的职业指导情况；对地方则是负责协调工作和处理人事问题，并负责检查地方职业指导工作，帮助地方组织与当地其他社会机构加强联系。地方一级则设立职业信息和指导中心，直接为学校和学生提供服务，并接受社区失业和转业人员的来访，为他们提供帮助。

三、我国职业心理学的发展

（一）职业心理学发展概况

职业心理学起源于20世纪20年代的美国，是在现代心理学发展起来以后，为适应现代工业发展所带来的劳动分工精细化以及对人职匹配越来越高的要求下产生和发展起来的。职业心理学成为一门独立的学科是在20世纪50年代，其研究主要集中在人与职业的匹配以及人的能力因素与职业的互相联系上。在我国，与职业心理学相关的引进不算迟，近代科学的先驱者和经济管理学的倡导者在"实业救国""科学救国"和"教育救国"的理念指导下，利用留学欧美的有利条件，已经比较及时地而且几乎同步地引进了科学管理和职业心理学知识。

后来，职业心理学主要由黄炎培等人创立的中华职业教育社来传播，他们进行了职业测验和技能测验的应用，此阶段主要对职业心理学进行简单介绍和实践职业心理学的基本工作。

随后，职业心理学的引进进展不大，但与其相关的工业心理学却一直发展，甚至在一段时期内替代了职业心理学。但是，工业心理学语义狭窄，不仅医院、政府部门等事业单位没有包含在内，据我国的三大产业划分，日益兴起的以服务业为主的第三产业也包括不进去。因此，职业心理学研究者应该看到，伴随科学技术和社会的快速发展，人类的生活方式正在发生巨大的变化。职业心理学需要涉及的领域和解决的问题也应不断扩充。在这种时代背景下，为了充分发挥职业心理学的作用，有必要从更大的范围去定义职业心理学。

因此，我们认为，把职业心理学定义为改善人类行为和促进人类行为效能的科学是合适的。简单地说，职业心理学是研究人在职业领域活动中的心理现象的科学，即研究人与职业活动相结合时，人与人、人与环境相互作用时的个体心理差异和各种群体心理现象规律的科学，是应用心理学的一个分支学科。

(二)职业心理学的发展趋势

职业心理学的发展趋势主要体现为以下几点(霍丽芳，贾海成，2010)。

1. 国际化水平逐渐提高

我国的职业心理学研究从一开始就在走国际化道路。不过令人遗憾的是，与国际接轨的道路是从"移植"西方职业心理学开始的，这导致我国的职业心理学研究水平在很长一段时间内都远远落后于西方国家。现在，我国职业心理学界已经认识到国际化意义重大，大批学者走出国门，努力吸收西方职业心理学研究的最新成果，以充实我国职业心理学的研究力量。这些努力缩小了我国职业心理学工作者与西方学者在研究水平上的差距，为我国职业心理学研究的国际化奠定了坚实的基础。随着经济、社会、文化的发展，我国职业心理学国际化水平将越来越高。

2. 本土化特色日益突出

职业心理学的本土化也被称为职业心理学的中国化，是指起源于西方文化的现代职业心理学通过吸取中国文化的思想精华，从而克服其西方化背景所带来的弊端，走向健康发展的科学之路。本土化的目的在于强调职业心理学的发展应该消除西方职业心理学的霸权，寻求和确立本土文化的根基，建立本土的职业心理学，从而从根本上促进中国职业心理学的科学化。我国职业心理学应该结合自己的文化，研究适合国情的中国职业心理学，这将是大趋势。

3. 研究取向多元化与综合化

科学由综合走向分化又上升到一种新的综合，这是科学发展的总趋势，职业心理学当然也是如此。世界心理学在20世纪初是学派林立、相互对立的，三四十年代后不断发生变化，现在心理学各流派的尖锐对立早已消除，相互吸取、融合发展已占主导地位。美国心理学史家舒尔茨曾指出，今天的心理学家已不再集结于格式塔心理学、行为主义或机能主义的旗帜之下。就理论、方法和概念来说，已有走向折中主义的一个较强大的趋势了。我国职业心理学现在的发展还不成熟完善，与其相关学科的交叉较大。在研究方法上，可以采取"一导多元"，在坚持辩证唯物论的思想指导下，使多种多样的自然科学方法与社会科学方法结合。在研究过程中也可以借鉴相关的研究成果为职业心理学所用，多元与综合化将更有利于职业心理学的发展。

4. 人文精神体现浓厚

随着现代科学技术的迅猛发展，以及构建社会主义和谐社会的不断深化，以人为本的人文精神体现在生活的方方面面。职业心理学不再仅仅为了追求工效，而是重视人的整个职业生涯，注重职场中的人性问题。例如，员工工作满意度、工作倦怠、工作压力以及心理资本、员工心理援助（LEAP）的研究。现在国际上的人本主义、超个人主义趋向明显，职业心理学研究的人文取向更加浓厚。

5. "生命全程"研究彰显

"生命全程"作为一个术语最初出现于 20 世纪 40 年代，然而在最近十几年中，它才逐步被确立为一种关于人类心理发展的观点、一种发展心理学的理论并且逐渐形成了一种促进整个心理科学发展的运动。从 20 世纪 70 年代开始，以"生命全程研究"为主题的专著开始逐年增长。现在，"生命全程心理学"不但得到了认可，而且成为心理学最受关注的一个运动或一种发展方向。它的基本理论前提有如下四个命题：①人的发展是整个生命发展的过程；②人的发展是多层次的；③人的发展是多方向的；④人的发展是由诸多因素共同决定的。

职场中人的发展也由诸多因素决定，工作生活和个人生活密不可分，职场人员会将工作问题带回家，同时个人问题也会影响工作生活。职业心理学家所关注的范围，已经大大超越了传统朝九晚五的工作时间。职业心理学家现在正研究休闲、家人提供的情绪支持以及职场之外如何处理工作压力等更全面的因素。职业心理学研究关注职场中人的"生命全程"已经开始彰显，将来还会不断深入。

第二章　职业测评

第一节　职业测评工具的编制

一、测评工具的科学指标

"工欲善其事，必先利其器"，科学有效的测评工具是决定测评效果的关键因素。"工具"从广义上讲包括职业测评的各种方法，而心理测验是最有特色、最符合标准化要求的测量方法。职业心理测评是心理测验的重要组成部分，是在心理学和管理学的基础上，用心理测验、情景模拟等测量手段，对人的职业兴趣、能力、人格等因素进行科学的分析，以帮助个体了解自己所属的心理类型，根据自己的兴趣、能力、人格来选择职业的科学方法。科学的职业测评以特定的理论为基础，经过设计问卷、抽样、统计分析、建立常模等程序编制，必须符合以下几个指标：信度（可靠性）、效度（有效性）、区分度（鉴别性）、常模（可比性）、客观性和实用性，它们是良好测验的特征。信度、效度、区分度以及常模都是衡量一个测评工具质量高低的关键性测量学指标。职业测评工具的以上技术指标必须达到一定的要求才能保障测评的有效性和科学性。因此，了解相关技术指标的内涵和计算方法对于人才测评具有重大意义（张进辅，曾维希，2006）。

（一）标准化、客观化

标准化、客观化是实施测验所要达到的基本技术指标。客观化即在收集测评数据时，要对测试的材料、情境、程序、时间、结果处理等方面加以系统控制，以保证收集信息的客观性。标准化即制定统一的测评标准体系，以保证测评结果的公正有效。为达到对测评结果解释的一致性，还要建立规范严格的测评程序，以减少测评的主观性。

首先，在一个好的测验中，凡编入测验的试题，都是从专家和相关人员事先有组织、有计划、有系统地拟出的大量题目中提取，经过多次广泛的测试，并严格分析，反复筛选，最后才确定下来的。未经测试的试题，不能作为标准化测验的试题使用。为了保证试题的客观性，标准化测验常以客观性试题为主。但为了考查被试组织概念、言语表达和其他高层次的思维过程，也可采取适量的主观性试题，但必须讲究技术，如对答案内容加以控制，命题力求明确，拟定比较具体的评分细则等。其次，测验的实施要求极其严格，一般备有测验指导手册或指南，详细规定如何向被测者说明测验目的，怎样指导被测者按正确的方法回答问题，对测验实施环境的要求，测验时间的限制，以及对测验中可能发生的偶然事件的处理方法，等等，这些规定必须在测验过程中被严格执行，以保证测验结果的客观性。最后，计分方法要求标准化。为充分保证评卷时的客观性，必须按照说明书所规定的计分公式和计分方法进行分数评定，绝不可掺入个人意见。对于主观性试题，要先确定标准答案的要点，然后将被试的答案与标准答案对照，给出应得分数。

(二)信度

信度是指一个测验所测结果的稳定性程度，亦称可靠性。用一个测量工具反复测量某一被测对象的同一种属性，其多次测量结果之间的一致性程度就叫作信度。一个好的测验必须具有较高的信度。例如，标准的电子秤是测量重量的一种好的工具，只要操作方法正确，无论何时或何人去测量同一本书的重量，其结果应该是基本一致的。由此可见，信度是衡量测验质量的基本指标，因此，编制测验时首先要鉴定测验的信度(戴海琦，张峰，陈雪枫，2005)。

信度是反映测验成绩在不同条件下的一致性程度及测验受随机误差影响的程度。信度较好的测验，不易受到随机误差因素的影响；信度较差的测验，较容易受随机误差因素的影响。估计信度的方法有再测信度、复本信度、分半信度、同质性信度、评分者信度等。信度系数只能在与同类测验进行比较的基础上才能决定其能否被接受。信度系数越接近 1.0，表示测验的信度越高，越接近 0 表示信度越低。通常，能力测验和知识测验的信度在 0.90 以上，有时达到 0.95 以上，性格、态度、爱好等人格测验的信度在 0.80 以上。根据信度系数，可以对测验的误差做出数量化的估计。信度高的测验，测验的精确度较高；信度低的测验，其精确度较低。

(三)效度

所谓效度，就是测验能够有效测出它所要测量的东西的程度，亦称有效性。例如，一个智力测验，所得结果确实能够反映一个人的智力高低，那么，它就是一个效度高的测验。但如果另一个智力测验的文字内容晦涩，只有阅读能力强的学生才容易得高分，那么，这个智力测验就可能变成对被测者语言能力的测量，对于智力的测量来说它就是一个效度低的测验。在测验编好后，必须检验测验的效度，效度低的测验不能投入使用。

效度是相对于一定的测量目的而言的，测验的目的不同，测验的效度也不同。当测验被用于预测的目的时，测验应具有预测效度。一个高效度的测验应该具有较好的预测力，即测验得分应与以后的工作表现具有较高的相关，得分高者，表现也较好，得分低者，表现较差。效度是衡量测验有效性和实用性的指标，一个好的测验，应能带来实际的效用。由此测验选拔的技术人员，应比随机选拔的技术人员的一般工作水平要高；由此测验选拔的领导干部，应具有更好的工作表现。否则，该测验就是无效的。与对信度系数的估计相似，可以通过计算测验成绩与效度指标行为之间的相关、进行平均数差异的显著性检验等方法，来对效度系数进行评估。

（四）难度

适当的难度是高信度和高效度的条件之一。选拔领导人才测验的目的是将不同水平的应试者加以区分，为选拔决策提供依据。如果测验过难，所有应试者都未得分；或者测验非常容易，所有应试者都得满分，这项测验就失去了区分应试者水平的意义。题目是构成测验的元素，选择好的题目是编制好的测验的前提。对测验难度的控制，需要通过对题目难度的控制来实现。通常，人们将应试者通过率作为试题难度的指标，通过者越多，试题就相对容易；通过者越少，试题就相对较难。

（五）区分度

区分度是指测验具有鉴别被测者素质高低、优劣的能力，亦称鉴别性。区分度是保证测验效度的重要条件。如果一个测验使能力高者和能力低者得到一样或相近的分数，便说明测验无区分度或区分度极低。区分度高的题目，对应试者的水平具有较高的鉴别力。通常，用题目得分与外在效度标准之间的相关系数，或者测验总分的相关系数，作为题目区分度的指标。相关系数为 1.0 时，表示该题目可以完全反映出所要测试的某种属性特征，能够准确地预测应试者的有关行为；相关系数为 0 时，表示该题目与所要测试的属性无关。提高区分度主要通过控制题目的难度水平来达到。如果题目太难，优生和差生都答不上，题目就无区分度；而题目太容易，差生和优生都能答对，题目也无区分度。只有难度适当，而且包括各种不同难度的题目，才能将被测者的素质很好地加以区分。

（六）常模化

常模化是指每个测验都要提供一组测验分数，以之作为比较的基准，以确保测量结果的质量。常模化主要包括常模样本、使用范围、分数转换法等。常模样本的构成要具有广泛代表性，以增加其使用范围。常模的适用范围取决于取样的范围，若从全国取样，所得的常模是全国的；若在地区取样，所得的常模则是地区的，不能随意使用于其他地区。不同历史时期，样本的平均水平会产生变化，常模也将随之变化，因此，常模应及时修订。

不同的常模要求有不同的分数转换法，即为了对测验结果进行统计分析，需要将原始分数转化为具有相同单位的间隔量表。标准分数就是最常用的等距量表。

(七)实用性

实用性是指一个测验适合实际使用的程度。一个测验所需的时间、人力、费用等，必须为使用者的客观条件所许可，它才有可能被实施。因此，应选择那些容易施行，计分方便，编排合理，备有复份，费用便宜，且时间适宜而又可能得到正确和可靠的测验结果的测验。

一个好的测验的上述特征说明，编制测验是相当复杂、极其困难的一项工作。标准化测验必须由专门的机构组织专门人员严格按照标准化的程序进行编制。为了保证人才测评的科学性和有效性，必须选择那些很好地具备了以上7个条件的测评工具，同时，在测评实践中也要有意识地研制符合以上条件并具有针对性的测评工具。

二、编制测验的一般步骤

测验的性质不同，编制测验的具体过程和方法也不相同，但各种测验编制的基本步骤却是共通的(张进辅，曾维希，2006)。一般而言，编制测验要经过以下几个步骤。

(一)确定测验目的

在编制测验时，首先要根据需要确定测验的对象、目标和目的，即要明确地知道测谁、测什么和为什么测的问题，只有这样才能检验试题的可靠性和有效性。

1. 测验对象

测验对象(object)，指测量什么人。只有了解被测者的年龄、智力水平、知识结构、社会经济和文化背景等资料，编制测验才能做到有的放矢。

2. 测验目标

测验目标(target)，指测量什么。是测学业成绩、能力，还是个性？这也是编制测验首先要考虑的问题。不仅要明确测验目标，还要尽可能将它具体化，即要考虑测验应包括哪些具体方面，以及通过什么方法和在何种程度上去测量这些具体目标。

3. 测验目的

测验目的(purpose)，指编制的测验是干什么用的。测验的用途不同，所设计的操作形式、题目形式、题目范围和难度都会有差异。职业测评的目的是实现人适其职，职得其人；人尽其才，才尽其用，它在研究、咨询、辅导和组织对员工的职业开发中都占据重要的地位，是不可或缺的工具。具体来说，它的功能包括以下几个方面。

预测功能：预测个体在教育训练、职业训练以及未来工作中的表现。

诊断功能：评估个体的长处和短处、优势和劣势，并诊断个体在兴趣、价值观和职业或生涯决策等方面的特质。

区别功能：区别出个体的某些特质类似于哪一类的职业群体。

比较功能：依据测量学指标，将个体素质（能力倾向、兴趣、价值观等）与某些效标团体相比较，从而观察两者之间的匹配程度。

探测功能：了解个体在职业发展的连续过程中，其职业决策、职业适应性的行为、态度，以及能力方面的一般状况，以便提供必要的职业辅导。

评估功能：对职业咨询或辅导的进展情况和效果进行评估。

职业测评包括许多功能，企业需要它，各种组织需要它，个人也需要它。它能服务于人力资源规划，为招聘、安置、考核、晋升提供依据，同时也是个人择业的参考，是职业规划与开发的基础。职业测评无疑可以实现组织和个人"双赢"的目的。

(二)制订编题计划

编题计划是编制测验的总体构思，它主要有两个用途。①编题计划指明了应该编哪些方面的测验项目以及编多少个项目，因此，编题结束后，可比照计划核对测验项目是否反映了所要测量的领域。②在计分时可按计划百分比确定每类测验项目的分数标准。编题计划要明确的信息主要有两个：一是全面而有代表性的测验内容，不至于使测验题偏离了应测的范围；二是对各个内容点的相对重视程度，通常用百分比来标明。

(三)编拟题目

编拟题目是测验编制中的重要环节。如果题目编拟不好，测量目标便难以达到，测验计划也难以落实。编拟题目一般包括以下几个阶段。

1. 收集资料

一个测验是否有效，取决于该测验是否能够测得研究者所要测的东西，为此，就需要收集适当的测验资料和题目。现成的理论从来都是设计测验题目的最好参考。例如，设计职业兴趣测验，可以按照霍兰德等人的著名理论构架把职业兴趣分为六大类型，来编制相应的题目。专家无疑是设计测验题目的重要资源，在实际操作上，既可以直接邀请专家设计题目，也可以参考专家的有关经验、建议或以往的工作。以人格测验为例，描述人格的术语可作为题目的来源。阿尔波特等人曾总结出 17953 个描述人的特点的形容词，这些词进行归纳后，就可作为编制题目的参考。

尽管不同性质的测验所依据的资料内容和题目各异，但都必须遵循几个共同的原则。①资料和题目要丰富。资料收集越齐全，编题工作越顺利。例如，编制人格测验，需要收集描述人格特征的大量词汇、临床观察的资料、已有的人格测验量表中的测试题等。②资料和题目要有普遍性。这有两层意思：一是当编制智力类测验时，所收集的资料对于不同的文化背景、不同的经济地位、不同地区的个人或团体应当是公平的，应尽可能避免特殊知识经验对测验结果的影响；二是当编制人格测验时，所收集的资料应当能够全面反映某一文化背景中的团体的基本人格特征。③资料要有趣味性。资料的趣味性可以减少被测者由于缺乏足够的动机而引起的测量误差。

2. 编写和修订题目

编拟题目常常要经过拟写、编辑、预试和修改等一系列步骤，而且这些步骤可能不断重复，直到将初步满意的题目汇集起来组成一个预备测验。编写题目要注意以下几个问题：①测验项目的取样应当对欲测的心理品质具有代表性，只有测验项目真实反映测量对象的特征时，才能保证测验结果的有效性；②测验项目的取材范围要同编题计划所列项目范围一致；③测验项目的难度应有一定的分布范围，如果是能力测验或学业成就测验，就应该包括各种不同难度的测验项目，以鉴别各种不同能力或不同知识水平的人员，如果是人格测验，就应当选编那些在不同方向的备选答案上都有一定人数分布的项目，以鉴别具有不同人格特征的人员；④编写测验项目的用语要力求精练简短，浅显明了；⑤初编题目的数量要多于最终所需要的数量，以便筛选或编制复本；⑥测验项目的说明必须简明。

(四)题目的试测与分析

初步筛选的题目，必须进行测试，并分析题目的性能，从而为进一步筛选题目提供客观依据。

1. 试测

题目的优劣，不能单凭主观臆测来决定，必须将初步筛选出的题目组合成一种或几种预备测验形式，并试测于一组被试以获取借以分析题目质量的客观性资料。在试测过程中应注意以下问题：①试测对象应取自将来正式测验适用的群体，取样应注意代表性，人数不必太多也不可过少。②试测的实施过程与情境应力求与将来正式测验时的情况相似。③试测应有较为充裕的时间，使每个被测者都能将题目做完，以便收集充分的资料使统计分析结果更为可靠。④在试测过程中，应对被试的反应情况进行记录，如完成试测所花费的时间，题意有哪些不清之处，被试对哪些题目易产生误解以及其他有关问题。⑤试测时应注意保密，对于一些重大的测验，可以分散试测，即把一套试题拆散，分到不同地区或混杂到不同试卷中进行；还可以提前几年试测，使人无法知道何时正式采用。有时在正式试卷中也可安排少量不计分的题目，经过检验分析以供将来使用。

2. 项目分析

预测完成以后可以对预测的结果进行项目分析。项目分析主要涉及题目的难度、区分度、测验结构的合理性等。根据分析结果对题目进行选择、修改，而后选择较好的题目组成正式测验。

(五)合成测验

经过试测和项目分析之后，就可以选出性能优良的题目加以适当的编排，组合成测验。

1. 题目的选择

选择测验项目有三个指标：①测验的性质，即要选择那些能够测量所要测量的内容的项目。假如要测量的是阅读能力，就不能选择测量运算能力或语言推理能力的项目。②项目的难度。选择多大难度的项目并无固定的标准，选拔性测验要求难度大些，考查性测验则要求难度不可太高，人格测验则不要求难度。③项目的区分度。一般来说，项目的区分度越高越好，对于选拔性测验尤为如此，但有时也可以保留若干区分度不高的项目，这要视项目的重要性而定。

对题目进行初步选择可以细分为如下几个步骤：①检查题目是否符合细目表中某一单元格内容的要求；②根据细目表对各部分所要求的比例选择适当数量的测试题，尽量覆盖整个细目表的内容；③检查题目是否适合施测的对象和施测的条件；④检查题目是否适合施测的对象和施测的条件；⑤检查题目的难度是否恰当，一般来说，难度定为 0.5 较为合适(能力、技能类的题目除外)；⑥检查所选择的题目是否彼此独立，没有重叠，即回答某一问题所需的知识与能力是否与回答其他问题无关。在选择题目时还要注意测量工具的长度。一个测量工具究竟包括多少题目较为合适，既要看是否能完全满足测量目的的要求，也要根据测量工具的时间限制和被测者的年龄、阅读水平而定。通常应该在正式测试前，根据试测测量工具所需时间，对测量工具长度进行调整。

2. 题目的编排

在对测试题初次选择完毕之后，就应决定如何对选出的题目进行最佳编排。测试题的编排方式因测量工具类型的不同而有所差别，下面是题目编排的一般原则：①将测量相同因素的测试题排列在一起；②尽可能将同一类型的测试题组合在一起，这样只需对每一类型的试题做一次说明，也方便被测者回答，同时还可以简化计分工作和对题目的统计分析；③难度测验的题目应按由易到难排列，这样可以鼓舞被测者的士气，避免某些被测者一开始就因较多题目回答不出而失去信心，也可以使被测者熟悉反应程序，消除紧张情绪，同时还可避免被测者在难题上耽搁较长时间而影响了后面的回答；④对于人格测验，应尽量避免将测量同一特质的题目编排在一起，以免被测者猜测出题目所要测查的因素。

测验编制者要对测验进行最佳编排，必须根据测验目的与性质，考虑被测者的作答心理和反应方式，以及题目格式的类型和难度。测验一般有三种编排方式：①并列直进式，这种方式是按测验的性质将题目组成若干分测验，同一分测验中的测题，则依其难度由易到难排列，如韦克斯勒量表；②螺旋式，这种方式是将各类题目按照难度或年龄分成若干不同层次，再将不同性质的题目予以组合，进行交叉式排列，其难度则逐渐升高，采用这种编排方式，主要是让被测者不至于在一段时间内只对同一性质问题作答，保持被测者作答的兴趣，如比奈-西蒙智力测验；③混合式，这种方式是指将所有的题目按照难度排列，而不管题目的性质。一般不将同一性质的题目编排在一起，态度、人格、心理健康等量表多采用此法。

3. 编制复本

在很多情况下，为了增加实际的效用，测验需要编制复本，复本越多，使用起来越方便。各份复本必须等值，等值是指符合下列条件：①测量的是同一种特质；②具有相同的形式；③题目数量相同；④内容范围相同但具体题目不应重复。只要有足够数量的题目，编制复本并不困难。先将所有适用的题目按难度排列，次序为1，2，3，4，5…如果要分成两份等值的试卷，可采用下面的方法：

A本：1，4，5，8，9…

B本：2，3，6，7，10…

如果要分成三份复本，可采用下面的方法：

A本：1，6，7，12，13…

B本：2，5，8，11，14…

C本：3，4，9，10，15…

采用上面的方法可使复本之间在难度上基本平衡，从而获得大体相同的分数分布。复本编好后，如果有条件应该再试测一次，以决定各部分是否真正等值。

(六)测验的标准化

一个测验的好坏，取决于该测验的标准化水平。标准化是指测验的编制、施测、评分以及解释测验分数的程度的一致性。具体地说，测验标准化包括下列内容。

1. 测验内容

这是标准化的前提，是对所有被测者实施相同的题目，如果测验内容不同，所测得的结果就无法比较。

2. 施测过程

标准化的第二个条件是所有被试必须在相同的条件下施测，其中包括以下几个方面。①相同的测验情境，如统一的采光条件，统一的桌椅高度，统一的场所布置等。②相同的指导语，指导语一般包括两部分：一是向被试说明测验的目的，以便解除被测者的顾虑；二是向被试说明如何对测验项目进行反应。指导语必须事先拟好，印在测验项目的前面，并且力求清晰、简单、明了，避免引起误解。③相同的测验时限，测验的时间限制是测验程序中的重要方面。不过，不同的测验对时限要求不同。一般来说，人格测验对时限的要求不太严格，甚至不要求时间限制；但能力测验和学绩测验必须考虑时限问题。确定时限一般采用尝试法，即通过预测来决定。通常的时限为大约90%的被测者在预定的时间完成全部测验项目即可。

3. 测验评分

评分的客观性是标准化测验的第三个条件，评分的客观性意味着两个或两个以上的评分者对同一份测验试卷的评定是一致的。只有当评分是客观的时候才能将分数的差异归于被试间的差异。但要做到完全客观（一致）的评分是较困难的，一般来说，不同评分者之间的一致性达到90%以上，便可认为评分是客观的。客观性评分要求：①对反应要及时清楚地记录，以免由于记忆丧失造成混乱，特别是对口试和操作测验，此点尤为重要，必要时可以录音和录像。②要有一张标准答案或正确反应的表格，即计分键。选择题测验的计分键包括每一测验项目正确反应的号码或字母；问答题的计分键包括一系列的正确答案和允许变化的范围；论文题的计分键包括一致可接受的答案要点；人格测验没有正确答案，计分键上指明的是具有或缺少某种人格特征者的典型反应。③将被试的反应和计分表进行比较，对反应进行分类。对于选择题来说，这个程序是很容易的，但是当评分者的判断可能是唯一起作用的因素时（如问答题、论文题），就需要对评分规则做详细的说明，评分时将每一个人的反应和评分说明书上所提供的样例进行比较，然后按最接近的答案样例给分。从标准计分这个问题我们也可以看出，测验分数虽然看似一个确定的值，但是其中可能由于多方面的原因，如实施、评分以及标准样本的代表性等，对分数的真实性产生影响，因此，绝不可把测验分数看成是固定不变的。这一点在解释分数时应特别注意。

4. 测验分数的解释

一个标准化的测验，不仅指测验内容、施测过程和评分程序的标准化，也指对测验结果解释的标准化。如果对同一测验结果（分数）可做出不同的解释，那么测验便失去了客观性。测验编制者为了说明和解释测验结果，必须根据测验的性质、用途以及所要达到的测量量表的水平，按照统计学的原理，把某一标准化样本的测验分数转化为具有一定参照点、等值单位的导出分数。将被测量的事物置于该位置，看它离开参照点多少单位的计数，便得到一个测验值，这就是制定测验量表的过程。量表因单位和参照点不同，可分为类别、等级、等距和等比四种不同水平的量表。为了在解释分数时有所依据，需要制定常模或标准。缺少稳定的参照系，同一个分数就可能做出不同的推论或解释。对于选拔安置等常模参照测验，可通过试测，从被测者总体的代表性样本中获得一个具有代表性的分数分布作为常模。对于诊断或达标等目标参照测验，可根据测验目标要求，制定相应的标准。

（七）对测验的鉴定

测验编好后，必须对其质量进行鉴定，为此要收集测量学方面的资料，对测量的信度和效度的试卷是不能正式使用的，特别是不能用于意义重大的评选或选拔测验。

（八）编写测验说明书

为了使测验能合理地实施和使用，在正式测验编写完成后，还应编制一份测验说明书（或测验手册），对下列问题做出详尽而明确的说明：①测验的目的、功用和适用范围；②编制测验的理论背景以及选择题目的根据；③测验的实施方法、时限及注意事项；④标准答案与评分方法；⑤常模或标准以及分数转化表；⑥信度、效度资料。测验说明书是给施测者看的，有时也可为被试编写一份测验指南，指出测验目的、考核范围、题目形式、数量、作答方式与时限，并附模拟试题。这样做的目的是使被试心中有数，明确复习方向，缓和紧张焦虑情绪。

三、测验题目的编制技术

编制题目是研制测验的核心环节，要编制出好的测验，必须掌握编制题目的方法与技巧（张进辅，曾维希，2006）。

（一）编制题目的一般原则

对测验题目进行编写要遵从内容、语言、表达与理解四个方面的一些原则，这些原则可以归纳为以下几个方面。

1. 针对题目内容的原则

要求题目的内容符合测量工具的目的，避免贪多而乱出题目；内容取样要有代表性，符合测量工具计划的内容；各个试题必须彼此独立，不可互相重复或牵连，切忌一个题目的答案影响对另外一个题目的回答。

2. 针对题目语言的原则

使用准确的当代语言，不要使用难懂的词句；文句须简明扼要，既排除与解题无关的陈述，又不要遗漏解题的必要条件；最好一句话说明一个概念，不要说明两个或两个以上的概念；意义必须明确，不得含糊，尽量少使用双重否定句。

3. 针对题目表达的原则

尽量避免主观性和情绪化的字句；不要伤害被试的感情，避免涉及社会禁忌或个人隐私；避免诱导和暗示答案；避免令被试为难的问题（被试没有明确结论或羞于启齿的问题）。

4. 针对题目理解的原则

题目应有确切答案，不应具有引起争议的可能（创造力类测验除外）；题目内容不要超出被测对象的知识和能力范围；题目的格式不要引起误解。

（二）各类题目的编制

1. 选择题

选择题通常包括两个部分：一部分是题干，即呈现一个问题的情境，由直接问句或不完全的陈述句构成；另一部分为选项，即对问题的几种可能的回答，包括正确答案及若干（一般1～5个）错误答案，这些错误答案叫作诱答，其主要作用在于迷惑那些无法确定答案的被试。选择题可以考查记忆分析、鉴别推理、理解和应用知识的能力，也可以考查对某一事物的看法和观点。选择题的主要优点包括：①适用范围广，从一般知识到复杂能力的测量均可使用；②题意明确，被测者的反应简单，容易计分；③与其他形式的客观题相比，更少受猜测和反应定势的影响，较为客观；④选择题的题量可以较大，考查的范围更广，取样代表性较高。选择题的不足之处在于诱答难以编制，诱答的数量要求多，而且还要似是而非，让那些不知道正确答案的被试感到无从选择，这相对来说较为困难。另外，选择题不易测出个体组织能力、表达能力和创造性等特点。

编制选择题时应遵循以下几个原则：①题干使用简单而且清晰的用词，使被试明确题干的完整意思；②不要将选项夹在题干中间，或者在题干前出现与问题无关的材料；③选项要简练，尽量将选项中共同的词句（如限定语、条件）移至题干中，这样不仅可以使题意清楚，而且可以减少被测者的阅读时间；④除特殊情况，所有选项的长度应该大致相等，而且与题干的联系要紧密，否则，本来正确的答案可能会因为逻辑上或语法上与题干不一致而被错误地排除；⑤避免在题目中出现帮助被试猜测正确答案的线索；⑥对于人格和态度的测量工具，题干的陈述不应带任何倾向性，避免被试倾向于选择社会赞许性高的选项；⑦如果选项是数字、日期、年龄等有逻辑顺序的材料，则最好仍按顺序排列，否则应随机排列，另外，所有选项最好形式相同，如同为时间、人名、地点等，长度、难度应大致相同；⑧答案在选项中的位置应当随机出现，没有任何规律。

2. 是非题

是非题容易受被测者反应定势和猜测的影响，测验分数的可靠性不如选择题。反应定势是指部分被测者在回答问题时，其答案的选择建立在题目的形式或位置上（如偏向正面回答或否定回答），而不是建立在题目内容的基础之上。另外，是非题仅有两种答案，即使猜测，也有50％答对的可能性，如果还有其他额外的线索，猜对的可能性还会更高。弥补这一缺陷的方法之一是加大题目数，使每一题目分数的偶然性对总分的影响相对减小。当然，是非题也有其长处，它能很快书写和阅读，因此题量可以较大，便于广泛取样，计分也比较客观。在能力测验中，是非题多用于只需快速粗略判断被测者能力的情况；在人格测验中，是非题多用于只需判断一般行为的问卷中。

编写是非题时要注意以下几点：①测查的内容应以有意义的事实、概念或原理为主；②每道题只能包括一个重要的概念，避免两个以上的概念出现在同一题目中，造成"半对半错"或"似是而非"的情况，还要把各个概念放在题干的重要位置上；③除特殊情况，尽量避免否定的叙述，尤其是要避免双重否定的叙述，因为采用否定的叙述容易使人困惑，否定词也容易被一些粗心的被试所忽略；④测验中正确题目与错误题目的长度、复杂性应尽量一致；⑤正确的题目数与错误的题目数应该基本相等，两种题目应按随机方式排列。

3. 匹配题

匹配题可以说是选择题的一种变式。匹配题干一般包括多个反应项（匹配项）和多个刺激项（被匹配项），用反应项来匹配刺激项。匹配题有完全匹配（刺激项与反应项的数量相等）和不完全匹配（反应项目多于刺激项目）两种形式。通常，刺激项目和反应项目分别排成两列。匹配题容易编制，而且可以在短时间内测量大量相关联的材料，覆盖面较广，但它一般只能测量简单记忆的事实材料或概念关系，并且要求编制的选项必须是同质的。

下面是对编制匹配题的一些建议：①刺激项目和反应项目应该分成两列，通常反应项安排在右边。②配对数目不可过多或过少，最好使用不完全匹配，使反应项数目多于刺激项数目，并且最好不限制每个反应项被选择的次数，这样可以降低猜测的概率。一般可以列举6～15个项目，其中反应项应比刺激项多2～3项。③匹配题的反应项与刺激项的性质必列。④应该对匹配方法、匹配的依据加以明确规定和说明，同时说明反应项可以被选择的次数。⑤同一组的反应项与刺激项最好印在同一页纸上。⑥反应项与刺激项应以不同形式的序号加以标识，反应项前冠以数字，刺激项前则冠以英文字母或甲、乙、丙、丁等以免混淆。

4. 填空题

填空题是由回答者对删去关键词、字的句子进行补充填答的开放式题目。前面的选择题、是非题、匹配题均属于封闭式题目，就记忆的测量而言，封闭式题目属于"再认性"测量，而开放式题目属于"回忆性"测量。回忆性测量的难度大于再认性测量。填空题应用范围较广，其优点是猜测因素比封闭式题目少，特别适合测量记忆性学习材料。但它不及封闭式题目客观，无法用计算机阅卷。

编制填空题应注意：①填空题只能有唯一的正确答案，而且可以用一个词、词组或短语作答，否则，不适宜采用填空题；②删去的词句必须是有重要意义的，除了语文测验中特殊需要的以外，不宜省略连词、介词、冠词等；③最好不用指定参考资料中的原句，以免助长被测者死记硬背的不良习惯；④填空题的空格不宜过多，以免破坏题意的完整性。

5. 问答题

问答题的主要优点在于它能够测量被测者组织材料的能力、综合能力和文字表达能力，有的甚至可以测量评价能力和创造能力，而这些能力是其他客观题难以测量的。相对来说，问答题有以下优势：①较好编制，题目无须太多；②不需准备备选答案，答案是由被试自己生成的；③可以避免被试随机猜测答案。但是，问答题的劣势也很突出。首先，问答题一般回答时间长，分值大，因此题量不宜太多，所以能测量到的内容也有限，对行为的取样受到局限。由于取样代表性差，可能使被测者偶尔对某个论题碰巧很熟，得到"虚假的高分"，而另外一些被试碰巧不熟，而得低分。因此问答题容易造成成绩的偶然性，使测量结果的信度受到影响。其次，问答题的评分标准不容易标准化。相对来说，评分者在掌握评分方法时可能有一定的主观性，而且不同评分者的评分结果很难保持高度一致。已有研究发现，不同评分者对同一答案的评分一致性相关系数仅为 0.62～0.72。同一评分者对两份等值的答案的评分信度更低，仅为 0.42～0.43。即使同一评分者在隔一段时间后再评价同样的测验，也会前后评分不一致。最后，问答题的评分容易受书写的整洁程度、个人成见等无关因素的影响。这可能是评分者的非客观性的主要来源之一。一方面，卷面形象可能使评分者形成印象分，影响最终评价；另一方面，问答题的阅卷比较费时，对评分者的耐心和仔细程度也是个挑战。

一般来说，在可以用客观题施测的情况下，尽量不要采用问答题形式。如果需要采用问答题施测，题目编写者应该使问题及评分标准尽可能客观。在编制时应注意以下几点：①问题应清楚而且明确，使被试了解答题要求；②题目的数量不要太多；③在编制题目时应该有一个理想答案或一系列答题标准，一些可接受的答案应有所规定和说明。

6. 操作性测试题

在很多情况下，操作的方法和过程是重要的测量目标，而这是纸笔测验无法测量的，这时可以采用操作性测量形式。操作性测试题要求被测者对未来真实情景中的行为进行模拟，其真实性要高于纸笔测验。操作性测试题通常分为注重过程和注重结果两种形式。考查仪器操作、演讲、演奏乐器和其他各种技能，就需要采用注重过程的形式，这些内容需要在工作过程中进行评鉴。有些活动则要在活动结束后考查结果，如文章、图画等。当然，也有的需要同时考查过程和结果。操作性测试有多种不同的分类方法，按测试情境的真实性程度可以分为：①纸笔的操作性测试，虽用纸笔但偏重于模拟情境下知识的应用，如编制、编写某项操作计划、步骤、注意事项等；②模拟操作测试，强调正确的程序，被测者需要在模拟情境下完成与真实活动相同的动作，如驾驶员的考核等；③工作样本操作测试，其真实性最高，包括真实作业的全部要素，但是在有控制的条件下去完成的，如司机在专用场地内的考核、师范学生的教学实习等。

设计操作性测试题的主要原则有：①明确所要测量的目标，并将其操作化，即要进行工作分析得出操作中最重要的因素，找出具有代表性的工作样本；②要建立作业标准，规定通过此项作业的最低标准，如操作的准确性（误差多少）、速度（时限多少）、步骤的正确性或某些主观品质（如熟练程度和优秀水平）等，都应该标准化；③选择合适的真实性程度，通常情况下真实性程度越高，模拟的代价越大，应根据所考核目标的不同，选择不同真实程度的测试方法，以便在最节约的前提下获得最多的信息；④指示语简单明确，让被试知道要干什么和在什么条件下去做；⑤有明确的计分方法，操作项目的计分要有不同形式，差别要大。有些项目根据完成题目的数量和错误次数客观计分就可以了；有些项目的评分则较为困难，这种项目可以采用"作品量表"来计分。"作品量表"一般包括一系列按顺序排列的不同作业程度、水平、质量的标准样本，评定时参照这些标准样本对被测者的结果进行评分；如果被考核的操作活动可以分为多个方面或几个步骤，则可以按每个方面或步骤完成的情况分别给分，最后统计总分。

7. 面试题

面试是目前在企业及各类组织中最流行的考查手段，但面试的考核缺乏心理测量学的严格性，易受考官个人偏见的影响。不仅如此，由于面试既要看被测者对问题回答的质量，还要看整个面试过程中的行为表现，如情绪紧张度、应变能力等，更加大了面试计分的难度。因此，面试效果的好坏往往取决于面试考官，所以，面试考官必须对面试主题有充分的了解，对于所要求的反应有清晰的认识。另外，用于描述或评定被测者反应的词语，必须具体化，避免含糊不清的陈述。

四、常见的职业测评工具

当前职业测评有最基本、最常用的七大类测验，具体如下。

智力倾向测验：该类测验具有考查智力（能力）水平及其结构的双重目的。一方面，不同的人智力水平不同，选择优智的人，可期望获得高绩效；另一方面，智力水平相近的人，其智力结构可能不同，有的人擅长言语理解、加工、表达，有的人擅长数字加工，有的人则擅长对形象的分析、加工。不同智力结构的人适合不同类型的工作。

人格测验：该类测验用以测量求职个体与他人相区别的独特而稳定的思维方式和行为风格，这些特点可能影响该求职者的工作绩效和工作方式及习惯。

职业兴趣测验：不同人的工作生活兴趣可以按照对人、概念、材料这三大基本内容要素分类，而社会上的所有职业、工作也是围绕这三大要素展开的。基于这一理论思想设计的职业兴趣测验可以在个体兴趣与职业之间进行匹配。

职业价值观及动机测验：该类测验用以了解个人在职业发展中所重视的价值观以及驱动力，即"你要什么"。动机是指由特定需要引起的，欲满足该需要的特殊心理状态和意愿。动机测验可以了解个体的工作生活特点，从而帮助企业找到激励他们积极性的依据和途径，并以此为依据安排相应的工作内容。

职业能力测验：该类测验用以考查个人基本或特殊的能力素质，如你的逻辑推理能力、口头表达能力，即"你擅长什么"。

职业性格测验：该类测验用以考查个人与职业相关的性格特点，即"你是怎样的一个人"。

职业发展评估测验：该类测验主要评估求职技巧、职业发展阶段等。

除此之外，职业测评还有用于针对整个组织的组织行为评估，针对中高层管理者的情景模拟测验和高绩效管理测验等；用于个体职业规划、发展的测评还包括职业/生涯决策测验和职业/生涯成熟度测验等，这些测验都基于西方经典职业发展理论，均用于评估个体的职业发展程度，是欧美国家进行职业辅导的基本工具，但是这些测验目前还缺乏实用的中国版本，因此还没有在国内得到普遍应用。

第二节 职业测评的实施

标准化职业测评的最基本要求是使所有的被试都在相同的条件下去表现自己的真正行为。因此，不仅在编制测验时要严格选题、预试取样、建立常模、确定计分标准和解释系统，有信度、效度和区分度指标，而且在测验实施时也要有统一的标准和步骤，以控制无关因素对测验目的和结果的影响（李永瑞，2009）。

一、测评者的资质要求

测评者具体负责组织和实施测评，合格的测评者对测评的成功实施具有重要的作用。因此，测评者的资格认定是一个非常重要的问题，但是很容易被大家忽视。测评人员是否具有资格，归根结底取决于他是否熟悉该测验的目的、内容以及测验的实施、评分和解释。不同的测评工具之间的差异很大，因此，可以组织和实施某项测评工具的人并不一定就能担当其他测评工具的测评者。一般来说，认定测评者的资格可以重点考查以下三个方面。

(一)理论知识

专门的职业测验方面的理论知识对测评者资格的认定是非常重要的。因为测评是一项非常专业的活动，它既有很多专业的名词，如信度、效度等，又包括许多专门的规则，如必须按照标准化的程序实施等。因此，具备相关的职业测验专业知识是成为一名合格测评者的重要保证。

(二)职业道德

实施测评的人需要具备一定的职业道德，具体来说，测评工作者的职业道德不仅包括对被测人员的测评结果负有保密的责任，哪怕是进行研究，在最终结果呈现时也需要隐去被测者的真实信息，还包括对测评工具和测评资料的保密责任。因为对大多数的测评工具来说，如果测评结果公开了，则会使得该测评工具失效，从而浪费了前人已有的研究成果。因此，保密工作非常重要。这不仅有利于增加被测者和施测者之间的信任，提高测评工作的准确性，还有助于整个职业测评事业的开展。

(三)专业技能

测评是一项操作性的工作，因此，测评者仅具备测评相关知识是远远不够的，还必须具有一些专业技能。

一般来说，具备测评资格的人肯定都具有一定的实践经验。当然，不同测验对测试者的经验要求存在量上的差异。其中，对自陈式的测验，如卡特尔16种人格因素量表(16PF)，由于其操作规程已经标准化，而且复杂度较低，所以对施测者的要求就会相对较低。因此，只要施测人员在前期做了一些准备，并且熟悉测验的内容及实施细则就可以胜任。但是如果是那些非常复杂的测评工具，如投射类型的测验，因为在实施过程会出现一些事先难以料想的问题，而且结果的解释比较复杂，所以对测评者的要求就相对较高。因此，对于比较复杂的测评工具，即使是已经接受了短时间培训的心理学本科毕业生，也是难以胜任的。

总之，对于职业测评工作者的资格认定需要综合考查以上三个方面的内容。其中，道德属于"愿望"层面，提升职业道德，需要通过宣讲不断地进行灌输。同时，由于知识是可以通过培训来掌握的，因此，由于知识缺乏而导致的施测者不具备资格可以通过培训进行弥补。关于专业技能的问题，我们需要区别对待。对那些操作较为简单的测评工具，由于此时的操作技能在某种程度上属于知识的范畴，所以可以通过培训的手段提升测评者的资格；但是，对于那些比较复杂的测评工具，则只有通过经验的积累才能提高测评者的操作技能，短期的培训并不能取得很好的效果。此时如果组织内部没有合适的人选，就必须寻找或聘请外部具有一定操作经验的专业人士担当施测者。

二、测验实施的基本程序

(一)测验准备

在进行测验之前，首先要确定测验的目的，即测验是为了得到什么样的结果，由此才可以选定测验。不同的测量工具，对于测量所得出的结果是不同的。错误的测量可能会导致无法得出正确的结论。

(二)测验实施

选择好测验工具，就可以施测了。要注意的是客观化、标准化，尽量控制和避免测验过程中可能出现的误差。

(三)测验计分

测验的计分有手动计分和计算机计分两种。标准化测验的计分相对简单，计分方法在测验编制的时候就已经预先建立了，使用者只需按照测验说明进行操作即可。

(四)测验结果解释

根据常模和测评分数以及相关的测验手册，对测评数据的结果进行分析和解释，同时结合来访者的测评目的提供具体诊断和发展建议。

三、测验前的准备工作

测验前的准备工作是保证测验顺利进行和测验实施标准化的必要环节。准备工作主要包括以下几个方面。

(一)预告测验

应当事先通知被试，保证被试确切知道测验的时间和地点以及内容范围、题目的类型等，使被试对测验有充分准备，以便及时调整自己的情绪和生理状态。职业测评一般不会突然施行，突然袭击会使被试的智力、体力和情绪处于混乱状态，不利于接受测验。

(二)准备测验材料

无论是个别测验还是团体测验，这一步都很重要。如果是个别测验，应检查完整的试卷或器材一共有多少，是否完整，有仪器时应经常进行检查，保证良好的工作状态。如果是团体测验，所有的测验本、答卷纸、铅笔和其他测验材料都须在测验前清点、检查和摆放好，以免忙中出乱。

(三)熟悉测验指导语

测验时主试记住指导语是最基本的要求。如果是团体测验，虽说可以临场朗读，但熟悉总比不熟悉要好，先熟悉指导语会使主试在朗读指导语时不至于念错、停顿、重复或结结巴巴，而且可以使被试在测验中感到自然轻松，避免影响测验分数。

(四)熟悉测验的具体程序

对于个别测验来说，测验的实施必须由受过专门训练的人来完成。例如，韦氏智力量表包括言语、操作两大部分，操作部分的测试涉及物体如何摆放、如何示范等具体程序。对于团体测验，尤其是被试量很大的测验，这样的准备还包括主试与监考的分工，以便他们明确各自的任务。

四、测验实施要点

(一)严格遵守标准化指导语

测验标准化的第一步是指导语标准化，即在测验实施过程中应使用统一的指导语。指导语通常应包括两部分，一部分是对被试的指导语，另一部分是对主试的指导语。

对被试的指导语应该力求清晰和简明，向被试说明他应该干什么，即如何对题目做出反应。这种指导语一般印在测验的开头部分，由被试自己阅读或主试统一宣读。一般由以下内容组成：①明确反应形式(画"√"、口答、书写等)；②记录反应(答卷纸、录音、录像等)；③时间限制；④不能确定正确反应时该如何操作(是否允许猜测等)；⑤例题(当题目形式比较生疏时，给出附有正确答案的例题十分必要)；⑥有时告知被试测验目的。

主试念完指导语后，应该再次询问被试有无疑问，如有疑问应当严格遵守指导语解释，不要另加自己的想法。因为指导语也是测验情境之一，不同指导语会直接影响被试的回答态度与回答方式。

对主试的指导语主要是对测验细节的进一步说明以及注意事项，如测验场所的安排，测验材料的分发及摆放，计时计分方法，对被试可能提出的问题的回答方法，以及在测验过程中发生意外情况(如停电、迟到、生病、作弊等)应如何处理，等等。这部分指导语往往印在测验指导书中，对主试的一言一行都做了严格要求。

总之，指导语对被试的反应态度、反应方式及主试的行为方式、说话方式都做了严格要求。

(二)注意测验的标准时间

时限也是测验标准化的一项内容。时限的确定，在很多情况下受实施条件以及被试特点的限制，当然最重要的是考虑测量目标的要求。

大多数典型行为测验是不受时间限制的，如在人格测验中，被试的反应速度就不是很重要。但在最高行为测验中，速度是需要考虑的重要因素之一。在速度测验中尤其要注意时间限制，不得随意延长或缩短。大多数测验既要考虑反应的速度，也要考虑回答有较大难度题目的能力。

(三)保持良好的测验环境

标准化的实施程序不仅包括口述指导语、计时、安排测验材料以及测验本身的一些方面，同时还包括测验的环境条件。

研究表明，测验环境会对测验的结果造成影响。例如，在酷暑和正常天气下所做的智力测验的结果会有差别。因此，主试必须对测验时的光线、通风、温度及噪声水平等物理条件做好安排，统一布置，使之对每一个被试都相同。

尤其需要强调的是，进行职业测验时，务必不能有外界干扰。为此，测验室的房门上应挂一个牌子，示意测验正在进行，他人不许进入。团体测验时，可以安排一名助手在门外守候，阻止他人进入。

因此，对于测验的环境条件，首先必须完全遵守测验手册的要求，其次要记录任何意外的测验环境因素，最后在解释测验结果时也必须考虑这一因素。

五、测验实施的注意事项

职业测验的实施过程也是主试与被试相互影响的过程，被试的某些特征会影响测验过程的准确性。

(一)牢记主试的职责

首先，应按照指导语的要求实施测验，不带任何暗示，当被试询问指导语意义时，尽量按中性方式做进一步的澄清，如询问有些词的含义时，应尽量按照字典的意义解释。

其次，测验前不讲太多无关的话。例如，测验时间为 50 分钟，主试用了 10分钟做不必要的说明，就会使被试抵触。另外，这种与测验无关的说明不仅不会引起他们的注意，还会引起焦虑，甚至造成被试对主试产生敌意。

再次，对于被试的反应。主试不应做出点头、皱眉、摇头等暗示性反应，这会影响对被试以后的施测，主试应时刻保持微笑。另外，在个别施测时，主试不应让被试看见计分，可用纸板等物品挡着。这样做一是为了避免影响被试的测验情绪，二是为了避免分散被试的注意力。

最后，对特殊问题要有心理准备。比如，在测验过程中出现突发事件（如停电、有人生病、计时器出故障等），应沉着冷静、机智、灵活地应对，不要临阵慌乱，否则会影响测验效果。

（二）避免主试特点对被试的影响

主试本身的特点会影响被试的测验成绩。已有研究表明，主试的态度、人格、期望、年龄、性别、训练和经历等都会影响测验结果。

1. 主试的态度

研究表明，主试的态度对智力测验的成绩有影响。例如，热情与冷漠、刻板与自然之间有明显的差异。不过这种影响往往要结合测验的性质、目的、指导语和被试的人格特点综合考量。

2. 主试的动机

主试在主持测验过程中的动机也会影响测验的结果。例如，有些主试为了显示自己选拔测验的严格或本身竞争性很强，会故意在测验时苛求被试，也有些主试过于宽容随和，会在测验中给予被试过多的关心甚至评高分；同样也有的主试为了显示自己的某些道德标榜，对一些妇女、儿童、少数民族或与自己有某种关系的被试予以特别关照。

3. 主试的期望

在有些情况下，实验者所获得的资料受其本身期望的影响，这就是著名的"罗森塔尔效应"。

在智力测验中首先发现罗森塔尔效应的存在。例如，要求正在进行智力测验实习的研究生给测验中一些不清楚的答案计分，有时告诉他们某个反应是"聪明"的被试回答的，有时告诉某个反应是"较笨"的被试回答的。结果发现，学生们倾向于将高分送给"聪明"的被试，将低分送给"较笨"的被试。

心理测验中的"罗森塔尔效应"主要有两个问题：一是这种效应在所有的标准化心理测验中都有出现，罗森塔尔认为这种效应可能源于主试和被试之间的非语言交流；二是这种期望效应不太大，只是稍微影响成绩。

（三）了解被试对主试的需要

"社会交换理论"认为，人的每一个行动都要付出一定的代价，同时也希望得到一定的报酬。如果所期望的报酬高于所预期的代价，一般人就会乐于做出这样的行动。在采取行动的时候，行动者如果没有报酬的绝对保障，那就得依靠被试对主试的信任。因此，在职业测验过程中，主试必须了解被试的各种需要，承认其合理性。

一般来说，被试有五种对主试的需要。

1. 现实需要

有些测验与实际的选拔和录用有关系，因此被试往往倾向于使测验做得更好或更符合录用的需求。

2. 受人尊重与自荐的需要

有些被试希望获得别人的尊重，有些纯粹是为了自尊心的需要，那么他们就可能以竞争的态度完成测验。某些有失败经历的被试，可能会对任何测验都抱敌对态度。

3. 自我表现的需要

有些被试希望获得主试的关心和注意，所以往往在临床测验中夸大自己的症状，以得到更认真、更投入的治疗。

4. 对主试权威性的需要

被试往往希望主试是某方面的权威，以使自己信服这种测验是有价值的，从而密切配合主试，并服从主试的指导语。

5. 特殊需要

这种需要往往出人意料。比如，某些因事故受伤或者申请补助的被试，可能会故意显得难以完成测验，表现出自己没有能力完成它。

以上这些不同形式的需要都会导致测验结果偏离，在分析测验结果时是应该考虑的。

六、测验分数的解释

测验分数的解释涉及两个问题：一是如何看待测验分数的意义，二是如何将测验分数的意义告诉受测者。

(一)如何看待测验分数的意义

关于测验分数的解释，高德曼（Goldman）曾提出一个含有三个维度的解释模型，可作为解释分数的参考。这三个维度分别是解释测验分数的类型、资料处理的方法和资料的来源。他提出解释测验分数的四种类型：叙述的解释、溯因的解释、预测的解释及评价的解释；资料处理的方法有两种：机械的处理与非机械的处理；资料的来源有两种：测验资料与非测验资料。将这三个维度加以组合，可以有16种不同的解释方式，每种解释类型的含义具体如下。

1. 叙述的解释

叙述的解释描述一个人的心理特征状态。例如，这个被试是一位怎样的求职者：聪明的、中等的，或是愚笨的？是擅长合作还是独立解决问题？他的爱好是什么？有什么样的性格特点？

2. 溯因的解释

溯因的解释指追溯过去以解释个人目前的发展情况。例如，他为什么会这样？他解决问题的倾向是能力决定的还是性格决定的？

3. 预测的解释

预测的解释指评估个人的可能发展。例如，他进入公司后发展潜力如何？他能否配合团队工作？

4. 评价的解释

评价的解释指做价值判断或做决定。这种解释是依据前面三种解释而做出的判断，升学考试、雇佣人员等属于此种解释。例如，他应该进入什么样的大学？他应该成为工程师还是商务经理？

(二)解释测验分数的基本原则

1. 主试应充分了解测验的性质与功能

测验使用者必须具备心理测验的基本知识与概念，才能了解测验的性质与限制。任何一个测验都有其编制的特定目的和独特的功能，使用者在解释之前必须从其编制手册中，详细了解编制过程的标准化及测验的信度、效度、常模等是否适当。更重要的是，应知道测验能测量什么，不能测量什么，分数在使用上有何限制。有时两个测验的类型虽然相同，但测量的功能往往不同。例如，韦克斯勒智力量表和瑞文标准推理测验都是智力测验，但内部结构有很大的不同，所发挥的作用也有区别。再如，卡特尔 16PF 测验与明尼苏达多项人格调查表都是人格测验，但后者更多地发挥临床诊断的功能，前者则更多地针对正常人。对这些有了正确的认识，才能做客观的解释。

2. 对测验结果的解释应慎重

一个人在任何一个测验上的分数，都表现出他的遗传特征、测验前的学习与经验，以及测验情境的函数对测验成绩的影响。所以我们应该把测验分数看作对受测者目前状况的测量，至于他是如何达到这一状况的，则受许多因素的影响。

为了能对分数做出有意义的解释，必须将个人在测验前的经历背景考虑在内。比如，在词汇上得到相同的分数对于大城市的孩子与对边远山区的孩子具有不同的意义。

测验情境也是一个需要考虑的因素。比如，一个被试可能因为身体不适、情绪不佳、不明了施测者的说明或受到意外干扰等产生测验焦虑。如果对这些因素控制得不好，就会使分数受到影响。在这种情况下，应当找出造成分数反常的原因，而不要单纯依据分数武断地下结论。

3. 必须充分估计测验的常模和效度的局限性

为了对测验分数做出确切的解释，只有常模资料是不够的，还必须有效度资料。没有效度的常模资料，只告诉我们一个人在一个常模团体中的相对等级，不能做预测或更多的解释。在解释分数时人们常犯的错误就是仅根据测验的标题和常模数据去推论测验分数的意义，而忽略效度的不足或缺乏。假若一个测验的名称是内外向量表，并有可利用的常模资料，那么人们就很容易把高分者说成是内向性格，即把它当作有效度的资料来解释。

即使有了效度资料，在对测验分数做解释时也要十分谨慎。因为测验效度的概化能力是有限的，不同的常模团体和不同的测验条件，往往会得到不同的结果。在解释分数时，一定要从最相近的团体、最相匹配的情境中获得资料。

4. 解释分数应参考其他有关资料

测验分数不是了解被试的唯一资料，为正确了解其心理特质需参考其他有关资料。只凭被试的单一测验分数解释其心理状态，容易做出错误的解释。例如，某人在智力测验上得出 IQ 为 80，在不考虑其他资料的情况下，只能解释为该被试的智力属于中等偏下。但是，如果考虑他的在校成绩，解释可能就会大不相同。如果他的在校成绩经常保持在年级前十名，则不可能做出如上的解释，可能需要进一步探讨他在做测验时的动机、态度、情绪与健康状况等。有了这些资料作为佐证，才能正确判断其智力是否全部正常发挥，测验结果是否可靠。同样，解释时也要参考其他的测验资料，只凭单一的测验分数来解释，所得的结果可能全然不同于综合考虑几个测验分数的结果。

总之，测验分数的解释应尽可能参考其他资料，如教育经验、文化背景、面谈内容、习惯、态度、兴趣、动机、健康、言语理解及其他测验的资料。唯有如此，解释才能更客观且更深入。

5. 对测验分数应以"一段分数"来解释

由于每一个测验均会受测量误差的影响，因此在解释测验分数时也应考虑测量误差的存在。测量误差的大小与信度的高低有关，信度越高，误差越小，但不可能完全消除误差，因此，应该永远把测验分数视为一个范围而不是一些确定的点，也就是要对测验分数提供带状的解释。倘若使用确切的分数，应说明这些分数不是精确的指标，而是主试对某人真实分数的大体估计。

6. 来自不同测验的分数不能直接加以比较

即使两个测验名称相同，由于所包含的具体内容不同（因而所测量的特质不完全相同），建立标准化样本的组成不同，量表的单位（如标准差）不同，其分数不具备可比性。来自两个智力测验的分数，在没有其他信息的情况下，我们无法判断谁高谁低。

为了使不同测验分数可以比较，必须将二者放在统一的量表上。当两种测验分数处于相同范围时，人们常用等值百分位法将两种测验分数等值化。具体做法是，用两个测验对同一个样本进行施测，并把两种测验的原始分数都转换成百分等级，然后用该百分等级作为中转点，就可以做出一个等价的原始分数表。如果某人在测验 A 中的原始分数 55 是 90 百分等级，而测验 B 中的原始分数 36 也是 90 百分等级，那么他在测验 A 获得的 55 分就与在测验 B 获得的 36 分等值。

(三)如何向受测者报告测验分数

如何向当事人及与当事人有关的人员报告测验分数，使他们更好地理解分数的意义，是一件非常重要的事。下面列举的一些原则，可供报告测验分数时参考。

第一，使用当事人理解的语言，尽量少用专业术语。

第二，要保证当事人知道该测验测量或预测的是什么，但不需要做详细的技术性解释。例如，你并不需要向当事人解释职业兴趣，并将他与从事各种职业的人加以比较，如果在某一方面得了高分，就意味着如果他参加这个工作可以长期干下去。但也不能过于简单，只告诉当事人某个量表的题目或测量什么是不够的，这在具有情绪色彩的人格特征测量方面特别重要。例如，对人格测验中的男性化、女性化量表就要加以解释，以免受测者误解。

第三，如果分数是以常模为参考的，就要让当事人知道他是和什么团体在进行比较。例如，同一个百分等级对于普通学校和重点学校其意义是不同的。

第四，要使当事人认识到分数只是一个估计值。由于测验的信度、效度不足，分数可能有误差，而且对于一个团体来说，有效的测验不一定对每个人都同样有效，但也不能让受测者感到分数是毫不可信的。

第五，要使当事人知道如何运用他的分数。当测验用于人员选拔和安置问题时这一点特别重要。要向当事人讲清测验分数在做决定的过程中起什么作用，是完全由分数决定取舍，还是只把分数作为参考，有没有规定最低分数线，测验上的低分数是否由其他方面补偿，等等。

第六，要考虑测验分数将给受测者带来什么影响。由于对分数的解释会影响受测者的自我认识、自我体验和自我评价，所以在解释分数时要把对分数意义的解释和必要的咨询工作结合起来，以免受测者因分数不理想而产生自卑心理。

第七，测验结果应向无关的人员保密。当事人的测验分数不应让其他无关的人员知道，以免对当事人造成不良的影响。因此，分数的报告采用个人的解释为宜，不宜采用团体解释成公告通知的方式。

第八，对低分者的解释应谨慎小心。在测验上获得低分或分数不理想者易有自卑或自我贬抑的心理产生。因此，对这些当事人报告测验分数时，态度要诚恳，措辞要委婉，避免做直截了当的解释。例如，智力测验 IQ 为 65 的人，勿做这样的解释：你属于智力缺陷者。较理想的解释应是，这个分数表示你的学习能力比一般人低了一点儿，但是有些像你这种能力的人，由于刻苦努力也会有不错的表现。

第九，报告测验分数时应设法了解当事人的心理感受，并采取适当的措施加以引导。报告测验分数时，首先让当事人充分表达测验时的心理感受，如他的动机、态度、情绪、注意、健康等，以便知道他的测验分数是否代表在最佳的情况下所做的反应。例如，某学生表示他在做智力测验时情绪很恶劣，心不在焉；而另一位则表示他在做测验时，动机强烈，注意力集中。虽然两位学生得到相同的结果，但代表的意义可能迥然不同。

同样，解释完分数后宜鼓励当事人表达对测验结果的感受，如发现当事人对分数有误解，应立即加以咨询，予以适当的引导，以免给当事人带来伤害或其他不良影响。

第三节　职业测评的评价

在选择职业测验的时候，首先需要知道应从哪些角度来评价一个测验的质量，从而选择高质量的测验，达到职业评估的目的。信度和效度是描述和评价一个量表的最常用的数据指标。在临床实践中选择量表的时候，可以根据量表的手册以及量表的有关研究报告来了解该测量工具的信效度（戴海崎，张峰，陈雪枫，2005）。

一、测验手册

测验工具的选择可以依据一些介绍测量工具的书籍或者测量工具的使用手册来判断。因此，我们首先要考虑的是测量工具的手册是否完整。具体来说，一个完整的测验手册应包括以下几方面的内容。

（一）目的

介绍这个测验的主要用途和其他主要特点。例如，是否存在适用于不同群体或情境的版本。

（二）背景信息

介绍测验的编制和设计，此部分应引用一些与测验编制过程有关的研究。

（三）施测

应详细给出施测的指导，通常包括给出施测者应使用的确切的指导语，如果测验有练习项目，应介绍如何对这些项目施测和计分，以及如何向受测者解释这些项目的答案。还应说明施测的时间要求，以及对于受测者可能问到的一些问题如何回答。

(四)计分

应介绍计分的方式，包括说明如何使用计分键，如何进行计分的检查，如何计算原始总分等。

(五)标准化

应介绍测验是如何进行标准化的，包括样本的大小、样本的描述以及样本是如何选取的，由此可以评估样本的代表性。

(六)常模表

应说明原始分数如何转换为常模分数(百分比或标准分)，应告知测验使用者如何在多个常模表中选择一个适当的。应说明分数的标准误以及分数对应的置信区间。

(七)信度

介绍评估测验的信度使用的程序，包括测验的内部一致性、复本之间的等值性、测验分数在不同时间的稳定性。同时，测验中包含的各个分测验的信度，在不同群体(如不同年龄)中测试的信度也应报告。

(八)效度

应给出证据说明测验确实符合其欲达到的目的，这通常包括三个方面的效度：内容效度、建构效度和效标关联效度。这些证据可能包括测验可以做出准确的预测或诊断、测验与其他测量类似特征的测验之间存在正相关、测验与其他测量不同特征的测验之间相关度低。如果使用同时效度替代预测效度，应在手册中说明。此外，还应介绍编制测验的重要研究，以及有关这个测验使用的研究文献等。

(九)适用性

介绍有关项目偏差的研究。应说明为什么在某些类型的受测者中使用这个测验可能是不适合的，还应说明该测验的局限。

(十)解释

说明测验结果如何解释，并举例。应指出在解释的时候如何考虑测验的信度和效度，应介绍用于向受测者呈现测验结果的书面报告和剖析图。

这些内容不但包括前面提到的信度和效度，而且包含许多具体的使用信息。常模也是选择一个测验应考虑的重要方面。这不仅是指手册中应包含常模，也指我们需要考虑常模是通过什么样的施测获得的,是否有适用于当前目的的受测者样本的常模(应包含整个样本及多个分样本的平均分与标准差)、常模获取的年代(是否已经陈旧而不适合当前使用)。

测验是否使用一些方法避免了作答偏差,也是一个评估测验的重要方面。许多测验使用反向计分来避免倾向于同意题目的描述和反对题目的描述所带来的作答偏差。如果测验没有反向计分,在使用前需要考虑这类作答偏差是否会对测验结果产生大的影响。有些受测者会在作答时"装好",因为人们常常倾向于给别人呈现好的自我形象;有些受测者则可能在作答时"装坏",因为可能想夸大自己的痛苦,引起别人的同情。对于这两种作答偏差,有些量表也使用效度量表来进行检测。例如,MMPI 包括 L 量表和 K 量表,具有这些效度分量表的测验可以更好地保证测量结果的准确性。

最后,建议在选择测验的时候考虑有关该测验的研究数量。因为有关研究数量较多的量表,不仅在信度和效度方面经过了更多的检验,而且能够提供更多的有关该测验的信息,如在不同群体中使用的情况、与其他多种心理特征的相关等,这些都有利于更充分地应用于该测验的结果中,从而进行更多的推论。

二、职业测评的应用

职业测评在进行自我探索、职业定位时对大部分受测者都会有一定的帮助作用,但我们也要认识到职业测评是一种间接测量,测定的是隐蔽在个体中的内在的、抽象的客观存在,它是看不到、摸不着的。测评本身是一种心理素质和特征由样本进行推测的过程,带有主观性(测评开发者的主观性以及测评结果解释时的主观性),因此不可能达到完全准确的测定,准确率能达到 70% 就已经相当好了。因此,对测评结果不要盲目迷信,要辩证看待。

第一,对个体而言,对各种专业的人才素质要求还没有很全面、深刻的了解,即使测评结果显示个体适合某种工作,那只是从性格、能力或未来能力、兴趣等方面提供的参考。

第二,有的职业测评显示一些职业较适合性格外向的人做,但实践中,一些性格内向的人也能做得很好,因为很多测评中给出的推荐职业也是一个统计意义上的结果,所以测评结果中推荐的职业主要供参考。

第三,职业选择决策是一个复杂的、动态的过程,要考虑很多因素。在做具体决策时,职业测评的结果只能作为参考,其他因素,如职业的发展前景、工作环境、带来的经济及非经济报酬、家人的期望等,也都是必须要考虑的内容。

由此看来,职业测评仅仅是一个工具,用得好会事半功倍,用得不好则可能误入歧途。所以清楚地了解这些测评,掌握恰当的使用方法,以良好的心态看待测评结果是进行测评前必须要做的准备工作。更需要说明的是，再好的职业测评也只是给出一份准确的分析报告，并不是"盖棺定论"式的准确结论。进行测评的目的不应是为了测评而测评，也不应是为了得到一个与个性匹配的职业名称而进行测评。测评的结果，主要是指导进一步探索、激励后面的学习和提高。职业测评可帮助个体更好地了解自我的职业心理，确定合适的职业方向，增强其职业竞争力，更好地做到人适其职、职得其人、人尽其才、才尽其用，从而更好地敬业、爱业、乐业。

第三章　职业兴趣

第一节　职业兴趣概述

一、兴　趣

兴趣是一种重要的心理倾向，指个体力求认识、掌握某种事物并从事这项活动的心理倾向，是个体积极探索某种事物的认识倾向。它表现为个人对某件事的持续性和积极性的行为反应。职业是社会分工的产物，随着社会的发展，职业在社会中扮演着不可替代的角色。当一个人的兴趣指向某种职业时，可以称为职业兴趣，职业兴趣是个人兴趣在职业上的体现。人们对于外界事物的喜好和偏爱具有一定的个体差异，心理学家对兴趣开展了测量研究。两次世界大战的爆发和心理测验的空前火热，更是进一步推进了职业选拔测验的发展，此后职业兴趣的研究也逐渐成为兴趣研究领域的基本内容。如何激发员工的内在潜能，提高员工的生产效率，达到真正的人职匹配，是心理学家热衷的课题。

二、职业兴趣

不同的研究者对职业兴趣有不同的定义。职业兴趣具有喜爱性和持久性，职业兴趣是自己喜欢并且具有坚持性的一种职业取向，是了解一个职业和教育行为有用的工具。霍兰德的职业兴趣理论，将职业兴趣和人格特质联系在一起，认为兴趣是人格特质和工作环境相互影响的结果。而我国研究者把职业兴趣定义为兴趣在职业选择活动方面的一种表现形式，是职业本身的多样性、复杂性与就业人员自身个性的多样性相互作用之下所反映出的特殊的心理倾向和偏好（石莉，2004；王云鹏，2007）。

三、职业兴趣在职业活动中的作用

职业兴趣对人们从事职业活动起着非常重要的作用，会影响人的职业定向和职业选择，有助于开发人的潜力、激发人的探索与创造、增强人的职业适应性和稳定性。

人们在择业的过程中，一般都会选择那些自己比较感兴趣的职业，这是一个重要的参考依据。就像爱情里追求自己喜欢的人一样，如果从事的是自己比较感兴趣的职业，将会坚定不移、兴奋不已地全身心投入职业活动，进而激发自身的潜能和创造性，使自己的能力发挥到极致，取得更好的成绩。

相反，如果一个人从事的职业不是自己感兴趣的甚至是自己讨厌的，那么在工作过程中，不仅不能提高自己的工作积极性和工作效率，更可能影响人的心情，使人变得烦躁、压抑。

当然，在选择具体职业时，能力也是至关重要的因素。对有些职业空有浓厚的兴趣却没有相应的能力。比如，科学家、飞行员这些在大众眼里带着"光环"的职业，理智上最好选择放弃；而有些职业有能力去做好它，却提不起兴趣，从现实角度来讲，要逐渐培养对这些职业的兴趣。因为兴趣不见得总是"一见钟情"，也可以"日久生情"。毕竟，在这个飞快发展的社会，竞争越来越激烈，找到一份合适的工作实属不易。

另外，从大众就业质量水平方面看，个体因为符合自己的职业兴趣而呈现出一种积极正向的工作态度，这能让个体更快地转换角色，投入自己的工作岗位，适应新的工作环境，个体的职业幸福感和职业满意度相对来说也会更高。

第二节　职业兴趣的理论基础

研究者们对职业兴趣的结构及理论展开丰富的探讨，职业兴趣的结构经历了从无序到有序，从平面向立体发展的历程。对于职业兴趣的研究可以追溯到 20 世纪的西方，当时美国教育心理学家桑代克对兴趣和能力的研究标志着兴趣测验的开始。随后，斯特朗（Strong）在 1927 年编制了第一个正式的职业兴趣量表，这是最早的职业兴趣测验。他当时编制职业兴趣量表的方法是先设计有关学校课程的问卷，再针对社会上存在的职业，进行问卷分析研究，从而形成职业兴趣量表，但当时仅适用于男性。后来，库德（Kuder）在 1939 年编制了职业兴趣量表，以大学生为被试，首先询问他们的兴趣爱好以及喜欢的职业，然后根据所得到的结果把职业分为 10 个兴趣领域，同时确定相应的 10 个同质性量表，得到 10 个同质量表的计分结果后，通过得分高低决定兴趣类型，其效度和信度都已得到认证，最后把职业兴趣分为 10 类，即计算类、科学类、游说类、艺术类、写作类、音乐类、机械类、户外活动类、社会服务类和文秘类。此后，又有不同学者提出不同的理论模型。早期的一些结构虽存在争议，但多在不同程度上得到认可。不过，在所有的职业兴趣结构中，最被认可的还是霍兰德的六种类型

(RIASEC)结构。对此，国内一些学者对一些主要的理论模型进行过综述(刘长江，郝芳，2003)。

一、罗的圆形模型

1956 年，罗(Roe)以职责、能力、技能为标准，把职业分为 6 个水平，分别是专业和半专业，技能、半技能和无技能以及小商业类。同时也把职业分为 8 个领域：一般文化、艺术与娱乐、户外、科学、技术、服务、商业接触以及组织。研究表明，职业与个体能力联系不大，存在相互独立的关系。罗假定，根据职业活动过程中人际关系的程度和性质，8 种领域之间的关系可以用一个特定的圆形排列来表示(见图 3-1)，邻近的领域比不邻近的领域在人际关系的程度和性质方面更相似。

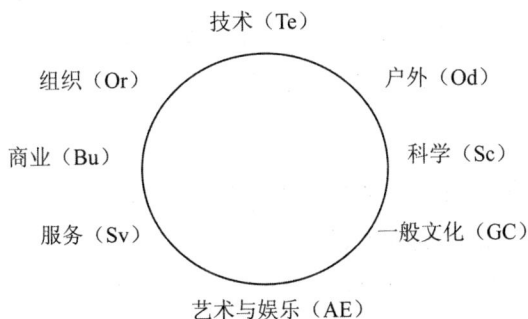

图 3-1 罗的圆形模型

资料来源：刘长江，郝芳. 职业兴趣的结构：理论与研究. 心理科学进展，2004，11(4).

二、霍兰德的六边形模型

在众多的职业兴趣理论中，最普遍也最受人欢迎的就是霍兰德的职业兴趣理论。他首先提出职业与兴趣人格相联系，兴趣是最大的动力，一个人只有拥有兴趣，才会充满热情，才会把自己的工作做好。同时，不同类型的人也具有不同类型的择业倾向，这已被研究过。并且人格与职业兴趣有很高的相关性。霍兰德把人格分为 6 种类型，每种类型所从事的职业也有所差别，分别为现实型(R)、研究型(I)、艺术型(A)、社会型(S)、企业型(E)、常规型(C)，霍兰德使用六边形而不用圆形来表示"RIASEC"这 6 种类型(见图 3-2)。

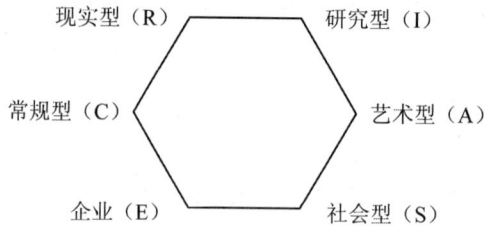

图 3-2 霍兰德的六边形模型

资料来源：刘长江，郝芳. 职业兴趣的结构：理论与研究. 心理科学进展，2003，11(4).

(一)现实型(R)

务实性较强，愿意从事操作技能的工作，动手能力较强，热衷于具体任务，不喜欢沟通交流，做事比较保守，谦虚，大多数喜欢独立行事，不太喜欢团体活动。他们所从事的职业一般包括设计师、摄影师、制图员、机械装配工、木匠、厨师、技工、修理工、工程师、农民等技术性较强的职业。

(二)社会型(S)

喜欢与人沟通交流，且大多数比较开朗大方，喜欢与人交朋友，愿意聆听别人并出谋划策，也喜欢指出别人的错误，喜欢时时刻刻关心社会问题，比较有社会正义感和社会道德感。喜欢从事的职业有主持、培训、开发、治疗等，如教师、咨询、公关、导游等。

(三)企业型(E)

喜欢追求金钱、权利、地位，爱表现，具有一定的管理领导能力，喜欢竞争，追寻优胜劣汰的思想观念，做事有较强的目的性，喜欢追求利益。喜欢从事的职业有官员、董事长、经理、营销管理人员、法官、律师等。

(四)常规型(C)

喜欢服从命令，墨守成规，按计划办事，细心、稳重、踏实，但是通常缺乏创新，不喜欢具有挑战性的刺激性的工作。通常喜欢稳定、注意细节、记录性、整理性的工作，如办公室秘书、记录员、整理员、打字员、会计等职业。

(五)研究型(I)

具有非常强烈的批判性思维，好奇心强，喜欢打破常规，喜欢开拓创新，不喜欢领导别人和被人领导。喜欢从事的职业有科研人员、工程师、电脑编程人员、医生、系统分析员、发明家和创造家等。

(六)艺术型(A)

具有发现美和创造美的能力，渴望展现自己的个性，喜欢不拘一格、与众不同,具有一定的艺术天赋,不喜欢走寻常路。在设计、音乐、颜色方面有很大的天赋,喜欢从事的职业有画家、编剧、导演、演员、歌手、艺术设计师、雕刻家、建筑师、小说家、诗人、剧作家等。

这是霍兰德划分的六种职业领域,由于先天遗传和后天环境的相互作用,一个人的职业倾向可能包含两个或两个以上职业领域。于是他又提出了职业兴趣的人格类型理论,该理论认为个体对职业的选择会受个体的爱好、动机、知识和自制力等因素的影响,最主要的是受到兴趣和人格的影响。随后,霍兰德以职业人格理论为依据,编制了职业偏好量表,该量表由 160 个职业条目构成。他把这些兴趣分成 6 个方面,相应地也分成与之对应的 6 个领域,根据受测者在 160 个职业条目上的得分高低在职业分类表中查找相应的职业,找出自己喜欢的职业。霍兰德的另一个伟大的贡献是提出了各种职业人格类型间的结构性关系模型,从而使人们对各种人格类型的关系有了较为明确的认识,对职业本质的认识上升到了一个新高度。

三、普雷迪格尔的维度模型

普雷迪格尔(Prediger)又把霍兰德的职业兴趣理论延伸,提出了两个基本维度,即人物/事物和资料/观念,为了将职业信息系统化,又把涉及的两个职业维度分为 6 个职业类别(见图 3-3),即科学型(I)、艺术型(A)、社会服务型(S)、商业接触型(E)、商业操作型(C)、技术型(R)。该类别现在作为美国大学生考试职业选择方面的依据。

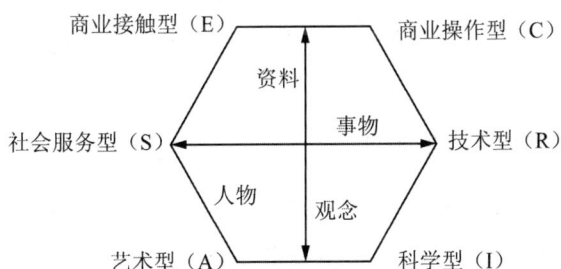

图 3-3 普雷迪格尔的维度模型

资料来源:刘长江,郝芳. 职业兴趣的结构:理论与研究. 心理科学进展,2004,11(4).

四、加蒂的层级模型

加蒂(Gati)认为,兴趣分化不可能发生在一个单一的时间点上,不可能是固定不变的,也不可能发生在一个特殊的水平之上。相反,他认为,兴趣是一个连续的、动态的发展过程,容易受后天环境的影响,个体兴趣可能在某一特殊水平上在某一特定兴趣领域内产生分化。在这基础之上，加蒂提出了一个层级模型的职业兴趣结构。

他假设：①人们可以根据自己的实践经历感知各种职业（如教师、农民、插花师、建筑工程师等）；②对自己比较感兴趣的相似性职业会热衷于从事或者充满热情，这可以用职业知觉的相似性来概括；③对职业知觉的相似性可以用一个层级的树形结构来表示；④职业兴趣的结构与层级结构相一致。

在层级模型中，兴趣按从高到低分为了几个层级水平。在最高层次中，职业兴趣又分成两个主要的组：软科学组和硬科学组，然后这两组又可以进行细分，再划分为几个领域，领域的数目以及领域的特征依赖于所采用的特定的分类系统。这样从高到低以此类推很多职业就出现了，通过各种测量可以知道自己所喜欢的职业，从而进行自我职业规划。层级模型不是以单一的步骤将职业或类型进行分类，而是以几种不同的步骤进行分类，根据显著的特征进行第一步的分类，然后根据越来越细小的差别进行分类（见图 3-4、图 3-5）。

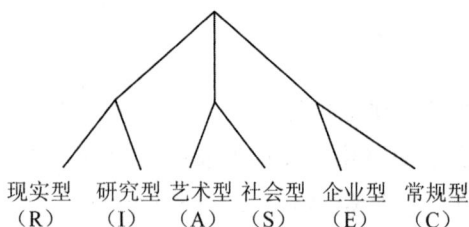

现实型（R） 研究型（I） 艺术型（A） 社会型（S） 企业型（E） 常规型（C）

组织（Or） 商业（Bu） 一般文化（GC） 服务（Sv） 艺术（AE） 科学（Sc） 户外（Od） 技术（Te）

图 3-4 加蒂对霍兰德的模型划分

资料来源：刘长江，郝芳. 职业兴趣的结构：理论与研究. 心理科学进展，2004，11(4).

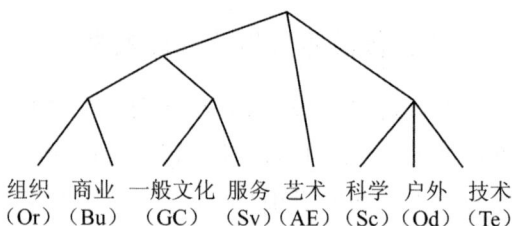

图 3-5 加蒂对罗的模型划分

资料来源：刘长江，郝芳. 职业兴趣的结构：理论与研究. 心理科学进展，2004，11(4).

五、特蕾西-朗兹的球形模型

特蕾西和朗兹在普雷迪格尔等人的基础上提出了 3 个维度，即人物/事物、数据/观念和名望。他们假定，在人物/事物和资料/观念维度所构成的圆上分布着 8 种基本兴趣，在名望维度上分布着 10 基本兴趣。这 8 种基本兴趣分别是：社会促进、管理、商业细节、数据加工、机械、自然/户外、艺术和助人。低名望维度上的基本兴趣有：手工、人事服务、建筑/修理、质量控制、基础服务（见图 3-6）；高名望维度上的基本兴趣是：影响、社会科学、科学、商业系统、财务分析。在此理论中，名望维度是区别于其他理论的一个独特特征。

特蕾西和朗兹认为，名望是一个广义的概念，如地位、职业水平、培训水平、困难与责任水平，这些变量呈高相关。经过历史的研究，先前的文献并没有把名望看作职业兴趣的主要维度，可能是基于两种考虑：①一般认为，名望不是兴趣的属性而是职业的属性，一般追求权力地位的人喜欢选择高名望的职业；②在职业兴趣的量表中并没有把名望整合进去。但是，经过反复的实践研究，名望确实是职业兴趣的一个重要维度。例如，科学家、发明家、高级官员、人力资源总监等属于高名望的职业；而清洁工、公交车司机、农民等属于低名望的职业。

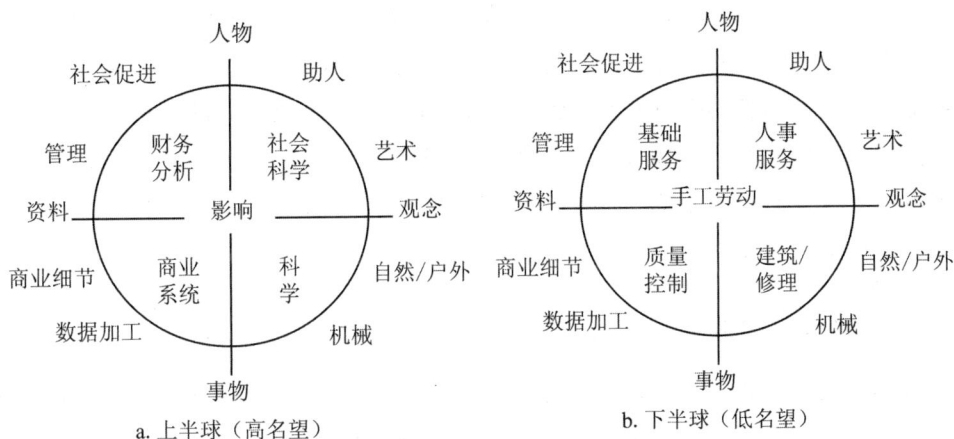

图 3-6 特蕾西-朗兹的球形模型结构图

资料来源：刘长江，郝芳. 职业兴趣的结构：理论与研究. 心理科学进展，2004，11(4).

对各个职业兴趣结构模型进行比较，其目的是寻求一个适用范围更广、更具有代表性的兴趣模型。有很多研究比较了上面所述的职业兴趣的结构模型，研究最多的模型是霍兰德、普雷迪格尔和加蒂的理论模型。目前，没有研究出哪个职业兴趣理论能适合所有人，但是目前，美国心理学家霍兰德的职业兴趣理论和量表被大多数美国人和外国人所接受。其他心理学家的职业兴趣理论及量表各有千秋，所以我们可以吸取他们的优点，然后思考编制出适合本国国情、适合经济发展、适合新时代的职业兴趣量表。

第三节 职业兴趣的测评工具

职业兴趣测验可以追溯到 20 世纪初期，桑代克在 1912 年探讨了兴趣和能力的关系。詹姆士在 1915 年设计了一个兴趣问卷，这标志着兴趣测验正式研究的开始。不同研究者在不同结构理论模型的指导下研发不同的职业兴趣测评工具。随着时代的变迁与发展，一些量表可能只适合当时的情境，因此，当前国内学者对职业兴趣的测评多半在国外理论指导下进行修订或重新编制，以学生群体居多，主要用于他们进行职业定向选择。任桂云(2014)在学位论文中对国内外一些主要的职业兴趣量表做了相关的总结：国外有斯特朗-坎贝尔职业兴趣量表、库德职业兴趣量表、自我导向调查表、个人球型职业兴趣量表；国内有对斯特朗-坎贝尔量表、霍兰德自我导向搜索量表以及库德职业兴趣量表的引进，对职业兴趣、经历、技能评定量表（美国大学测验中心编制）、个人球形职业兴趣量表（PGI）、霍兰德的 SDS（第四版）、职业兴趣探查量表简版（IP-48A）、俄勒冈职业兴趣量表（ORVIS）、个人球型职业兴趣活动分量表（PGI-A）、美国大学入学考试中心单性别职业兴趣问卷（UNIACT）、个人球形职业兴趣量表简版（PGI-40）、职业兴趣探查量表简版（IP-48B）的修订。此外还有对量表的编制，包括以加利福尼亚职业兴趣系统为基础编制的 BEC 职业兴趣表（BECP）、中国的职业兴趣调查表、升学与就业指导测验（升学版）、职业兴趣问卷、大学生职业兴趣调查问卷、高职生的职业兴趣调查表、高校师生职业兴趣研究调查问卷。下面主要介绍四种常见的职业兴趣量表作为示例说明。

一、霍兰德职业兴趣量表

霍兰德职业兴趣量表（SDS）是目前应用较广泛的职业兴趣量表，这个量表的信度和效度都非常高。该量表由霍兰德在 1958 年创立，经历代前人不断的修订与完善，目前有很多修订版。该兴趣量表分为活动分量表（activities）、潜能分量表（competencies）、职业分量表（occupations）和自我评估分量表（self-estimates）。每一个量表都可以分为现实型、艺术型、研究型、社会型、企业型、常规型 6 个部分，各个分量表中的各部分题目的数量也相等。前 3 个活动分量表、潜能分量表、职业分量表中每一部分的题目都为 10 个，共 180 道题目，自我评估分量表每一部分的题目都为 2 个，共 12 道题目。每一个题目的评价都按利克特四点量表进行评估，在职业兴趣中被广泛使用（张永忠，2006）。

量表示例：

指导语：本测验将帮助您发现和确定自己的职业兴趣和能力特长，对问卷的作答无所谓好坏与对错，只要能反映自己的真实感觉就可以了。本测验共有 4 个部分，每部分含 6 个方面的测试题，共计 192 道题，请您按自己的实际情况依次对每道测验题做出选择。请将答案写到答题纸上，在表一相应的空格内填上得分，不要漏过任何一道题。

第一部分：您喜欢从事下列活动吗？

不喜欢——1 分　倾向不喜欢——2 分　倾向喜欢——3 分　喜欢——4 分

1. 装配修理电器或玩具。

2. 修理自行车。

3. 用木头做东西。

4. 开汽车或摩托车。

5. 用机器做东西。

6. 参加木工技术学习班。

7. 参加制图描图学习班。

8. 驾驶卡车或拖拉机。

9. 参加机械和电器学习。

10. 装配修理电器。

……

60. 写商业贸易信。

第二部分：您具有擅长或胜任下列活动的能力吗？

不胜任——1分　倾向不胜任——2分　倾向胜任——3分　胜任——4分

61. 能使用电锯、电钻和锉刀等木工工具。

62. 知道万用表的使用方法。

63. 能够修理自行车或其他机械。

64. 能够使用电钻床、磨床或缝纫机。

65. 能给家具和木制品刷漆。

66. 能看建筑等设计图。

67. 能够修理简单的电器用品。

68. 能够修理家具。

69. 能修收音机。

70. 能简单地修理水管。

……

120. 善于为自己或集体做财务预算表。

第三部分：您喜欢下列的职务吗？

不喜欢——1分　倾向不喜欢——2分　倾向喜欢——3分　喜欢——4分

121. 飞机机械师。

122. 野生动物专家。

123. 汽车维修工。

124. 木匠。

125. 测量工程师。

126. 无线电报员。

127. 园艺师。

128. 长途公共汽车司机。

129. 火车司机。

130. 电工。

······

180. 人口普查登记员。

第四部分：请评定您在下述各方面的能力等级。

（注：请先将自己与同龄人在相应方面的能力做比较，经斟酌后做出评定，并将评定的等级数填写在答卷上，评定共分为 7 级，数字越大表示能力越强。）

181. 你的机械操作能力等级为（1　2　3　4　5　6　7）。

182. 你的艺术创作能力等级为（1　2　3　4　5　6　7）。

183. 你的科学研究能力等级为（1　2　3　4　5　6　7）。

184. 你的解释表达能力等级为（1　2　3　4　5　6　7）。

185. 你的商业洽谈能力等级为（1　2　3　4　5　6　7）。

186. 你的事务执行能力等级为（1　2　3　4　5　6　7）。

187. 你的体育技能等级为（1　2　3　4　5　6　7）。

188. 你的音乐技能等级为（1　2　3　4　5　6　7）。

189. 你的数学技能等级为（1　2　3　4　5　6　7）。

190. 你的交际能力等级为（1　2　3　4　5　6　7）。

······

192. 你的办公技能等级为（1　2　3　4　5　6　7）。

二、个人球形职业兴趣量表

个人球形职业兴趣量表（PGI-S）由美国亚利桑那州立大学的特蕾西与朗兹编制，张宇（2013）对个人球形职业兴趣量表中国版（Personal Global Inventory Short China，PGI-SC）进行了实证效度的验证，以全国范围大学生为被试并建立了中国人口的常模。量表共 40 道题目，每道题目分为喜爱程度和胜任能力两个部分，被调查对象需要对每道题做两次测试，一是为对活动喜欢程度做"非常不喜欢"到"非常喜欢"的 1～7 级评分，另一个是对活动胜任能力做从"完全不能胜任"到"完全胜任"的 1～7 级评分。

量表示例：

指导语：请注意，请仔细阅读下面所列举的活动，并对每个活动做两次选择：一次是你对该活动的热爱程度，另一个是你认为自己能够独立完成任务的能力。对喜欢程度和能力的选择都有 7 个等级，请根据自己的情况选择相应的等级，并写在每个题目后边的横线上。

喜欢程度

非常不喜欢　　　　无所谓　　　　非常喜欢

　　1　　2　　3　　4　　5　　6　　7

胜任能力

完全不能胜任　　　中等能力　　　完全能胜任

　　1　　2　　3　　4　　5　　6　　7

	喜欢程度	胜任能力
1. 在餐厅安排顾客就座。	_____	_____
2. 管理旅馆。	_____	_____
3. 撰写财务报告。	_____	_____
4. 审查数据分析。	_____	_____
5. 拆卸、安装电器设备。	_____	_____
6. 给野生动植物分类。	_____	_____
7. 雕塑。	_____	_____
8. 辅导儿童学习。	_____	_____
9. 发表公众演讲。	_____	_____
10. 驾驶公共汽车。	_____	_____
11. 调查访谈。	_____	_____
12. 管理办公室事务。	_____	_____
13. 保管办公室财务记录。	_____	_____
14. 管理电站。	_____	_____
15. 监督建筑工程。	_____	_____
16. 撰写科学论文。	_____	_____
17. 画肖像。	_____	_____
18. 教人跳舞。	_____	_____
19. 研究政治事件的社会影响。	_____	_____
20. 装卸货物。	_____	_____
21. 卖衣服。	_____	_____
22. 管理销售事务。	_____	_____
23. 记录股票销售情况。	_____	_____
24. 编写计算机程序。	_____	_____
25. 检查建筑工地的安全。	_____	_____
26. 从事科学教学。	_____	_____
27. 写剧本。	_____	_____

28. 教别人烹饪。　　　　　　　　——————　　——————

29. 制订社会活动计划。　　　　——————　　——————

30. 开出租车。　　　　　　　　——————　　——————

······

40. 砌墙。　　　　　　　　　　——————　　——————

八大类型的介绍如下。

社会促进型：具有该类型的人喜欢与人交往，善言谈，愿意教导别人。他们关心社会问题，渴望发挥自己的社会作用，比较重社会义务和社会道德，具体适合的职业有教育工作者和社会工作者。

管理型：具有敏锐的洞察力，有强烈的号召力、责任心，并且具有一定的组织协调能力。

商业细节型：具有这种职业兴趣类型的人，有野心、独断、乐观、自信、精力充沛等人格特征，善于发现一切商机，喜欢辩论，并能够使别人接受自己的观点，一般喜欢以利益衡量自己的生活标准。喜欢冒险，不喜欢讨论学术性的问题，喜欢从事的职业有保险推销员、企业管理人员、律师、政府官员、领导者等。

数据加工型：具有独立、批判、理智的人格特征，喜欢观察分析、逻辑推理、理论研究并以理性思考的方式探究事物，喜欢从事的职业有文物鉴定师、数据统计分析师、科研人员、工程师、科学家、发明家等。

机械型：动手能力较强，善于操作，在电气安装、设备装置等方面具有一定的优势。

艺术型：不喜欢拘束，喜欢自由，常常用音乐、文字、形体、色彩等形式表达自己的感受，他们喜欢创新，不喜欢墨守成规，喜欢从事的职业有艺术家、剧作家、服装设计师、创曲家、导演等。

自然/户外型：具有该类型兴趣的人，对户外活动充满了兴趣，喜欢探索生命现象，喜欢从事的职业有园艺师、水资源监测员、野生动物专家等。

助人型：该类型的人能把自由给别人，心地善良，喜欢将心比心，能设身处地为他人着想，社交能力很强，此类型适合的职业有教师、护士、幼师、秘书、助理等职业。

三、大学生职业兴趣调查问卷

霍兰德的职业兴趣理论一直是有关兴趣研究的热点，而且得到过许多实证研究的证实，但是一些跨文化研究同时也证实了其理论并非适用于各种文化背景。于是石莉(2004)经过多次对大学生职业兴趣的调查分析并以霍兰德的职业兴趣理论为基础，将职业兴趣分成 6 个维度：常规型、户外型、研究型、经营型、艺术型、社会型。

问卷示例：

指导语：这份问卷调查主要是调查大学生的职业兴趣，问卷中所涉及的活动并没有好坏、贵贱之分。问卷中的作答也没有好坏、对错之分，只需要反映出你的真实感觉就可以了。在进行作答时如果有疑问，可以随时进行提问。下面是一些具体活动，如果你非常喜欢做这一项活动，请在"非常喜欢"选项下的数字"5"上划圈。以下依次类推，分别在各选项的相应数字下画圈。

非常喜欢	喜欢	无所谓	不喜欢	非常不喜欢
5	4	3	2	1

注意：调查问卷主要考察的是你的兴趣所在，而不是让你选择工作，你喜欢某种活动也并不意味着你未来一定要从事这种工作。在进行作答时请不要考虑你是否曾经从事过这项活动或者是否擅长这种活动，只需要根据你的兴趣直接做出判断，不必进行深思。

1. 栽培花卉树木。　　　　　　　　　　　　5　4　3　2　1

2. 修剪盆栽。　　　　　　　　　　　　　　5　4　3　2　1

3. 做工资报表。　　　　　　　　　　　　　5　4　3　2　1

4. 参观美术展览。　　　　　　　　　　　　5　4　3　2　1

5. 种花除草、培植果树。　　　　　　　　　5　4　3　2　1

6. 探讨人类的起源。　　　　　　　　　　　5　4　3　2　1

7. 打理自己的生意。　　　　　　　　　　　5　4　3　2　1

8. 进行报刊的收订工作。　　　　　　　　　5　4　3　2　1

9. 对公益事业做义务宣传。　　　　　　　　5　4　3　2　1

10. 培育莲藕等水生植物。　　　　　　　　　5　4　3　2　1

11. 整理、保管文件或资料。　　　　　　　　5　4　3　2　1

12. 了解鸟类迁徙规律。　　　　　　　　　　5　4　3　2　1

13. 沟通协调各方面的关系。　　　　　　　　5　4　3　2　1

14. 检查、核对统计报表的错误。　　　　　　5　4　3　2　1

15. 了解神经活动机制。　　　　　　　　　　5　4　3　2　1

……

26. 领导促销活动。　　　　　　　　　　　　5　4　3　2　1

各类型介绍如下。

常规型：具有顺从、细心、保守、稳重等品质，喜欢规范明确、秩序井然的工作环境，喜欢从事的职业有办公室人员、打字员、秘书等。

户外型：具有该类型兴趣的人，对户外活动充满了兴趣，喜欢探索生命现象，喜欢从事的职业有园艺师、水资源监测员、野生动物专家等。

研究型：此类型的人，具有独立、批判、理智的人格特征，喜欢观察分析、逻辑推理、理论研究并以理性思考的方式探究事物，喜欢从事的职业有文物鉴定师、数据统计分析师、科研人员、工程师、科学家、发明家等。

经营型：具有这种职业兴趣类型的人，喜欢打破常规，具有强烈的好奇心，喜欢创新，有野心、独断、乐观、自信、精力充沛等人格特征，善于说服旁人来接受自己的观点，对商业信息敏感，喜欢追求经济效益和实现个人成就。喜欢冒险，不喜欢讨论学术性的问题。喜欢从事的职业有保险推销员、企业管理人员、律师、政府官员、领导者等。

艺术型：具有这种职业兴趣类型的人，喜欢追求宽松自由的环境，喜欢借音乐、文字、形体、色彩等来表达自己的感受，他们喜欢标新立异，厌恶常规型的工作，喜欢从事的职业有艺术家、剧作家、服装设计师、创曲家、导演等。

社会型：具有这种职业兴趣的人，喜欢与人打交道，喜欢与人相处，喜欢沟通，善于表达，喜欢倾听和了解别人，喜欢社会交往，亲和力强，具有团队合作精神，关心社会上的问题，善于说服教育，喜欢从事的职业有教师、心理咨询师、公关、导游、保育员、福利人员等。

四、职业兴趣问卷

本问卷是由台湾学者吴武典整合国内外的职业兴趣研究，结合本地文化发展和社会发展并以霍兰德职业兴趣理论为基础提出的六种职业兴趣类型，分别为实用性、研究性、艺术性、社会性、企业性、日常性（曾滔，张然，2005）。回答"是"计1分，回答"否"不计分。

问卷示例：

指导语：这个测验的目的是了解你的兴趣，以便帮助你将来选择适当的职业，帮你进行职业规划。作答的方法很简单，根据你是否喜欢，只要在"是"或"否"处，画上"√"即可。本次问卷采取匿名形式。

1. 飞行员（驾驶飞机）。   是   否

2. 秘书（在办公室中替人整理信件或打字）。   是   否

3. 侦探（侦察犯罪的人）。   是   否

4. 邮务人员（在邮局工作）。   是   否

5. 电子技师（做电子技术工作）。   是   否

6. 摄影师（做拍照工作）。   是   否

7. 飞机修护员（修理飞机）。   是   否

8. 气象学家(研究气象)。 是 否

9. 神职人员(在教会工作,如牧师、神父等)。 是 否

10. 簿记员(在机关里记账)。 是 否

11. 诗人(写诗歌)。 是 否

12. 报社编辑(编印报纸)。 是 否

13. 托儿所保姆(在托儿所照顾三四岁的小孩)。 是 否

14. 律师(在法院审判案件时,替人辩护)。 是 否

15. 生物学家(研究动物和植物)。 是 否

16. 中学教师(在中学教导学生)。 是 否

17. 品质管制专家(管制货物的品质)。 是 否

18. 采购人员(见公司货物)。 是 否

19. 交响乐队指挥(指挥管弦交响乐队)。 是 否

20. 建筑物拆除业者(拆掉古老破旧的建筑物)。 是 否

21. 医生(替人治病)。 是 否

22. 小学教师(在小学教导学生)。 是 否

23. 校长(当学校的校长)。 是 否

24. 发电厂操作员(在发电厂工作)。 是 否

25. 天文学家(研究星星、月亮、太阳等天上的物体)。 是 否

26. 预算审核员(核算预备开支的账目)。 是 否

27. 音乐家(从事音乐工作)。 是 否

28. 起重机操作员(建筑或造房子时,操作起重机)。 是 否

29. 铅管工(装修下水槽、浴缸及其他铅管设备)。 是 否

30. 航空设计工程师(从事飞行设计工作)。 是 否

······

118. 乐谱改编者(改编乐曲)。 是 否

职业兴趣类型如下。

实用性:具有实用性的人往往愿意多做一些任务明确的事情,如农业、自然、体育、军事活动、机械修理等。

研究性:具有研究性的人更讲究科学性,愿意研究,倾向的职业是科学、数学、医学领域。

艺术性:该类型的人非常具有艺术细胞,不喜欢走寻常路,一般自我意识比较强烈,喜欢无拘无束的工作环境,这样才能发挥自己的灵感,使自己创造出新的作品。倾向的职业是音乐、戏剧、美术、实用艺术、烹饪艺术、写作等。

社会性:喜欢与社会上的人打交道,沟通能力、说服能力比较强,并喜欢处

理纠纷问题，倾向的职业是教育、社会服务、医疗服务、宗教活动。

企业性：企业性的人一般组织管理能力比较强，做事具有强烈的计划性，办事效率比较高，倾向的职业领域有政治、法律、商务、销售、组织管理等。

日常性：具有日常性质的人关注的是与日常生活息息相关的事物，适合的职业领域是数据管理、计算机操作、办公室服务。

第四章　职业胜任力

第一节　职业胜任力概述

一、胜任力

随着社会分工的不断细化，社会上出现了一些从事特定职业的人员和团体，这些团体内的成员从事相同或相近的工作，所要解决的问题也非常相似。然而，这些团体中的人员并不都是同质的，他们的工作水平和工作质量有高有低。同时，人们还发现，同一个人从事不同的职业和工作时，其绩效表现有高有低。那么到底是什么原因造成了不同人员的工作绩效的差异呢？为什么同一个人从事不同的工作会有不同的绩效表现呢？由此，职业的胜任资格，即胜任力的问题便被提出来了。

20世纪初期，科学管理之父——泰勒提出用物理学中的一些原理，对管理进行科学研究，其开展的"时间—动作"研究在某种意义上就是对胜任力进行的一些分析和探索。他认识到不同的工人完成工作的质量和效率是存在差异的，为了找出产生这种差异的原因，他采用时间和动作分析方法，来鉴别那些产生优秀员工高质量、高效率的工作过程和结果的因素，同时对工人进行系统的培训以提高他们在这些方面的能力，从而进一步提高企业的经营业绩。他的结论是：为了提高企业的劳动生产率，必须为工作挑选一流的工人；让工人熟练掌握标准化的操作方法，使用标准化的工具、机器和材料，并使作业环境实现标准化。

胜任力（competence）来自拉丁语"competence"，意思是适当的，在20世纪中叶，在组织行为学和心理学的研究中发现，传统的智力测验、性向测验、学校的学术测验及等级分数等手段，不能预测员工从事复杂工作和管理职位工作的绩效，或在生活中是否能取得成功，同时这些手段对某些特定人群还存在不公平性。在这种背景下，麦克利兰（McClelland）研究小组受美国国务院事务局之托，寻找新的研究方法甄选情报信息官作为宣扬美国政府政治、人文、社会等的代言人，以使更多的人支持美国的政策。麦克利兰研究小组在弗拉纳根（Flanagan）的关键事件技术的基础上开发并采用了行为事件访谈法，试图研究影响情报信息官的工作绩效的因素。麦克利兰通过一系列分析和总结，发现杰出的情报信息官和一般胜任者在行为和思维方式方面的差异，从而找出了情报信息官的胜任力。在项目过程中，麦克利兰应用了奠定胜任素质（胜任特征）方法基础的一些关键性的理论和技术。麦克利兰（1973）在继承并发展前人研究成果的基础上发表了一篇题为《测验胜任力而不是测验智力》的文章，倡导采用胜任力模型取代智力测验作为预测未来工作绩效的方法，并认为高绩效者运用了某些特定的知识、技能和行为等胜任力以取得出色业绩。这篇文章的发表，标志着胜任力理论研究和应用的开端。1982 年，麦克利兰和博亚特兹（Boyatzis）对大量的资料进行了深入的实证研究和分析，最终出版了《胜任的经理：一个高效的绩效模型》一书，这标志着关于胜任力的研究又向前推动了一步。自此，胜任力理论开始在发达国家的企业人力资源管理实践中得到大规模的应用。1985 年，美国心理学家斯腾伯格提出了人类智力的三元理论，该理论进一步发展成了胜任力的概念，他提出的"实践智力"与"内隐知识"两个概念为胜任力理论与实证研究奠定了坚实的基础。1990 年，普拉哈拉德（Prahalad）和哈梅尔（Hamel）在《哈佛商业评论》上发表了《公司核心能力》一文，该文提供了组织分析的框架，将个体层次的胜任力的概念置于"人—职位—组织"匹配的框架中进行分析，将胜任力的理论带上了一个新高度。

从以上胜任力理论的发展历程来看，胜任力理论从测验领域的应用到如今被广泛应用于商业、管理等领域，由作为寻找导致个人绩效特征的原理发展到改善组织绩效的方法，呈现出一种渐进的、螺旋式的发展历程。

自从麦克利兰提出"胜任力"以来，中西方学者纷纷提出自己对胜任力的理解，汇总众多学者给胜任力所下的定义，可以发现，对胜任力的定义都具有如下三个特点：①与特定工作有关；②可以在特定工作中创造高绩效；③包含一些个体的特征，如特质（traits）、动机（motives）、自我概念（self-image）、社会角色（social-role）、态度（attitude）、价值观（value）、知识（knowledge）、技能（skill）等。胜任力是指特质、动机、自我概念、社会角色、态度、价值观、知识、技能等能够可靠测量并可以把高绩效员工与一般绩效员工区分开来的任何个体特征的结合。具体而言，人们通常所说的"硬件"即基准性胜任力。短期内较难改变和发展的特质、动机、自我概念、社会角色、态度、价值观等高绩效者在特定岗位上获得成功所必须具备的胜任力项目称为任职的关键条件（人们通常所说的"软件"），即鉴别性胜任力；可以有效地把特定岗位的高绩效者与更高层次岗位的高绩效者区分开来的，通常在短期内难以改变和发展的特质、动机、自我概念、社会角色、态度、价值观等有助于特定岗位的高绩效者向上发展为其更高层次职位的高绩效者所必须具备的胜任力项目称为任职的发展条件(人们通常所说的"潜力"),即发展性胜任力。

二、职业胜任力

胜任力已经得到了学者们的广泛研究,但是针对职业胜任力的研究没有胜任力的研究丰富。目前针对职业胜任力的内涵,主要有以下几种观点。

有研究者认为,无论个体具体从事哪种工作,职业生涯发展所需要的职业胜任力具有共性(Kuijpers & Scheerens,2006)。他们将职业胜任力定义为任何个体发展自己职业生涯所需要的胜任力,体现了员工发展职业生涯的动机、行为和能力。

还有学者将职业胜任力界定为在自我职业生涯管理中有助于个体获得成功绩效的习得性能力,以及有助于达成理想职业结果的一系列行为与知识(Francis-Smythe,Haase,& Thomas,et al.,2013)。

另有研究者将职业胜任力定义为能被个体影响和开发的对发展职业生涯极为重要的知识、技能和能力(Akklermans,Breeninkmeijer,V.,& Huibers,M.,et al.,2013)。

胡蓓和张文辉(2011)认为,职业胜任力是指人们从事某种职业或工作,能够符合组织绩效目标的要求,同时又能够促进自身职业生涯发展所应具备的各种知识、技能、心理和行为特征的集合。职业胜任力反映的是人—职业—组织匹配的核心问题。而对于个体而言,职业胜任力为其职业选择和规划提供了明确的标准和方向;对于组织而言,职业胜任力为其人才选拔、任用和人力资源调配提供了客观的决策依据和职业指导。

因此,职业胜任力是指个体根据自己的职业选择和规划,为了能够胜任某种职业或工作,促使自我最大限度地具备职业或工作所需的知识、技能、价值观和行为规范,并在此基础上完成组织的各种绩效要求,并最终达到人、职业和组织三者匹配的综合能力。

三、职业胜任力的作用

首先,职业胜任力具有鉴定评价功能,有利于实现人力资源的优化配置。鉴定评价是指对员工的素质情况进行鉴别和评定,这是人才测评具有的最直接的基础功能。企业通过测评组织员工的职业胜任力,可以将员工的素质水平与其所在的岗位的职业胜任力要求进行对比,从而判断该员工是否能胜任该岗位。具体而言,主要表现在三个方面:一是可以检验岗位分析的准确性,并对岗位分析的结果进行相应的改进;二是可以根据测评内容中的显性因素和隐性因素对人力资源进行优化设置，做到"人适其事，事得其人"；三是能在人员选拔过程中对岗位候选人的综合素质进行全面考察，提高选拔的科学性，确保选拔上来的员工能够胜任其应聘的岗位。

其次，职业胜任力具有诊断和预测功能，有利于科学开发人力资源。职业胜任力的诊断功能体现为通过对组织员工的胜任力进行测评，可以了解测评对象的胜任力状况，发现其存在的优势与不足；预测功能则表现为基于员工当前的胜任力鉴别评定结果，可以预测其胜任力发展的趋向和程度。诊断、预测结果，能够为组织开展员工的培训活动提供重要依据，增强培训的科学性和针对性，提高员工参与培训的积极性和培训的效果；同时，还有助于员工更好地了解自己，为员工今后的自我改进和自我提高指明方向，并进行科学的职业规划。

最后，职业胜任力具有导向激励功能，能够有效提高人力资本价值。员工的职业胜任力导向功能体现在测评内容和指标反映了岗位的具体要求，因而可以将其作为组织对员工进行绩效评价和薪酬管理的标准。基于员工职业胜任力测评设定的绩效评价标准，能有效地保障员工的绩效目标与岗位胜任力发展、组织的短期目标与长远发展需要之间的相对平衡，促进组织和员工的共同发展。另外，以员工职业胜任力的测评结果作为确定薪酬的依据，与传统的以学历或技能作为薪酬标准相比显得更加科学合理，有利于增强员工薪酬的内部公平性，并激励组织中绩效一般的员工努力缩小与绩效优秀员工在胜任方面的差距，从而促进组织员工整体职业胜任力水平的提高。

第二节　职业胜任力的理论基础

一、职业胜任力的有关理论

目前有关职业胜任力的理论主要包括无边界职业理论、多变的职业理论、自我管理的职业理论、人力资本职业理论，不同学者从不同角度阐释职业胜任力的理论。

（一）无边界职业理论

直到 20 世纪 90 年代，亚瑟（Arthur）与他的同事提出智能职业生涯框架（intelligence career framework），职业胜任力才开始受到西方研究者的广泛关注。智能职业生涯框架其实是将奎恩（Quinn）所提出的"智能企业"（intelligent enterprise）的观点应用到个体职业生涯层面。奎恩的"智能企业"观点认为，在知识驱动的竞争环境中，智能型企业的成功源于三种不同核心胜任力：公司文化、知道—如何和公司社交网络。基于此观点，有研究者指出，每一种公司胜任力都要求员工展现出相应的职业胜任力以应对变化的环境和雇佣关系（Defillippi & Arthur，2006）。他们首次提出了与公司胜任力相匹配、在无边界职业生涯时代下个体需要的三种职业胜任力："知道为什么"（knowing why）、"知道怎么做"（knowing how）、"知道谁"（knowing whom），并把职业胜任力看作随着时间能被开发以及成功进行职业生涯管理所需要的累积性知识。亚瑟等人正式提出"智能职业生涯框架"理论来反映个体在回应各种职业机会时，对三种"知道"职业胜任力的应用（Adams，1995）。阿蒙森等人认为，智能职业框架中的"知道为什么""知道怎么做"和"知道谁"三种职业胜任力远远超越了企业培训开发计划所关注的技术技能和管理能力，它们反映出个体对自己职业生涯状况的理解，并努力与变化的环境保持一致（Amundson，Parker，& Arthur，2002）。有学者认为，"知道怎么做"职业胜任力，反映了个体对"怎样进行工作"的回答，即个体所具备的与职业、工作相关的技能和知识，强调员工如何为公司工作的整体能力（Inkson & Arthur，2001）。个体在职业生涯中每一次工作转变都会涉及至少在一种职业胜任力上的投资，而其他两种职业胜任力也会因此很快发生变化。"知道谁"反映了个体为谁工作，这和与工作相关的人际网络以及个体通过不同方式利用自己的人际网络有关。三种职业胜任力发展不平衡不利于个体的职业发展。当然，职业胜任力作为个体的职业资本并非在任何工作中都能得到积累，一个没有前景的工作可能会严重消耗个体的职业胜任力。

（二）多变的职业理论

虽然多变的职业视角理论与无边界职业理论有所重叠，但该理论强调主观的职业成功而非组织价值对职业胜任力的重要作用。有研究者认为，职业胜任力包括三个维度：①自觉技能（如自我觉知、有效率的倾听、时间和压力管理），该项技能是一种反思性技能，与个人的自我发展以及职业自我管理有关；②交互知识技能（如冲突管理、武断），这和其他人如何对个体的成功发挥作用有关；③环境知识技能，这与一个人完整地了解环境有关，个体不得不监控环境以便自己能调节自己的状态与社会环境相适应（Anakwe，Hall，& Schor，2000）。

（三）自我管理的职业理论

职业的自我管理理论与多变的职业理论的观点是一致的，该理论认为个体对其职业的有关事项承担主要责任。职业的自我管理理论强调职业胜任力的主动性特质。有研究者将主动性的职业行为描述为实现职业目标的深思熟虑的行为（Vos，Clippeleer，& Dewilde，2009）。他们区分了职业自我管理的两种成分：①行为部分（职业计划、创造机会），这个部分与管理职业有关；②认知部分（职业洞察力），这个部分与个体的职业动力和职业愿景有关。

(四)人力资本职业理论

人力资本理论的焦点集中在终身学习和雇员的可雇佣性。职业胜任力分为反应性、主动性和交互性行为。奎珀斯(Kuijpers)区分了四种职业胜任力:职业反思(反思性)、自我呈现(交互性)、职业控制和工作探索(主动性)。奎珀斯等人在对1579名雇员的研究过程中,区分了6种不同的职业胜任力:职业发展能力主要和雇员实现自身的目标有关系,能力和动机反思与个体对自己胜任力、期望以及职业价值有关,人际关系网络包括建立与工作有关的联系,工作探索是与在特殊工作领域里的对自己的价值观和胜任力的定位有关,而职业控制则与职业相关的计划以及影响学习和工作的过程有关(Kuijpers & Scheerens,2006)。

二、职业胜任力模型

目前有关职业胜任力的模型并不多,主要包括以下几种。

(一)冰山模型

职业胜任力模型由麦克利兰于1973年提出,是迄今为止最著名和经典的胜任力模型。他认为胜任力模型主要包括以下几个部分。

1. 知识

知识是指个人在某一领域所拥有的陈述性知识和程序性知识。其中,陈述性知识由人们所知道的事实组成,这些知识一般用语言进行交流,它可以采取抽象和意象的形式;而程序性知识则是指人们所知道的如何去做的技能,此类知识很难用语言表达。

2. 技能

技能是指一个人结构化地运用知识完成具体工作的能力。技能是否能够产生绩效受动机、个性和价值观等胜任力要素的影响。

3. 社会角色

社会角色是指个体在社会中的地位、身份以及和这种地位身份相一致的行为规范。个人所承担的角色既代表了他对自身具备特征的认识,也包含了他对社会期望的认识。社会角色建立在个人动机、个性和自我形象的基础上,表现为一个人一贯的行为方式和风格,即使个人所在的社会群体和组织发生变化也不会有根本改变。

4. 自我概念

自我概念是指个体对自己的知觉和评价,即内在自己认同本我,能够对自己的思想和行为进行自我控制和调节,可以有效监控个人的行为方式。

5. 特质

特质是指个体区别于他人的,在不同环境中表现出来的相对稳定的特征及典型的行为方式。它制约着个体的行为习惯倾向。

6. 动机

动机是引起、维持和指引人们从事某种活动的内在动力，推动并指导个人行为方式的选择朝着有利于目标实现的方向前进，并且防止偏离。动机的强烈与否往往决定行为过程的效率和结果。比如，具有强烈成功动机的人常常会为自己设定一些具有挑战性的目标，并尽最大努力去实现它，同时积极听取反馈，争取做得更好。

"冰山模型"被看作职业胜任力的基本模型之一。能力的核心是潜在的动机和个人特质，这些动机和特质与工作中的行为和绩效有着高度的因果关系。知识和技能处于冰山模型的水上部分，属于表层和外显因素，容易被感知、测量和后天培养，可以通过教育、培训等方式加以提升。社会角色、自我概念、特质和动机等则处于冰山模型的水下部分，属于内隐的、深层次特征，不易被感知测量和后天培养。它们与人的遗传特征、大脑特质、生活和成长环境因素有关，是区分绩效优异者和绩效一般者的关键因素。

(二)洋葱模型

美国学者博亚特兹对麦克利兰的胜任力理论进行了深入和广泛的研究，提出了职业胜任力的"洋葱模型"(Boyatzis，1982)。它把胜任力特征由内到外概括为层层包裹的结构，将知识和技能置于"洋葱"的最外圈，相当于"冰山模型"的水上部分，而将社会角色、自我概念、特质和动机等置于洋葱的最内两层，相当于冰山模型的水下部分。越向外层，越易于识别、培养和评价；而越向内层，则越难以识别、评价和习得。从本质上来说，洋葱模型和冰山模型在内涵上是一致的，都强调核心胜任力或基本胜任力特征。其中，对核心胜任力的测评，可以预测一个人的长期绩效。相对来说，洋葱模型更突出潜在胜任力和显现胜任力的层次关系，与冰山模型相比，更能体现职业胜任力特征之间的内在关系。

一般情况下，在人力资源管理实践中，人们比较重视知识技能的考察，但是往往忽视了自我概念、特质、动机等方面的考察。然而知识、技能固然重要，但这仅仅是招聘、选拔、培训和绩效考核的基本要求，如果需要清晰地区分绩效表现一般者和优秀者，还需要针对自我概念、核心的动机和特质几个方面进行辨别，因为这些内核的部分长期、深刻、有效地影响着表层的内容，这也是胜任力方法比传统的智力测验更加有效的原因之一。

(三)胜任力通道模型

1982 年，麦克伯公司的咨询顾问博亚特兹对 12 个工业行业的公共事业和私营企业的 41 个管理职位的 2000 多名管理人员的胜任力进行了全面的分析。他采用了行为事件访谈、图画故事技术和学习风格问卷，得出了管理人员的胜任力通用模型。他分析了不同行业、不同部门以及不同管理水平的胜任力模型的差异，提出管理者的胜任力模型包括六大特征群：目标和行动管理、领导、人力资源管理、指导下属、关注他人、知识。在这六大特征群的基础上，博亚特兹具体阐释了 19 个子胜任力特征：效率定向、主动性、关注影响力、判断性地使用概念、自信、概念化、口才、逻辑思维、使用社会权力、积极的观点、管理团队、准确的自我评价、发展他人、使用单向的权力、自发性、自控、自觉的客观性、精力和适应性、关注亲密关系。

斯宾塞（Spencer）曾于 1989 年对 200 多个工种进行了研究，试图发现管理人员普遍具有的工作胜任力因素结构，综合了 360 种行为事件，归纳出 21 项胜任力因素。最后他建立了包括技术人员、销售人员、社会服务人员、经理人员和企业家 5 大类通用的行业胜任力模型，每一个胜任力模型包括 10 个左右的胜任力特征因素。其中企业家的胜任力特征模型包括以下胜任力特征因素。①成就：主动性、捕捉机遇、信息收集、关注效率等。②思维与问题解决：系统计划、解决问题的能力等。③个人形象：自信、专业知识等。④影响力：说服、运用影响策略等。⑤指导与控制：指导下属、过程控制等。⑥体贴他人：关注员工福利、发展员工等。需要指出的是，这些通用模型虽然具有一定的参考价值，但由于模型建构是基于国外的测试结果，因此，在我国的适用性仍需进一步的研究和验证。

（四）其他胜任力模型

除了以上几种胜任力模型以外，还有对行业、层级、职能等的胜任力模型。例如，斯宾塞等人以 36 种不同的管理职务模式为基础，包括各等级的工作以及各种环境，构建了技术人员与专业人士、业务人员、服务人员、管理人员、企业家的五种一般胜任力模型（Spencer & Spencer，1993）。该模型凸显了所有管理类工作的相似性，同时也显示出不同等级、部门与环境下工作的特质，具有一般性，但并不适用于任何一个特定的管理工作。

有研究者运用行为事件访谈技术（behavioral event interview，BEI）探讨我国通信业高层管理者的胜任力特征，通过比较优秀组通信干部和普通组通信干部的胜任力特征，构建了通信管理干部的胜任力模型（时勘，王继承，李超平，2002）。该模型共有 10 项胜任力特征：影响力、组织承诺、信息寻求、成就欲、团队领导、人际洞察力、主动性、客户服务意识、自信和发展他人。这一研究得到了与西方管理人员大致相符的胜任力模型。

杨涛杰（2007）采用行为事件访谈法、个案分析法和问卷调查法，从主动性、成就导向、资讯收集、人际理解力、顾客服务导向、影响力、自信心、关系建立、分析式思考、组织承诺、培养他人、专业知识和技能共 12 个方面对保险营销行业的业务员进行研究，探讨了我国保险营销行业胜任力特征，并构建了我国保险营销行业的模型。最终得出我国保险行业营销人员的胜任力模型总共包括9个维度：主动性、成就导向、顾客服务、资讯收集、人际理解力、自信心、关系建立、分析式思维和应变能力。

陈万思（2004）采用访谈法和问卷调查法，对600位企业人力资源管理人员进行了深入研究，构建了中国企业人力资源管理人员胜任力的模型。该模型共有7个维度：成就与行动、协助与服务、冲击与影响、管理、认知、个人效能和其他个人特征与能力。其中，成就与行动包括成就导向、重视秩序、品质与精确、主动性与信息收集4个维度；协助与服务包括人际理解和员工服务导向2个维度；冲击与影响包括冲击与影响、组织知觉力和关系建立3个维度；管理包括培养他人、命令、团队合作和团队领导4个维度；认知包括分析式思考、概念式思考和管理的专业知识3个维度；个人效能包括自我控制、自信心、灵活性和组织承诺4个维度；其他个人特征与能力包括职业偏好、语言表达、写作技巧、法律意识、特性、尊重个人资料的机密性和工具运用7个维度。

付茂华（2006）在诺德豪格（Nordhaug）的研究基础上，以制造业为研究对象，从分析该行业的特征入手，识别该行业管理者的特征，然后采用半结构化访谈、问卷调查、主题专家以及行为事件访谈等方法，通过对制造业的数名制造业经理进行深入研究，确立了中国制造业管理胜任力的指标：标准观念、市场意识、科技创新意识、环境意识、专利环保意识、安全意识、质量控制、成本控制、库存控制、工艺控制、引领技术开发、制定产品战略、引领技术开发、制定产品战略、定位产品开发、协助产品设计、生产计划组织、管理销售和营销、产品全生命周期管理、管理供应商、管理分销渠道、外包非核心业务、供应链管理以及品牌管理，在此基础上构建了中国制造业管理胜任力模型。该模型共有6个维度：行业核心理念、外部关系建设、制造过程控制、产品系统管理、产品研发创新和市场营销策划。

潘文安（2005）采用行为事件访谈法，通过对浙江和上海两地的IT项目经理人进行深入调查和研究，在比较优秀组IT项目经理人和普通组IT项目经理人胜任力特征的基础上，经过概化系数检验，构建了IT项目经理人的胜任力模型。该胜任力模型总共有12个维度：成就欲、行为主动性、信息寻求、客户关系、商业谈判、影响力、技术专长、发展他人、团队领导、团队协作、风险识别与控制以及时间管理。该胜任力模型与西方的胜任力模型相比具有一定的差异性，主要体现在商业谈判能力、技术专长、风险识别与控制以及时间管理能力4个方面。

王重鸣、陈民科（2002）借助统计分析软件SPSS以及结构方程模型建构软件EMOS，通过编制《管理素质关键行为评价量表》，指出管理胜任力模型由管理素质和管理技能两个维度构成，但不同层次管理者具有不同的结构要素。对正职来说，管理素质维度由价值倾向、诚信正直、责任意识、权力取向 4 个要素构成；而管理技能维度则有协调监控能力、战略决策能力、激励指挥能力和开拓创新能力 4 个要素构成。对于副职来说，管理素质维度由价值倾向、责任意识、权力取向 3 个要素构成，管理技能维度则由经营监控能力、战略决策能力、激励指挥能力 3 个要素构成。正副职层次职位在管理胜任力特征上形成差异结构，正职的战略决策能力更为关键，而副职的责任意识更为重要，同时，正职职位对诚信正直和开拓创新能力两个要素有更高的要求。因此，在实际的人员选拔与配备中，为了做到"人—职—组织匹配"，单凭考察管理胜任力的共性是远远不够的，还必须给不同岗位构建不同的管理胜任力特征标准使之符合特定的胜任特征。各层次的管理岗位既有各自特定的胜任力特征，能够相互区分开来，又有共同的基本条件，体现区分性，使人员选拔与配备既公平合理又面向岗位业绩要求。

徐建平(2004)采用文献分析法、行为事件分析法以及心理测量法对教师的胜任力进行了研究。他发现优秀教师的胜任力包括进取心、责任感、理解他人、自我控制、专业知识与技能、情绪觉察能力、挑战与支持、自信心、概念式思考、自我评估、效率感等特征。教师共有的胜任力特征包括组织管理能力、正直诚实、创造性、宽容性、团队协作、反思能力、职业偏好、沟通技能、尊敬他人、分析性思维、稳定的情绪等特征。在此基础上，他编制了《教师胜任测验》，建构了教师胜任力模型，该模型包括 50 个项目，共 10 个分量表。10 个分量表分别为：个人特质、关注学生、专业素养、人际沟通、建立关系、信息收集、职业偏好、尊重他人、理解他人、测谎量表。

通过以上胜任力模型的阐述可以发现，目前国内大多数胜任力模型的构建是针对某一具体行业而言的，缺乏一个针对大多数行业构建而又能被广泛认可的胜任力模型。

第三节　职业胜任力的测评工具

如上所述，学术界对职业胜任力结构的测评主要分为两类：一类是具有普适性的职业胜任力结构与测量；另一类是针对特定群体的职业胜任力结构与测量。有学者对相关量表进行过介绍，其中具有普适性的职业胜任力结构测量问卷有亚瑟(Arthur)等人编制智能职业卡片(Intelligent Career Card Sort，ICCS)(周文霞，辛迅，谢宝国等，2015)。该问卷测量的主要因素有：知道为什么工作(know-why)、知道怎样工作(know-how)、知道谁(know-whom)。该量表包含 115 张 3 种颜色的卡片，分别代表了智能职业生涯框架 3 个维度的职业胜任力，每张卡片记录一个职业胜任力题目。该问卷是最早对职业胜任力进行测量的工具，适用于所有的工作人群。但是，该量表有两个缺陷：一是该量表没有建立信效度资料，二是该量表操作起来非常不方便。有学者编制了职业胜任力问卷（Career Competencies Questionnaire，CCQ-54），该问卷共有 54 题，主要测量因素有职业实现能力、职业反思、动机自省、工作探索、职业控制力、社交网络。其中，职业实现能力有 17 个项目，职业反思有 5 个项目，动机自省有 8 个项目，工作探索有 6 个项目，职业控制项目有 14 个项目，社交网络有 4 个项目（Kuijpers & Scheerens，2006）。职业实现能力是指个体完成职业目标的能力。职业反思主要是指对个体有关职业的个体能力和动机的胜任力反省。动机自省是个体对自身的愿望和价值观所表现出来的一种胜任力。工作探索主要是指为了适合的工作、长远的发展而对劳动力市场及工作环境进行探索的一种胜任力。职业控制是对自身学习和工作的计划与履行的一种胜任力。社交网络是指个体在社会和人际交往的过程中表现出来的一种胜任力。该量表的内部一致性系数的范围为 0.74～0.88。该量表建立了信效度资料且适用于所有人群，具有较大的推广价值。

我国目前有适合特定人群职业胜任力的测量问卷，如有学者开发了专门测量中国酒店管理者的职业胜任力问卷（Kong，Cheung，& Song，2011）。该问卷包括 8 个职业胜任力因素：酒店内部的社交网络、酒店外部的社交网络以及师傅的指导（"知道谁"的功能）；职业相关技能和职业认同感（"知道怎么做"的功能）；职业洞察力、经验开放性、主动性人格（"知道为什么"的功能）。有研究者通过对 3 家跨国经营公司中 45 名全球职业经理的深度访谈，以及运用内容分析方法对全球经理的职业生涯历史进行分析，探索了全球职业经理人的职业胜任力结构。依据智能职业生涯分析框架，"知道为什么"胜任力包括工作—家庭平衡、适应国际化、自主决策、职业进取心和对挑战的追求；"知道怎么做"胜任力包括运营技能和一般的商业理解能力；"知道谁"职业胜任力包括专业化社交网络、获得全球经理职位的个人社交网络等。国内测评工具包括上述提到的对管理者、业务员、教师等群体的职业胜任力测评。

下面主要介绍三种国内外的职业胜任力问卷作为示例说明。

一、职业胜任力指标问卷

职业胜任力指标问卷（Career Competencies Indicator，CCI）的主要维度有目标设定与规划（goal setting and career planning）、自我认知（self-knowledge）、工作绩效有效性（job-related performance）、职业相关技能（career related skills）、政治技能（knowledge of politics）、寻求反馈与自我展示（feedback seeking and self-presentation）、职业指导与社交网络（networking and mentoring）。其中，目标设

定与计划共有 5 个项目，自我认知共有 5 个项目，工作绩效有效性共有 5 个项目，职业相关技能有 7 个项目，政治技能有 5 个项目，职业指导与社交网络有 8 个项目，寻求反馈与自我展示有 8 个项目。另外，职业指导与社交网络和寻求反馈与自我展示属于"知道谁"维度，目标设定与规划和自我认知属于"知道为什么"维度，工作绩效有效性、职业相关技能以及政治技能属于"知道怎么做"维度，一共有 43 个题目。该问卷为 5 点计分，从"完全不同意"到"完全同意"。该问卷适用于所有工作人群，且建立了可信的信效度资料，具备较大的推广价值（Francis-Smythe，Haase，& Thomas et al.，2013）。问卷内容如下。

1＝completely disagree(完全不同意)；2＝somewhat disagree(有点不同意)；3＝neutral(中立)；4＝somewhat agree(有点同意)；5＝completely agree(完全同意)

1. I know what to do to get the most desirable assignments in my area.

（我知道在自己的专业领域要做好什么才能得到最理想的工作。）

2. I have a good understanding of how to use training and development processes.

（我很了解怎么去培训和发展自己。）

3. I have a good understand of the motives behind the actions of other people at work.

（我很了解工作中其他人行为背后的动机。）

4. I know who the most influential people are in my work.

（我知道在我工作中谁是最有影响力的人。）

5. I have a good understanding of the politics in my work.

（我很了解我工作中的相关政策。）

6. I have a clear idea of what my career goals are.

（我很清楚自己的职业目标是什么。）

7. I have a plan for my career.

（我对自己有职业规划。）

8. I have a strategy for achieving my career goals.

（我会有策略地去实现自己的职业目标。）

9. I know what I need to do to reach my career goals.

（我知道自己需要做什么来达到职业目标。）

10. I have a plan for the next few years of my work future.

（我对自己未来几年的工作有很好的规划。）

11. I recognize what I can and can't do so well.

（我了解自己能做什么和不能做什么。）

12. I am aware of my own strengths.

（我清楚自己的优势。）

13. I am aware of my weaknesses.

（我清楚自己的弱点。）

……

43. I network with co-workers or other people to provide myself with help or advice that will assist my career progression.

（我会通过他人的帮助和建议来改进自己的工作。）

二、职业胜任力问卷

职业胜任力问卷（Career Competencies Questionnaire，CCQ-21）采用利克特 5 点计分法，从"完全不同意"到"完全同意"，共有 21 个项目（Akklermans，et al.，2013），主要测量因素有动机自省、自我意识、社交网络、自我展示、工作探索、职业控制。其中动机自省有 3 个项目，自我意识有 3 个项目，社交网络有 4 个项目，自我展示有 4 个项目，工作探索有 3 个项目，职业控制有 4 个项目。该量表主要适用于年轻员工，且该量表建立了良好的信效度资料。

1＝completely disagree（完全不同意）；2＝somewhat disagree（有点不同意）；3＝neutral（中立）；4＝somewhat agree（有点同意）；5＝completely agree（完全同意）

1. I know what I like in my work.

（我知道自己为什么喜欢这份工作。）

2. I know what is important to me in my career.

（我知道职业中什么对我最为重要。）

3. I can clearly see what my passions are in my work.

（我清楚自己工作中的激情所在。）

4. I know my strengths in my work.

（我知道自己在工作中的优势。）

5. I am familiar with my shortcomings in my work.

（我了解自己工作中的不足。）

6. I am aware of my talents in my work.

（我知道工作中我的天赋所在。）

7. I know which skills I possess.

（我知道自己拥有哪些技能。）

8. I know a lot of people within my work who can help me with my career.

（工作中，我认识许多能给我帮助的贵人。）

9. I know a lot of people outside of my work who can help me with my career.

（工作外，我结识了许多能给我帮助的贵人。）

10. I know how to ask for advice from people in my network.

（我知道如何寻求同行的建议。）

11. I am able to approach the right persons to help me with my career.

（我能接近那个给我职业提供帮助的贵人。）

12. I can clearly show others what my strengths are in my work.

（我能很好地向其他人展示自己的工作强项。）

13. I am able to show others what I want to achieve in my career.

（我能向其他人展示自己工作中所取得的成就。）

14. I can show the people around me what is important to me in my work.

（我会让周围人知道工作中我最看重什么。）

······

21. I am able to set goals for myself that I want to achieve in my career.

（我能为自己设定理想的职业目标。）

三、职业胜任力量表

该量表采用利克特 5 点计分法，共有 33 个项目，主要维度有职业洞察力、主动性人格、经验开放性、内部网络、外部网络、导师制、职业认同、职业相关技能（郑晓霞，2011）。其中，主动性人格、职业洞察力和经验开放性属于"知道为什么"维度。外部网络和内部网络属于"知道谁"维度。职业相关技能和职业认同属于"知道怎么做"维度。职业洞察力包括 4 个项目，主动性人格包括 5 个项目，经验开放性包括 5 个项目，内部网络包括 3 个项目，外部网络包括 3 个项目，导师制包括 3 个项目，职业认同包括 6 个项目，职业相关技能包括 4 个项目。分量表的内部一致性系数为 0.699～0.902，总问卷的内部一致性系数为 0.923，信度良好，并且该量表具有良好的结构效度，因此具备较大的推广价值。具体问卷内容如下。

指导语：下列句子是对职业发展情况的描述，从 1 到 5 代表"非常不符合"到"非常符合"，数字越大代表您越赞同这种说法。请选择与您情况最相符的选项，谢谢您的配合。

1——非常不符合　2——不太符合　3——不能确定　4——比较符合

5——完全符合

1. 无论在哪里，我都是重大变革的强大推动者。　　　　1　2　3　4　5

2. 我不喜欢浪费时间做白日梦。　　　　　　　　　　　1　2　3　4　5

3. 当了解到新的信息后，我会适当地修订自己的职业目标。 1 2 3 4 5

4. 我不断寻求事业上继续学习的机会。 1 2 3 4 5

5. 我的工作内容与我的期望相符合。 1 2 3 4 5

6. 同事认为我熟知企业内部人员。 1 2 3 4 5

7. 我在本行业里有广泛的人脉。 1 2 3 4 5

8. 我喜欢面对那些反对我意见的观点，并想办法克服。 1 2 3 4 5

9. 一旦我发现做某些事的正确方法，我就会一直使用这种方法。

1 2 3 4 5

10. 我有现实的职业目标。 1 2 3 4 5

11. 我具备多种与工作相关的技能。 1 2 3 4 5

12. 我所从事的工作让我觉得很自豪。 1 2 3 4 5

13. 我在组织内部人际关系处理得很好。 1 2 3 4 5

14. 同事认为我熟知企业外部人员。 1 2 3 4 5

15. 我喜欢自己的观点出类拔萃，即使其他人反对也不顾。 1 2 3 4 5

16. 我喜欢尝试新奇的事物。 1 2 3 4 5

17. 我已经制订了职业发展计划。 1 2 3 4 5

18. 我对我目前的工作状态非常满意。 1 2 3 4 5

19. 我与较多企业内部人员都有接触。 1 2 3 4 5

20. 我经常和企业外的人员保持联络。 1 2 3 4 5

21. 我喜欢挑战现状。 1 2 3 4 5

22. 我很少注意到不同环境所引起的气氛或感觉。 1 2 3 4 5

23. 我不断寻找有助于实现职业目标的工作任务。 1 2 3 4 5

24. 我不断寻求培训与发展的机会。 1 2 3 4 5

25. 如果让我重新选择，我还会选择这项工作。 1 2 3 4 5

……

31. 在您目前的工作中是否有导师？（ ） A. 有 B. 没有

32. 您的导师属于以下哪种类型？（ ） A. 公司指定 B. 工作中自然形成
C. 其他

33. 您的导师属于以下哪种类型？（ ） A. 直接领导 B. 资深的同事
C. 其他

第五章 职业人格

第一节 职业人格概述

一、人 格

人格(personality)是心理学中探讨完整个体与个体差异的一个领域,有很长的研究历史。但至今为止,对于什么是人格,国内外心理学家并没有一个统一的科学定义,但多数概念认可的共同点是人格是探讨人与人之间的差异的,其中性格是人格的核心。"人格"一词最早源于拉丁语"persona",原意指的是古罗马演员在演希腊戏剧时所戴的面具。古罗马演员戴的面具表明一种角色或用来给别人看的一种装扮的外观。也就是说,我们所看到的面具是一种表象,面具之后才能透露出真实的人格。所以心理学家使用的"人格"术语,并非指扮演角色这么简单。对于人格,关键要探讨的就是隐藏在面具背后真实的一面,这就是一个人真实的人格。奥尔波特发表其著作《人格:心理学家的解释》,这本书也被誉为人格心理学诞生的标志(Allport,1937)。奥尔波特认为,个体对环境的适应是由人格决定的。因此,人格就是人类心理物理系统的动力组织。英国心理学家艾森克提出,人格是个人的性格、气质、智力和体格的相对稳定而持久的组织,决定着个人适应环境的独特性(伯格,2004)。此外,《大不列颠百科全书》对人格的解释是,每个人所特有的心理、生理性状(或特征)的有机结合,包括遗传和后天获得的成分,人格使一个人区别于他人,并可通过他与环境和社会群体的关系表现出来。

国内学者黄希庭教授提出人格是个体在行为上的内部倾向,它表现为个体适应环境时在能力、情绪、需要、动机、兴趣、态度、价值观、气质、性格和体质等方面的整合,是具有动力一致性和连续性的自我,是个体在社会化过程中形成的给人以特色的身心组织。此定义更多强调人格是人与外界环境相互作用时,个体在对环境适应过程中所表现出来的各种心理过程的反应。杨国枢认为,人格是个体在与其环境交互作用的过程中形成的一种独特的身心组织,而这一变动缓慢的组织使个体适应环境时,在需要、动机、兴趣、价值观念、气质、性格、外形及生理诸方面，各有其不同于其他个体之处。人格是一种独特的身心组织，在这个组织的变化过程中包含着许多个体与他人不同的变化与行为表现，往往这些变化与表现就是区分自己与他人不同的标志，这就是人格。

可见，人格包含两种成分：一种是成分外显；另一种是成分内隐，通过行为表现推测出来。陈仲庚等人认为人格指的是个体内在的在行为上的倾向性，它表现了一个人在不断变化中的全体和综合，是具有动力一致性和连续性的持久的自我，是人在社会化过程中形成的给予人特色的身心组织；人格是内在的统一体且不断地在社会化过程中保持独特性。

二、职业人格

相比人格的研究，职业人格（vocational personality）的相关研究开始得较晚。1959 年，美国心理学家霍兰德在其职业人格理论中，对职业人格的概念有所概述，他认为人格类型会补偿性地适应环境，在这个过程中发现真正的自我，并决定其在环境中的行为。假如在环境中个体的行为能够得到满足或强化，则行为保留；反之则会去改变环境，或者改变自己。个体通常会寻找与自己人格吻合的工作环境，假如个体找到了一个与自己人格类型契合的工作，那么无论是对工作本身的兴趣还是幸福感都会得到大大的提升。

国内也有少部分学者对职业人格展开研究。罗高峰（2000）认为，职业人格是一个人为适应社会职业所需要的稳定的状态，以及与之相适应的行为方式的独特结合，即职业人格不是人生来就有的，而是由生活环境、所受的教育以及所从事的实践活动的性质所决定的。徐玉明、王利斌（2004）认为，从职业角度所表现出来的人格，即职业人格。它是个体在遗传素质的基础上，通过后天环境（包括职业环境）的相互作用而形成的相对稳定和独特的心理行为模式。王芙蓉（2006）对职业人格做了比较全面的阐述，她基于对"职业"和"人格"的综合分析，认为职业人格是指一个人为适合其职业所需求的稳定的态度，以及与之相适应的行为方式的独特结合，是一定社会的政治制度、物质经济关系、道德文化、价值取向、精神素养、理想情操、行为方式的综合体。健全的职业人格是人们在求职和就业后顺利完成工作任务，适应工作环境的重要心理基础，其养成是一个人的综合素质与外界社会环境对人们职业规范要求的有机统一过程。刘国晖（2010）则认为职业人格是指人作为职业的权利和义务的主体所应具备的基本人品和心理面貌，它既是人的基本素质之一，又是人的职业素质的核心部分，包括稳定的职业心理、良好的职业道德、积极的职业性格、扎实的职业技能四个方面。雷小波（2014）则把人格解读为人作为职业的权利和义务的主体所具备的基本人品和资格以及心理面貌，它是职业理想、职业价值观、职业情感、职业态度、职业兴趣等因素的综合体，以一系列具体的社会性职业活动为载体，以个体的言、行、情、态为表征来加以表现，不仅体现在人的社会职业活动中，也渗透在人的日常生活中。职业人格蕴含着一定社会主流的价值取向和人的自由发展需求，是个体从事一定职业所必备的最核心的基本素质，是个体健康人格发展在职业领域中的自然要求和具体表现。

可见，不同研究者对职业人格的概念界定也不同。职业人格的概念主要从人格概念中衍生出来，不同的职业性质与工作环境要求具备相应的人格特质的求职者与之匹配。我们认同人格具有普适性、独特性与具体性，在不同的工作情境中，不同工种的人群表现出的不同人格特点可称为职业人格。

第二节 职业人格的理论基础

关于职业人格的理论，学者更多地从人格理论的角度出发进行探讨，主要有奥尔波特的人格特质论、卡特尔的特质因素论、艾森克的人格维度论、大五人格理论、七因素人格理论以及著名的霍兰德职业人格理论。

一、人格特质理论

人格特质论是最有代表性的人格理论之一，特质论的基本假设是：人格心理学是研究个体差异的心理学，个体差异非常复杂，人与人的差异是由每个人在不同程度上所具有的种类广泛而相对稳定的人格特质所决定的。人格特质理论起源于美国，其主要代表人物是美国心理学家奥尔波特和卡特尔。奥尔波特认为，特质是一种神经心理结构，具有使多种刺激在功能上等同的能力，并有引起和导致同等形式的适应行为和表情行为的功能。特质具有动力性、跨情境性和稳定持久性，个体的差异不是体现在特质的种类，而是体现在每种特质在个体身上表现程度的不同，从而构成了个体独有的人格系统。研究者对人格特质论的发展做过梳理，比较有代表性的是三因素论、五因素论和七因素论（冯珍，2013；彭聃龄，2001），具体有以下几种。

(一)奥尔波特的人格特质论

奥尔波特将特质分为共同特质（common traits）和个人特质（personal traits）。共同特质是人所共有的一些特质，所有人都具有这些特质，人与人之间都可以在这些特质上分别加以比较，如内倾性，任何人都具有这一特质，只是程度不同而已。个人特质是个人所特有的，代表着个人独特的行为倾向。奥尔波特认为，并非所有的个人特质都对人格起同样的作用。于是，他又将特质区分为首要特质（cardinal trait）、中心特质（central trait）和次要特质（secondary trait）。首要特质是指个人生活中具有渗透性且占据优势的特质。中心特质是指渗透性稍差一些，但仍具有相当概括性的重要特质。次要特质是指不甚明显，一致性和概括性都较差的人格特质。

（二）卡特尔的特质因素论

卡特尔认为，特质是指人在不同时间和情境中都保持的某种行为形式和一致性。这种人格结构可由个体表现在外的行为而推知。他将人格特质分为表面特质（surface trait）和根源特质（source trait）。表面特质是指看上去是关联的特征或行为，而根源特质是指行为之间成为一种关联，会一起变动，从而成为单一的、独立的人格维度。卡特尔采用因素分析法对人格特质进行了研究，得出了 16 个根源特质：乐群、聪慧、稳定、恃强、兴奋、有恒、敢为、敏感、怀疑、幻想、世故、忧虑、实验、独立、自律和紧张，编制了著名的 16 种人格因素调查表（16PF）。16PF 现在广泛地运用于职业等相关人格研究和社会实践中。

（三）艾森克的人格维度论

艾森克对人格结构有一种层次性的构型，将人格因素分为四个水平，依次是特殊反应水平、习惯反应水平、特质水平和类型水平。艾森克基于卡特尔的研究，通过对人格特质的进一步统计分析，得出了更稳定的人格特质。艾森克采用了因素分析的方法对人格特质进行了研究。他对卡特尔的 16 个因素进行了进一步的聚类分析，得出了外向性（extraversion）、神经质（neuroticism）和精神质（psychoticism），构成了三维度模型。

（四）大五人格理论

麦克雷（McCrae）和科斯塔（Costa）尝试编制能够将多数人格变量包括在内的测量问卷，得到了目前具有影响力的 NEO 人格量表修订版（NEO-PI-R）。NEO-PI-R 包括 240 个项目，共 5 个分量表和 30 个层面。5 个分量表分别测量人格的外向性（extraversion）、随和性（agreeableness）、尽责性（conscientiousness）、神经质（neuroticism）和开放性（openness）。

（五）七因素人格理论

国外学者特勒根（Tellegen）和沃勒（Waller）认为，大五人格在选词上存在很强的主观性，并对大五人格模型的强制一致性产生了质疑。他们采用更客观的选词标准，将评价维度引入人格结构，提出人格应该包含以下 7 个维度：正情绪性、负情绪性、正效价、负效价、宜人性、可靠性和因袭性。

我国学者王登峰和崔红（2008）对中国人人格进行了本土研究，采用词汇分类的方法，得出了"大七"人格结构更符合中国人的实际情况的结论，编制了中国人人格量表（QZPS）。这 7 个维度分别是情绪性、善良、才干、外向性、行事风格、处世态度和人际关系。

二、霍兰德职业人格理论

美国著名的心理学家和职业指导专家霍兰德做了多次大规模试验研究，提出了职业人格理论(the vocational personality theory)。他提出职业兴趣就是人格的体现的观点，认为个体对职业的选择受到动机、知识、爱好等因素的支配，最主要的是一个人之所以选择某职业领域基本上受其人格和兴趣的影响。职业兴趣作为人格的一个方面，具有人格的稳定性和差异性等基本特征(Holland，1966)。它的形成也同样受遗传和环境的影响，但主要受后天环境的影响。如果个体的行为在环境中获得足够的满足或强化，那么个体的这种行为将被保留下来；反之则会去改变环境，或者改变自己，以寻求个体人格与环境的契合。霍兰德还认为，个体倾向于寻求人格与工作环境的契合，这种契合无论对个体的人格发展还是对环境的发展都将起到积极的作用，如果一个人所从事的职业与其自身人格类型相匹配，那么这个人不仅对这类职业容易产生兴趣，而且极有可能做出好的成绩，而所做出的成绩又会增加其个人的满足感和幸福感。霍兰德根据人格特征与职业选择的关系，将人的性格划分为六种类型，并分别与六类职业相对应。这六种性格类型分别是：现实型(realistic)、研究型(investigative)、艺术型(artistic)、社会型(social)、企业型(enterprising)、常规型(conventional)，它们按照"RIASEC"的固定顺序排列成六边形。

不同职业的岗位需要不同人格特质与类型的人，同一人格类型的人与同一类型的职业互相结合，才能达到适应状态，个体的才能与积极性才会得到很好的发挥，使每一特定类型人格的人适合从事与之相匹配的职业。如果个体从事的职业与人格类型不相匹配或差距太大，就会出现心理不和谐的状况。也就是说，职业人格指的是人格特质在职业领域的延伸，不同的工作、不同的工作环境与强度需要具备相应的人格特质的人与之匹配，才能人尽其才，才能使人的心理达到和谐的状态。

第三节 职业人格测评工具

国内外有一些常用的职业人格测评工具，研究者们对国外的职业人格工具做了相关介绍(宋剑祥，2013；冯珍，2013；王芙蓉，2006)。

明尼苏达多相人格测验表(MMPI)内容涉及范围很广，包括健康状态、心神症状、情绪反应、社会态度、神经障碍、家庭婚姻、动作失调、性欲、政治、法律、宗教和精神病的行为表现等26类、13个量表，共566个题目，可用于测试正常人的人格类型，也可用于区分正常人和精神疾病患者，还可鉴别精神分裂症、抑郁性精神病、强迫观念、强迫行为、幻觉、妄想、病态恐惧和焦虑等。MMPI 适用于年满 16 岁，具有小学以上文化水平，没有影响测试结果的生理缺陷的人群。MMPI 对人才心理素质、个人心理健康水平、心理障碍程度的评价都有较高的使用价值，是世界上被使用次数最多的人格测验工具之一。

英国学者萨维尔和霍尔德斯沃斯编制的职业人格问卷（Occupational Personality Questionnaire，OPQ），是一种较为流行的职业人格测评量表，共有 248 个项目，31 个因子，每个因子由 8 个项目组成。目前，较新的 OPQ 版本有三个维度，即人际关系（说服、控制、坦率性、独立、好交往、亲和、社交自信、谦虚、民主、同情），思维风格（数据理性、评价性、行动、传统、概念、寻求多样、创新、适应变化、进取、关心细节、尽责、规矩意识），感觉与情绪（放松、焦虑、坚韧性、乐观、信任、情绪控制、活跃、竞争、成就动机、决策）。该问卷可为企业提供描述员工行为风格的信息，解释其行为对工作胜任力表现的影响，同时，也用于人事的选拔和职业发展。

职业个性问卷（Professional Personality Questionnaire，PPQ）是由保罗·克莱恩（Paul Kline）和拉帕姆（Lapham）编制的一个测量职业人格的问卷，该问卷有五个分量表和一个效度量表，在不同的职业中具有显著的辨别能力，可以有效测量职业人格。五个分量表分别是：恪守常规（conventionality）、责任心（conscientiousness）、同理心（tender-mindedness）、外向性（extraversion）和自信心（confidence）。

效标中心职业人格量表（Criterion-focused Occupational Personality Scales，COPS）是为了预测特定工作行为的个体差异而编制的一系列人格量表的总称。常见的 COPS 有诚实测验（Integrity Tests）、暴力行为量表（Violence Scales）、药物和酒精回避量表（Drug and Alcohol Avoidance Scales）、压力承受量表（Stress Tolerance Scales）、客户服务量表（Customer Service Scales）等。此外，常用的人格问卷还有卡特尔 16 种人格因素测验、大五人格因素量表、迈尔斯-布里格斯类斯指标（MBTI）职业性格测试、Y-G 性格测验等。

国内通用的职业人格测量工具除了从国外修订通用的职业人格问卷外，研究者们还自行编制了适合中国文化的职业人格问卷，其中最具代表性的是寸小刚编制的中国人职业个性测量工具和许志超等人编制的华人工作相关人格量表（冯珍，2013）。中国人职业个性测量工具（Chinese Vocational Personality Sorter，CVPS）是对荣格心理类型理论在中国企业人群中的适用性研究，通过借鉴 MBTI 的结构框架研制出的一个适用于中国企业人群的职业个性测量工具。CVPS 量表由 35 个题目作为主干，其中外倾/内倾（E/I）量表由 11 个题目构成，感觉/知觉（S/N）和理性/感性(T/F)量表各由 12 个题目构成,采用利克特式 6 点量表的方式来进行评估。华人工作相关人格量表(Chinese Personality at Work,CPW)是在参照爱德华个人偏好量表(EPPS)的结构形式的基础上,选取了与中国人工作相关人格特点有关的题目,并以服务取向(CSO)和管理素质(OMR)代替了不符合中国文化特点的异地恋和攻击性两个维度,从而形成了由 15 个维度构成的华人工作相关人格量表。这 15 个维度分别是个人成就动机(ACH)、对权威的遵从(DEF)、计划性和条理性(ORD)、寻求注意(ATN)、自主性(AUT)、友谊的需要(AFF)、人际敏感性(INT)、寻求支持(SUP)、支配性(DOM)、温顺和谦卑(NAB)、关怀和助人(NUR)、创新和求变(CHG)、执着性(TNC)、服务取向(CSO)和管理素质(OMR)。该问卷的每一个人格构想都是由 28 对句子来进行量度的,在测量这 15 个人格构想时,有 15 个句子是重复的,用来测量回答者的一致性,全测验共 225 个项目。

此外,教育领域对教师职业人格也编制过相关问卷,罗成俊(2006)认为,教师职业人格可以归纳为 3 个方面:教学能力、师德与教学风格;蒋超(2015)认为,高校教师职业人格问卷包括 3 个维度:包容性、亲和性、进取心。在服务业领域,黄敏儿、吴钟琦与唐淦琦(2010)认为教师职业人格有外向性、善良、才干、行事风格、他人指向、自我指向、事物指向等。王芙蓉(2006)将军官职业人格分为武德才能和人际自我两个维度。

综上所述,研究者们从不同职业角度出发编制职业人格问卷,问卷适合人力资源管理者的人才招聘与引进。部分普遍的人格或职业人格问卷可能更适合个体的职业选择定向,它们从人与环境匹配的角度出发,以求人职匹配,使人尽其才。

以下主要介绍三种职业人格问卷作为示例说明。

一、MBTI 职业性格测试

MBTI 职业性格测试问世于 1962 年,称为迈尔斯-布里格斯类型指标,英文全称为"Myers-Briggers Type Indicator"。本职业性格测试以荣格的心理类型论为理论基础,该理论认为,人的心理趋向是天生的,人人都有自己独特的人格;他把人分为内倾性与外倾性且认为这两种倾向是与生俱来的。本性格测试广泛应用于职业咨询和职业生涯规划,且显示出巨大的使用价值,同时已是全球著名、权威与实用的职业性格测试工具之一。本测试为自陈量表,可分为 4 个维度:外倾与内倾、感觉与直觉、思维与情感、判断和感知,在 4 个维度的基础之上又划分为 16 种基本的性格类型。

蔡华俭等人(2001)的修订量表是以 1998 年 MBTI 的最新修订版本 MBTI-M

为蓝本进行修订的。此量表属于自陈量表，分为 4 个维度，每个维度有 2 个相对的极点，对 4 个维度的偏好的不同组合构成了 16 种人格基本类型。4 个维度的 α 系数分别为：E-I 0.8721，S-N 0.7029，T-F 0.7868，J-P 0.8379，此结果表明该量表具有良好的内在一致性；重测信度为 E-I 0.775，S-N 0.638，T-F 0.776，J-P 0.875，表明该量表的重测信度良好，并有较好的结构效度。

指导语：请选出下列选项中对你来说最真实的倾向。请注意，这里的所有选择没有"对"与"错"之分，并且每一个问题都只有 A 和 B 两种选择。请仔细阅读题目，但不要在某一道题上花额外多的时间，如果当时不清楚的话，可以先跳过去，待会儿再回过头来做。请尽可能答完所有问题。请把你的答案写到答题纸上。

第一部分

哪一个答案更接近地描述了你自己通常的感受或行为方式？

1. 当你某日想去一个地方，你会＿＿＿＿＿＿。

A. 事先计划好了，然后再去

B. 先去，然后随机应变

2. 如果你是一位老师，你愿教＿＿＿＿＿＿。

A. 注重实践的课程

B. 注重理论的课程

3. 遇到问题时，你通常喜欢＿＿＿＿＿＿。

A. 和别人讨论解决方法

B. 自己想办法解决

4. 你认为＿＿＿＿＿＿。

A. 很早就应该开始为聚会、约会等做准备

B. 不必先做准备，去了以后见机行事

5. 你通常和＿＿＿＿＿＿相处得更好。

A. 喜欢想象的人

B. 注重现实的人

6. 你更多时候是＿＿＿＿＿＿。

A. 让情感驾驭理智

B. 让理智驾驭情感

7. 当你和一群人在一起时，你常常是更愿意＿＿＿＿＿＿。

A. 加入到大家的谈话中去

B. 独自和熟识的人交谈

8. 你最喜欢＿＿＿＿＿＿做事情。

A. 按兴致

B. 按计划

9. 你希望自己被看作一个_____。

A. 实干家

B. 发明家

10. 当别人问你一个问题时，你经常会_____。

A. 马上就做回答

B. 先在脑子里想一想

11. 你喜欢与_____打交道。

A. 常有出人意料想法的人

B. 按照常理行事的人

12. 按日程表办事_____。

A. 正合你意

B. 束缚了你

13. 你觉得通常别人_____。

A. 要花很长的时间才能和你相熟

B. 很快就能和你熟识

14. 为"如何过周末"定一个计划_____。

A. 是有必要的

B. 完全没必要

15. 下列哪一个评价更适合你？

A. 性情中人

B. 理智的人

16. 更多的时候，你倾向于_____。

A. 独处

B. 同他人在一起

17. 在日常工作中，你更喜欢_____。

A. 在时间紧迫的情况下，争分夺秒地工作

B. 做好提前量，尽早把工作做完

18. 你更愿把_____作为朋友。

A. 总能有新想法的人

B. 脚踏实地的人

19. 你是一个_____。

A. 兴趣广泛，什么都想尝试的人

B. 专注地投入某个兴趣的人

20. 当你有一项特别的工作要做时，你喜欢先_____。

A. 察看工作的全貌

B. 找出必须要做的环节

……

26. 多数人说你是一个_____。

A. 不爱吐露心事的人

B. 非常坦率的人

第二部分

你更容易喜欢或倾向哪一个词？注意：这里的倾向不是指你向往得到的，而是指你现在已经具有的。

27. A. 看不见的　B. 看得见的

28. A. 计划　B. 随意

29. A. 温情　B. 坚定

30. A. 事实　B. 想法

31. A. 思维　B. 情感

32. A. 热忱　B. 平静

33. A. 说服　B. 打动

34. A. 陈述　B. 概念

35. A. 分析　B. 同情

36. A. 系统性　B. 随机性

37. A. 敏感　B. 精确

38. A. 缄默　B. 健谈

39. A. 常识性的　B. 理论性的

40. A. 侠肝义胆　B. 深谋远虑

41. A. 正式　B. 非正式

42. A. 沉静　B. 活跃

43. A. 利益　B. 祝福

44. A. 理论性　B. 确定性

45. A. 坚定的　B. 忠诚的

46. A. 理想　B. 现实

47. A. 雄心　B. 柔肠

48. A. 想象中的　B. 事实上的

49. A. 冷静的　B. 激情的

50. A. 制作　B. 创造

……

73. A. 实用　B. 创新

第三部分

哪一个答案更接近地描述了你自己通常的感受或行为方式？

74. 和一群人在一起聚会通常会让你感到_____。

A. 兴致勃勃

B. 筋疲力尽

75. 你在做一个决定时，更多地会_____。

A. 权衡实际的得失

B. 考虑其他人的感受

76. 通常你更喜欢_____。

A. 提前安排好该做什么

B. 到时候率性而为

77. 当你一个人在家时，你_____。

A. 能够沉浸在自己的思维中

B. 总觉得应该做点什么事情

78. 多数情况下，你_____。

A. 随兴致做事

B. 按日程表做事

79. 你通常_____。

A. 容易和大家打成一片

B. 独处的时候更多

80. 你做事更倾向于_____。

A. 等到各方面的信息都全了以后再做计划

B. 提前很久就订计划

……

93. 你更喜欢按_____做事情。

A. 当天的感觉

B. 已订好的日程表

二、大五人格测验

大五人格测验是现在广泛使用且被证明具有较高信度与效度的测验。大五人格测验包括外向性、神经质、严谨性、开放性与宜人性 5 个维度，并在 5 个维度上得到了人格心理学家的普遍接受。1985 年，麦克雷和科斯塔完成 NEO-PI 问卷，但宜人性和责任心仍不完善；于是 1992 年完成 NEO-PI 问卷修订版。在以后的发展中，国内的许多学者进行了修订。由于本测验涉及版权问题，所以在本书中呈现部分测试题。

戴晓阳等人(2015)挑选了合适的题目组成了一个用于测量大五维度的中国大五人格问卷(简式版)。该简式版包含 40 个题目，每个维度 8 个题。采用 6 级计分：1 完全不符合，2 大部分不符合，3 有点不符合，4 有点符合，5 大部分符合，6 完全符合。CBF-PI-B 各因子与 NEO-PI-R 对应因子间的相关系数为：宜人性 0.358，外向性 0.761，开放性 0.660，神经质 0.736，严谨性 0.846，均达到统计学显著水平。

1. 我常感到害怕。	1	2	3	4 5
2. 一旦确定了目标，我会坚持努力地实现它。	1	2	3	4 5
3. 我觉得大部分人基本上是心怀善意的。	1	2	3	4 5
4. 我头脑中经常充满生动的画面。	1	2	3	4 5
5. 我对人多的聚会感到乏味。	1	2	3	4 5

......

36. 我很少感到忧郁或沮丧。	1	2	3	4 5
37. 做事讲究逻辑和条理是我的一个特点。	1	2	3	4 5
38. 我常为那些遭遇不幸的人感到难过。	1	2	3	4 5
39. 我很愿意也很容易接受那些新事物、新观点、新想法。	1	2	3	4 5
40. 我希望成为领导者而不是被领导者。	1	2	3	4 5

三、武警基层军官职业人格问卷

谭蔚(2016)编制的武警基层军官职业人格问卷包含 2 个维度(任务取向和关系取向)7 个因子(进取性、领导力、坚韧性、服从性、公平性、牺牲精神、亲和性)。内部一致性分析显示，克伦巴赫 α 系数为 0.79～0.96，分半信度为 0.75～0.95，问卷的结构效度良好，达到心理测量学的标准。

指导语：亲爱的战友您好，感谢您参加此次问卷调查。问卷采用匿名形式，不会泄露您的个人信息，我们想通过这份无记名调查问卷了解武警基层军官的一些职业人格特征，答案没有对错之分，请您根据您的实际情况作答。您的真实回答将为研究当代武警基层军官的职业人格特点提供宝贵的依据。

下面是一些工作情境和在工作情境下的一些语句，请按每个语句与您自己实际情况的符合程度，在 5 种答案中选择一个，并在相应的表格中打上"√"。记住，请结合你在工作情境下的反应方式来回答这些项目。请您仔细阅读每个工作情境之后再作答，但不必过多思索。每道题都要回答，否则整个问卷即废卷。对您的回答我们将绝对保密，请不要有任何顾虑。

1——非常不符合　2——不太符合　3——不能确定　4——比较符合

5——完全符合

情境一：假设你在执行任务中，因为受到上级的误解而被批评，遇到这种情况

1. 我会想要调换到另一个岗位工作。　　　　　　　　　　1　2　3　4　5

2. 当该领导再安排我的任务时，我会感到反感。　　　　　1　2　3　4　5

3. 即使受到领导的误解，我也能正确面对，并坚决服从上级领导的安排。

　　　　　　　　　　　　　　　　　　　　　　　　　　1　2　3　4　5

4. 同事们如果抱怨领导，我不会附和他们的意见。　　　　1　2　3　4　5

情境二：周末轮休，中队另一名干部提出自己家中有急事需要处理，想同你商量让他休息两天，而你也有半个月未回家，遇到这种情况

5. 答应他的要求对我来说很难。　　　　　　　　　　　　1　2　3　4　5

6. 我认为我没有帮助他的义务。　　　　　　　　　　　　1　2　3　4　5

7. 如果他确有急事，我会让他休息，即使我也很想休息。　1　2　3　4　5

8. 通常我都会选择让步。　　　　　　　　　　　　　　　1　2　3　4　5

9. 我会委婉地拒绝他的要求。　　　　　　　　　　　　　1　2　3　4　5

情境三：假设因你工作上的失误使中队丢掉了"流动红旗"，而下个月总队将对你们中队进行年终考核，这次考核直接关系到能否重新获得流动红旗，如果你是中队主官，你会

10. 我认为应该很早就开始为考核做准备，而不是等临近考核了再说。

　　　　　　　　　　　　　　　　　　　　　　　　　　1　2　3　4　5

11. 上次失误会影响我此次考核的心情。　　　　　　　　1　2　3　4　5

12. 我对重新夺回流动红旗充满信心。　　　　　　　　　1　2　3　4　5

13. 我喜欢先察看考核工作的全貌，再分步进行。　　　　1　2　3　4　5

14. 我通常都是率性而为，认为计划赶不上变化。　　　　1　2　3　4　5

15. 如果需要对考核组进行汇报，我会留出足够的时间来准备并提早完成。

　　　　　　　　　　　　　　　　　　　　　　　　　　1　2　3　4　5

16. 我会事先想好考核的每个步骤。　　　　　　　　　　1　2　3　4　5

情境四：支队将在年终表彰一批"优秀基层干部"，你对此的反应是

17. 我非常渴望能获得此次表彰。　　　　　　　　　　　1　2　3　4　5

18. 我认为做好自己的本职工作就够了，没必要去争取优秀。1　2　3　4　5

19. 我对表彰没什么兴趣。　　　　　　　　　　　　　　1　2　3　4　5

20. 我对自己获得表彰是积极乐观的。　　　　　　　　　1　2　3　4　5

21. 我认为家人和朋友对我寄予厚望，我想要获得表彰来证明自己。

               1 2 3 4 5

22. 即使我获得表彰，我也会告诫自己要戒骄戒躁，继续努力。

               1 2 3 4 5

23. 我会以此为目标，这让我觉得很有动力。 1 2 3 4 5

24. 我渴望自己的努力得到上级的认可。   1 2 3 4 5

  ……

  情境七：小吴是中队的后进战士，各方面表现不突出，但比较努力，在近段时间进步明显；小周是中队的尖子，一直以来表现突出。在月底的红星个人评选中

39. 我不会选择小吴，即使他有进步。   1 2 3 4 5

40. 我认为每个战士都有自己的优点，后进战士也有成为优秀士兵的可能。

               1 2 3 4 5

41. 我通常只会想到在中队表现最优秀的战士，我会选择小周。

               1 2 3 4 5

42. 我会考虑其他人的看法。   1 2 3 4 5

第六章 职业价值观

第一节 职业价值观概述

一、价值观

价值观是指人们认识和评价周围客观事物、现象能否满足自身或社会需要所持有的内部标准。价值观是人们关于价值问题的某种判断，是对人的全部生活实践的自觉认识。价值观是一种社会化的意识形态，它和人们的认识与实践密切相关，当人们从事某种活动时，头脑中就包含着关于这些活动的作用、善恶以及美丑的某种价值判断。价值观不是与生俱来的，也不是自发形成的，而是在一定的主客观条件的共同作用下逐渐形成的。价值观的形成和社会环境、个人生活经验以及个人信仰密切相关，它是社会因素和个人因素、内在因素和外在因素的有机统一。

价值观一旦形成，其结构便相对比较稳定，它作为存在于内心的一种评判尺度，支配着人们的态度，牵引着人们的行为。价值观是一种持久的信念，是自己对客观事物和自身行为的总体评价，是个体实施决策和行为的总准则。价值观是一种内心尺度，支配着人的行为、态度、观念、信念、理解等，支配着人认识世界，了解事物对自己的意义以及自我认识、自我定位等，为自认为正当的行为提供充足的理由。

目前，价值观的定义还没有得到学术界的统一认可。国外学者主要在心理学领域展开对价值观的研究。克拉克洪认为，价值观是一种外显或内隐的有关什么是值得的看法，它是区分不同个体与群体之间差异的特征，影响着人们对行为方式、手段与目的的选择（Kluckhohn，1951）。罗克奇认为，价值观是价值观念，是一个持久的信念，认为一种具体的行为方式或存在的终极状态对个人或社会而言，比与之相反的行为方式或终极状态更可取，同时，他将价值观分为目的价值观（终极价值观）和手段价值观（工具价值观）两大类（Rokeach，1973）。目的价值观即个人想达到的最终状态，一生中最想达到的目标。工具价值观即个人偏爱的行为表现方式，或为达到目的价值观的手段。施瓦兹认为，价值观是合乎需要的超越情境的目标，它们在重要性上不同，在一个人的生活中或其他社会存在中起着指导原则的作用(Schwartz，1987)。休珀则认为，价值观是一个人想要达到的目标，这个目标或者说是一种心理状态，或者说是一种互相联系，或者是一种物质条件(Super，1980)。

国内学者也从不同角度对价值观进行了概念界定。《辞海》对价值观的解释为关于价值的一定信念、倾向、主张和态度的观点，起着行为取向、评价标准、评价原则和尺度的作用，是人生观的重要组成部分，是人们对人生价值的认识和根本态度，具有行为取向功能。杨国枢将价值观看成一种偏好，认为价值观是人们对特定行为、事物、状态或目标的一种持久性偏好，此种偏好在性质上是一套兼含认知、情感、意向三种成分的信念。价值观是用以判断行为好坏或对错的标准，或据以选择事物的指涉架构(frame of reference)。黄希庭等人认为价值观是人区分好坏、美丑、益损、正确与错误，符合或违背自己意愿等的观念体系，它通常是充满情感的，并为人的正当行为提供充分的理由(黄希庭，张进辅，李红等，1994)。

综合以上学者观点，可以看出，价值观具有下列特点。①主观评定性。价值观是人们对事物意义等的评定标准，是区分好坏等符合或违背自己意愿的观念系统。②社会性。价值观是一般性的信念，具有规范性和禁止性，是行为和态度的指导，是个人的也是社会的现象。③行为推动性。它具有动机功能，是推动并指引人们决策和采取行动的核心因素。总而言之，价值观是非常复杂的一个概念，以上价值观的各种定义从不同的角度分析了价值观。对上述各种定义分析总结，我们认为价值观是一种内在的信念体系，但它又和外部行为紧密相连，很多因素都对它产生影响，是长期的过程，但是价值观一旦形成就是比较稳定的，也会根据内外影响而产生变化，它可以指导和推动一个人采取决定，它就是行为原则，是思想意识的核心内容。

二、职业价值观

职业价值观是价值观的重要组成部分，是人们对职业活动所带来的利益的社会判断取向，有人注重职业活动的过程本质，有人注重职业活动的结果，有人注重职业活动的环境等，人们的职业价值观不同，所选择的职业也有所差别。职业价值观又称为工作价值观，国外一般称为"work values"或"occupational values"，是当今心理学与职业技术教育交叉领域中有研究价值的论题。西方国家开始职业价值观的研究已经有70多年，我国从20世纪80年代才陆续有学者对职业价值观进行研究，从90年代开始大学生的职业价值观研究日益成为热门。随着我国改革开放的不断深入以及社会主义市场经济体制的确立与发展，经济成分和利益主体、社会组织形式、社会生活方式、就业岗位和就业形式都发生了深刻的变化，就业制度也发生了深刻的变革，这些发展变化潜移默化地影响着人们的思想观念、价值取向、思维方式、行为习惯、就业观念等诸多方面。建立正确的职业价值观才会对个人自身的发展，乃至社会的发展产生积极作用，所以正确价值观的构建是高等教育承载着的实施科教强国战略。培养数以万计的专门人才的重任，是推动我国由人口大国向人力资源强国转化的主要力量之一。如何进一步教育和引导大学生树立合理的职业价值观，到祖国最需要的地方去建功立业，从而有效促进优质人力资源的合理配置，更加充分地发挥高校毕业生在民族复兴和建设社会主义伟大事业中的生力军作用，是当前高等教育必须面对的一个重大课题。

职业价值观，是价值观在所从事的职业上的体现，是人对待工作职业的信念和态度，是人们在职业生涯中表现的价值取向，具体的就是人们通过工作想得到的是什么，是理想、财富、地位还是其他。职业价值观具有差异性、稳定性、阶级性和多元性等特点。职业价值观属于人的价值观体系的重要组成部分，是价值观在人的职业生活中的具体表现和应用。多年来，国内外的研究者们从不同的角度，对职业价值观的概念做过各种各样的界定和阐释。职业价值观这一概念起源于美国生涯发展理论的研究和应用之中，生涯发展研究领域的先驱们很早就开始了对职业价值观概念的解析。伊莱泽认为，职业价值观就是个体认为某种工作结果的重要性程度（Elizur, 1999）。这种观点虽然简单明了，但未涉及职业价值观的本质。罗斯认为，职业价值观就是人们从某种职业中所能得到的终极状态（如收入高）或行为方式（如与同事一起工作）的信念（Ros, 1999）。这种观点虽涉及本质，但过于笼统。施瓦尔茨认为，职业价值观是指人们通过工作而达到的目标或取得的报酬，它们是更一般的个体价值观在职业生活中的表现（Schwartz, 1999）。

与国外学者相比，国内学者往往从更加一般和抽象的角度来概括职业价值观的本质。楼静波（1990）认为，职业价值观是关于职业选择、职业生活的意义、职业等级等问题的价值评判，主要表现在职业价值的取向、职业选择、职业活动报酬的期望等问题上，这种观点强调职业价值观的社会性。黄庭希等人认为职业价值观是人们对社会职业的需要所表现出来的评价，它是人生价值观在职业问题上的反映，是人生价值观的一个重要方面。这种观点强调职业价值观与需要和人生价值观的密切关系。于海波等人认为，职业价值观是人们依据自身和社会的需要对待职业、职业行为和工作结果的稳定而具有概括性和动力作用的一套信念系统（于海波，张大均，张进辅，2001）。凌文辁等人认为，职业价值观是人们对待职业的信念和态度，或是人们在职业生活中表现出来的一种价值取向，它是价值观在职业选择上的体现（凌文辁，方俐洛，白立刚，1999）。

综合国内外学者对职业价值观所下的定义，国外学者多从有工作经验的被试出发研究职业价值观，即使是大学生也因为常常参与社会工作，有社会工作经验。所以，他们的定义操作性较强，容易进行实证性研究。与国外学者不同的是，国内学者更希望从更一般化、更抽象的角度概括职业价值观的本质和特征。但高度概括往往降低准确性，所以各定义精彩纷呈，着重点有所不同。我们认为，职业价值观就是指某方面的职业者自己或他人对该种职业的意义和价值的认知，是价值观体系中一个极为重要的组成部分。它是人们对待职业的一种信念和态度，也是人们在职业生活中表现出来的一种价值取向，它对职业目标和职业动机起着决定性的作用。由于作为职业价值观的载体的职业本身内涵的极大丰富性，它具有多种属性、多重功能。

第二节　职业价值观的理论基础

一、职业价值观的相关理论

学者们对职业价值观的理论也做了大量的探讨，主要有工作调整理论、职业生涯理论、界限协调论、择业动机理论(张颖倩，2007)。

(一)工作调整理论

罗奎斯特(Lofquist)和戴维斯(Dawis)在《工作调整》一书中提出了职业调整中的特质因素模型。工作调整模型认为：①人类的两种需要(生物需要和心理需要)通过职业行为得以满足，并由此而强化；②工作模式也有类似的"需要"，即选拔称职员工以达到绩效标准；③工作模式须同个体特点匹配，从而实现双赢。戴维斯认为，个性结构是能力、价值观、性别等因素的函数。在特定工作模式下，可以通过技能、能力倾向、个性结构三个变量预测个体的职业成功率。图 6-1 以能力和价值观为例展示职业决策的演绎过程。由图可知，首先，要使个体能力与职业能力需求进行配比，同时还包括价值观的配比；其次，检验配比结果是否满足预期目标；最后，在备选职业中选取最优满意度的方案。工作调整模型为后续研究建立了基础，其精巧的构思通过明尼苏达系列工具的施测得到体现。这些工具包括满意度问卷、职业需求满意量表、重要性问卷(测量需求倾向)、能力倾向题库。尽管该理论隶属特质与因素理论范畴，但与霍兰德理论最大的区别在于注重理论的推演，渗透了更多过程论思想。

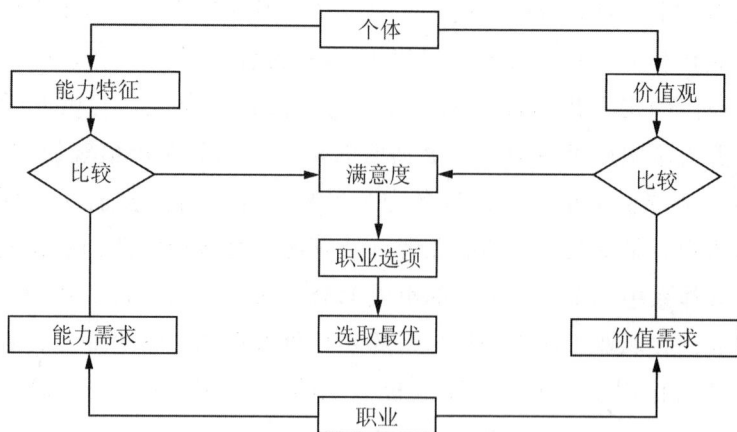

图 6-1　工作调整模型

资料来源：张颖倩. 大学生职业价值观与自尊、成就动机的相关研究. 长春：吉林大学，2007.

(二)职业生涯理论

休珀于 1957 年提出了职业生涯理论(life-span theory)，他认为个体自我概念可以通过与之相适应的职业来表达。他最初根据年龄将个体生涯划分为五个阶段。

成长阶段(4~13 岁)：在这一阶段个体在社会环境受诸如父母、教师等人的影响开始形成自我概念。

探索阶段(14~24 岁)：在这一阶段自我概念开始与现实环境相融合。

确定阶段(25~45 岁)：个体找到一个合适的工作，并投入大量精力使之成为自己的终生职业。

维持阶段(45~65 岁)：在这一阶段，个体开始维持自己在工作领域中的位置。

离职休闲阶段(65 岁以上)：这一阶段个体开始离开工作岗位，准备退休以后的生活。

在此基础上，休珀于 1990 年扩展了生涯理论，认为个体职业并不随生理年龄的变化而必然发生变化，生涯阶段与心理满足的最佳拟合并不是绝对的。因为在社会经济、技术发展迅速变化的条件下，个体在某一生涯阶段所表现的心理需要、动机、行为有可能会在另一个生涯阶段重新表现出来。休珀的理论广泛应用于个体生涯发展与职业调整关系的测量方面。如果个体能够很好地解决他在不同阶段遇到的不同问题，那么可以认为他与职业是高匹配的。这里的职业匹配概念隐含了个体应该具备必要的认知能力和有效的资源去适应不同阶段的工作需求。

(三)界限协调论

戈特弗莱森(Gottfredson)在 1981 年提出界限协调论(theory of circumscription and compromise),可以用于解释在动态情境中的职业价值观过程。她将注意力集中于职业愿望的发展过程,认为职业愿望是相容性(compatibility)和可达性(accessibility)判断的结果,二者界定了职业范围和方向,择业过程的实质是"放弃最爱—接受可行"的妥协与权衡。该理论认为职业价值观是社会自我和心理自我的表达。

界限(circumscription)是指在职业选择过程中,个体从所有可能职业中排除他不能接受的一些职业。当一个人最终做出选择的时候,是因为那一个选项是最适合个体的。协调(compromise)是一种用于界定的选择策略,当个体考虑一个职业选择时,可能会遇到很多阻碍。当个体放弃最初不切实际的选择而选择一个更容易取得成功的职业时,就是协调。

(四)择业动机理论

美国心理学家佛隆(Vroom)于 1964 年在《工作和激励》中提出解释员工行为激发程度的期望理论。个体行为动机的强度取决于效价的大小和期望值的高低,动机强度与效价及期望值成正比,用公式表示如下:$F = V \times E$(F 为动机强度,是指积极性的激发程度,表明个体为达到一定目标而努力的程度;V 为效价,是指个体对一定目标重要性的主观评价;E 为期望值,是指个体对实现目标可能性大小的评估,也即目标实现概率)。个体行为动机的强度取决于效价大小和期望值的高低。效价越大,期望值越高,个体行为动机越强烈,就是说为达到一定目标,他将付出极大的努力。如果目标实现的概率为零,那么无论目标实现意义多么重大,个人同样不会产生追求目标的动机。如果效价为零乃至负值,表明目标实现对个人毫无意义。在这种情况下,目标实现的可能性再大,个人也不会产生追逐目标的动机,不会为此付出任何积极性的努力。例如,一个大型企业招聘一个高级经理,这个职位对很多大学毕业生都具有强烈的吸引力,是大学毕业生梦寐以求的,但是,对于一个普通高校的各方面都很平常的毕业生,能获得这个岗位的可能性很小,所以,一些大学毕业生很可能就放弃对这一职位的努力。再如,一名大学毕业生去应聘保姆,被聘用的可能性是很大的,几乎不需要怎么努力就可能实现,但这不是大学毕业生的奋斗目标,所以,很少有大学生去应聘。

佛隆用这一期望理论来解释个人的职业选择行为,即个人如何进行职业选择。公式为:择业动机=职业效价×职业概率。其中择业动机表示择业者对目标职业的追求程度,或者对某项职业选择意向的大小。职业效价是指择业者对某项职业价值的评价,它取决于择业者的职业价值观。择业者对某项具体职业的要求有两个方面。因此,职业效价=职业价值观×职业要素评估。职业概率是指择业者获得某项职业可能性的大小,它通常取决于三个条件:一是竞争系数,它指该项职业的需求量与谋求该职业的劳动者人数的比值,即竞争系数=该项职业的需求量/谋求该职业的劳动者人数,在其他条件一定的情况下,竞争系数越大,职业概率越大;二是择业者的竞争能力,即择业者自身工作能力和求职就业能力,竞争力越强,获得职业的可能性越大;三是其他随机因素。因此,职业概率=竞争系数×竞争能力×随机性。综上所述,择业动机=职业价值观×职业要素评估×竞争系数×竞争能力×随机性。择业动机公式表明,对择业者来讲,某项职业的效价越高,获取该项职业的可能性越大,择业者选择该项职业的意向或者倾向越大;反之,某项职业对择业者而言其效价越低,获得此项职业的可能性越小,择业者选择这项职业的倾向也就越小。择业动机理论表明,择业动机的大小,不仅取决于个人的主观因素,更取决于社会的客观条件;不仅取决于某些职业对个人的吸引程度,还取决于获得这些职业的可能性大小等因素。

二、职业价值观的结构模型

职业价值观结构研究是职业价值观理论研究与应用领域的基础研究之一,中外很多学者都曾致力于职业价值观结构的探索及测评研究。对于职业价值观的内部结构划分,不同学者有不同观点。国内外学者关于职业价值观的内部结构研究,影响较大的有两因素论、三因素论、四因素论、五因素论、六因素论和多因素论(乐娟,2009;王荣山,2007)。

(一)两因素论

赫茨伯格(Herzberg)等人最早提出职业价值观要从内在和外在两个维度来研究,这一观点的提出开启了职业价值观内部结构探索的深入开展,并且对后续相关研究具有很好的指导意义。罗克奇(Rokeach)在1973年进一步提出职业价值观分为目的性职业价值观和工具性职业价值观。这是对赫茨伯格两分法理论的继承和发展,将其内部价值具体化为目的性职业价值观,将其外部价值具体化为工具性职业价值观。伊莱泽于1991年提出了职业价值观的二维结构,认为职业价值包含形式和操作两个维度;从形式上看,职业价值有物质或工具的价值、情感的价值、认知的价值;从操作上看,职业价值可以分为不依据工作绩效在工作前得到的价值和依据工作绩效在工作后得到的价值。

金盛华和李雪(2005)的研究将大学生职业价值观维度分成目的性职业价值观和工具性职业价值观。目的性职业价值观指个体评价和选择职业的内隐动机性标准;工具性职业价值观指个体评价和选择职业的外显的条件性标准。前者包括家庭维护、追求地位、成就实现和社会促进，后者分为轻松稳定、兴趣性格、规范道德、薪酬声望、职业前景和福利待遇 6 个方面。

(二)三因素论

休珀提出，把职业价值观分为内在价值、外在价值和外在报酬 3 类。奥尔德弗(Alderfer)则在以上两种观点的基础上提出相对全面而简明的划分方法，他把职业价值观划分为内在价值、外在价值和社会价值 3 种，与伊莱泽划分的感情、认知、工具 3 个维度类似(Elizur，1999)。金兹伯(Ginzberg)等人把职业价值分为 3 类：有关工作活动本身的、有关工作报酬的、有关工作伙伴的。

国内学者黄希庭等人(1994)把职业价值观分为职业目标、实现职业价值的手段、职业评价。马剑虹和倪陈明(1998)的研究抽取的 3 个因素分别是组织环境、工作评价和个人要求。凌文辁等人(1999)对职业价值观做了较系统的研究，他们根据双因素激励理论，将其从大量文献中摘选的价值观条目进行因素分析，将得到的 3 个维度命名为发展因素、保健因素、声望地位因素。

(三)四因素论

有学者将职业价值观抽取为名望、利他、满意、个人发展 4 个方面。舍克斯(Surkis)把职业价值观分为内在价值、外在价值、社会价值和威望价值 4 类。这一分类一提出，就引起了广大心理学研究者的兴趣，这也是目前得到最广泛验证的职业价值观理论。

王垒等人研究了北京大学生的工作价值观结构，将其分为工作报酬与环境、个人成长与发展、组织文化与管理方式、社会地位与企业发展 4 个维度(王垒，马洪波，姚翔，2003)。

(四)五因素论

宁维卫(1991)以修订的休珀量表为工具，从研究结果中抽取了 5 个因素：进取心、生活方式、工作安定型、声望和经济价值。

(五)六因素论

奥科诺(Oconnor)和科纳姆(Kinnam)抽取出独立性和多样化、工作条件和同事关系、社会和艺术、安全和福利、名望及创造性 6 个维度。霍兰德认为大多数人的职业兴趣可以划分为 6 种，分别是现实型(realistic)、研究型(investigative)、艺术型(artistic)、社会型(social)、企业型(enteprising)和常规型(conventional)。

于海波、张进辅等人(2003)编制了高校师生的职业价值观量表，其维度结构为自我发展、人际关系、贡献、物质生活、威望和家族，适合中国高校师生，并且在实际中得到了运用。

(六)多因素论

对职业价值观划分最为具体的是休珀,他提出了15项职业价值观,包括智力刺激、利他主义、经济报酬、变动性、独立性、声望、美感、同事关系、安全性、生活方式、监督关系、工作环境、成就、管理、创造性(Super,1980)。这15项职业价值观可以分为3大类:内在职业价值,指与职业本身性质有关的一些因素,如职业的创造性、独立性等;外在职业价值,指与工作本身性质无关的一些因素,如工作环境、同事关系等;外在报酬,包括职业的安全性、声望、经济报酬和职业所带来的生活方式等。

关于各种维度的划分,维度太少则过于笼统,不利于对职业价值观的进一步深入研究;维度太多就会偏向具体的职业价值要素,也不利于职业价值因素的概括。国内学者对职业价值观结构的研究,在介绍和继承国外相关研究的基础上,多结合中国经济、社会和文化背景下所进行的职业价值观测评实践,更加注重应用层面的探索和分析。职业价值观的结构从不同的理论视角有着不同划分标准,上述有关学者对职业价值观结构的分析论述还属于探索阶段,很难达成共识或形成定论。职业价值观的结构,就其构成要素和组成方式而言,还需摒弃社会、时代、环境和个性特征等制约因素,消除政治、经济、文化的影响,回归到职业价值观的哲学属性上来,即从职业属性对人的需求的满足关系中来进行探索、分析和归类。只有这样,才能从本源上认清职业价值观的内部结构。

第三节 职业价值观的测评工具

职业价值观是一个复杂的个性问题,国内外研究者根据自己的理论观点编制了一些量表和问卷(王同军,2007)。其中编制较早并广泛使用的量表是休珀在1970年编制的职业价值量表(Work Values Inventory,WVI),还有明尼苏达重要性问卷(Minnesota Importance Questionnaire,MIQ),高登的职业价值观量表(Occupational Values Inventory,OVI)和霍夫施恩泰的工作价值观比较模型与调查问卷等。国内的宁维卫最先修订了萨伯的职业价值观量表,凌文辁等人(1999)根据文献资料编制了符合中国情况的包含22条项目的职业价值观问卷。于海波、张大均等人(2001)使用句子完成测验法研究高校师生的职业价值观,根据贡献、自我发展、人际关系、物质、威望、家庭6个因素编制了5个条件假设句,采用"如果……那么……"的形式为被试创设某种假设情境,从而了解其职业价值观。

以下主要介绍三种职业价值观量表作为示例说明。

一、休珀的职业价值观量表

职业价值观量表（Work Values Inventory，WVI）是美国心理学家休珀于 1970 年编制的，用来衡量价值观——工作中和工作以外的——以及激励人们工作。量表将职业价值分为 3 个维度：一是内在价值观，即与职业本身性质有关的因素；二是外在价值观，即与职业性质有关的外部因素；三是外在报酬，共计 13 个因素：利他主义、美感、智力刺激、成就感、独立性、社会地位、管理、经济报酬、社会交际、安全感、舒适、人际关系、变异性或追求新意。

利他主义：让你能为了他人的福利做贡献的职业，属于社会服务方面的内容。

美的追求：使你能够制作美丽的物品并将美带给世界的职业。

创造性：能使你发明新事物、设计新产品或产生新思想的工作。

智性激发：能让你独立思考、了解事物怎样运行和作用的工作。

成就感：能让你有一种做好工作的成就感，重视成就的人喜欢能给人现实可见的结果的工作。

独立性：能让你以自己的方式去做事，或快或慢随你所愿地工作。

声望地位：让你在别人的眼里有地位、受尊敬、能引发敬意的工作。

管理权力：允许你计划并给别人安排任务的工作。

经济报酬：报酬高、使你能拥有想要的事物的工作。

安全感：不太可能失业，即使在经济困难的时候也有工作。

工作环境：在怡人的环境里工作（不太冷也不太热，不吵闹也不脏乱），环境或工作的物质条件对某些工作者来说是很重要的，他们对于相应的工作条件比工作本身更加感兴趣。

上司关系：在一个公平并且能与之融洽相处的管理者手下工作，和老板相处融洽。

同事关系：能与你喜欢的人接触并共事，对某些人来说，工作中的社交生活比工作本身要重要得多。

生活方式：工作能让你按照自己所选择的生活方式生活并成为自己希望成为的人。

变异性：在同一份工作中有机会尝试不同种类的职能。

指导语：下面有 60 道题目，每个题目都有 5 个备选答案，请根据自己的实际情况或想法，在题目后面圈出相应字母，每题只能选择一个答案。通过测验，你可以大致了解自己的职业价值观念倾向。

1——非常重要　2——比较重要　3——一般　4——较不重要　5——很不重要

1. 能参与救灾济贫工作。 1 2 3 4 5

2. 能经常欣赏完美的工艺作品。 1 2 3 4 5

3. 能经常尝试新的构想。 1 2 3 4 5

4. 必须花精力去深入思考。 1 2 3 4 5

5. 在职责范围内有充分的自由。 1 2 3 4 5

6. 可以经常看到自己的工作成果。 1 2 3 4 5

7. 能在社会扮演更重要的角色。 1 2 3 4 5

8. 能知道别人如何处理事务。 1 2 3 4 5

9. 收入能比相同条件的人高。 1 2 3 4 5

10. 能有稳定的收入。 1 2 3 4 5

11. 能有清静的工作场所。 1 2 3 4 5

12. 主管善解人意。 1 2 3 4 5

13. 能经常和同事一起休闲。 1 2 3 4 5

14. 能经常变换职务。 1 2 3 4 5

15. 能成为你想成为的人。 1 2 3 4 5

16. 能帮助贫困和不幸的人。 1 2 3 4 5

17. 能增添社会的文化气息。 1 2 3 4 5

18. 可以自由地提出新颖的想法。 1 2 3 4 5

19. 必须不断学习才能胜任。 1 2 3 4 5

20. 工作不受他人干涉。 1 2 3 4 5

21. 我觉得自己的辛苦没有白费。 1 2 3 4 5

22. 能使你更有社会地位。 1 2 3 4 5

23. 能够分配调整他人的工作。 1 2 3 4 5

24. 能常常加薪。 1 2 3 4 5

25. 生病时能有妥善的照顾。 1 2 3 4 5

26. 工作地点光线通风好。 1 2 3 4 5

27. 有一个公正的主管。 1 2 3 4 5

28. 能与同事建立深厚的友谊。 1 2 3 4 5

29. 工作性质常会变化。 1 2 3 4 5

30. 能实现自己的理想。 1 2 3 4 5

31. 能够减少别人的苦难。 1 2 3 4 5

32. 能运用自己的鉴赏力。 1 2 3 4 5

33. 常需构思新的解决方法。 1 2 3 4 5

34. 必须不断地解决新的难题。 1 2 3 4 5

35. 能自行决定工作方式。 1 2 3 4 5

36. 能知道自己的工作绩效。 1 2 3 4 5

37. 能让你觉得出人头地。 1 2 3 4 5

38. 可以发挥自己的领导能力。 1 2 3 4 5

39. 可使你存下许多钱。 1 2 3 4 5

40. 有好的保险和福利制度。 1 2 3 4 5

41. 工作场所有现代化设备。 1 2 3 4 5

42. 主管能采取民主领导方式。 1 2 3 4 5

43. 不必和同事有利益冲突。 1 2 3 4 5

44. 可以经常变换工作场所。 1 2 3 4 5

45. 常让你觉得如鱼得水。 1 2 3 4 5

……

60. 能充分发挥自己的专长。 1 2 3 4 5

二、职业价值观问卷

凌文辁等人(1999)编制的职业价值观问卷是根据文献结合我国国情编制的，具有较高的信度和效度。问卷共 22 题，其中包括声望地位因素项目(9 题)、保健因素项目(6 题)和自我发展因素项目(7 题)，对每一题目的评定按利克特自评式五点量表进行。要求被试根据自己的实际情况，按照不同的重要程度进行五点等级评定，对被试的回答进行统计。

指导语：下面是一些人们在职业选择时可能要考虑的因素，这些因素的重要性程度会因人而异，请您依据自己的情况来判断一下，在您选择职业时您是怎样考虑各种因素的重要性的。也许在您看来每种因素都很重要，但在实际的职业选择中不可能都得到满足，因此，请您按照现实的可能性和您本人在职业选择时的考虑来对各种因素的重要性程度进行评判。

1——表示不太重要 2——表示一般 3——表示有些重要 4——表示重要 5——表示很重要

1. 收入高。 1 2 3 4 5

2. 福利好。 1 2 3 4 5

3. 职业稳定。 1 2 3 4 5

4. 能提供进一步受教育的机会。 1 2 3 4 5

5. 有出国机会。 1 2 3 4 5

6. 有较高的社会地位。 1 2 3 4 5

7. 能充分发挥自己的才能。   1 2 3 4 5

8. 有可靠的医疗保险和退休金。   1 2 3 4 5

9. 职业环境舒适优雅。   1 2 3 4 5

10. 符合自己的兴趣爱好。   1 2 3 4 5

11. 机会均等，公平竞争。   1 2 3 4 5

12. 晋升机会多。   1 2 3 4 5

13. 能解决住房和两地分居的困难。   1 2 3 4 5

14. 工作单位知名度高。   1 2 3 4 5

15. 工作单位规模大。   1 2 3 4 5

16. 能够学以致用。   1 2 3 4 5

17. 上下班交通便利快捷。   1 2 3 4 5

18. 自主性大，不受约束。   1 2 3 4 5

……

22. 工作单位在大城市。   1 2 3 4 5

三、大学生职业价值观量表

金盛华等人(2005)编制的"大学生职业价值观量表"的项目数为34，由2个构面10个维度组成：目的性职业价值观(家庭维护、地位追求、成就实现、社会促进)和手段性职业价值观(轻松稳定、兴趣性格、规范道德、薪酬声望、职业前景、福利待遇)。其中，项目1～16属于"目的性职业价值观"，项目17～34属"手段性职业价值观"。项目1～3属"家庭维护"维度，项目4～8属于"地位追求"维度，项目9～13属于"成就实现"维度，项目14～16属"社会促进"维度，项目17～19属"轻松稳定"维度，项目20～22属"兴趣性格"维度，项目23～25属"规范道德"维度，项目26～28属"薪酬声望"维度，项目29～31属"职业前景"维度，项目32～34属"福利待遇"维度。

指导语：请根据实际情况判断下列陈述与自己的符合程度，选择最恰当的选项，请在您选择答案的相应数字上勾选。回答共分5个等级，分别用1，2，3，4，5表示。

1——很不重要   2——较不重要   3——一般   4——较重要   5——很重要

1. 工作能使我方便照顾父母。   1 2 3 4 5

2. 工作能和家庭不相冲突。   1 2 3 4 5

3. 工作能使我和未来配偶在一个城市。   1 2 3 4 5

4. 工作能使我容易晋升到高地位。   1 2 3 4 5

5. 工作能使我有高于一般水平的年薪。   1 2 3 4 5

6. 工作能使我受到重视。　　　　　　　　　　　　　　1 2 3 4 5

7. 工作能使我享受高地位的个人空间。　　　　　　　　1 2 3 4 5

8. 工作能使周围人羡慕我。　　　　　　　　　　　　　1 2 3 4 5

9. 工作能带给人激情。　　　　　　　　　　　　　　　1 2 3 4 5

10. 工作能使我发挥自己的创造性。　　　　　　　　　　1 2 3 4 5

11. 工作能使我实现个人的抱负和目标。　　　　　　　　1 2 3 4 5

12. 工作环境能磨炼我的个人能力。　　　　　　　　　　1 2 3 4 5

13. 工作能使我施展个人的能力和特长。　　　　　　　　1 2 3 4 5

14. 工作能使我提高我国在该行业的世界竞争力。　　　　1 2 3 4 5

15. 工作能使我改变目前令人担忧的社会现状。　　　　　1 2 3 4 5

16. 工作能使我为社会发展创造价值。　　　　　　　　　1 2 3 4 5

17. 单位少有改革或风险。　　　　　　　　　　　　　　1 2 3 4 5

18. 工作不要经常出差或到异地工作。　　　　　　　　　1 2 3 4 5

19. 工作强度或压力不能大。　　　　　　　　　　　　　1 2 3 4 5

20. 自己在该领域有天分。　　　　　　　　　　　　　　1 2 3 4 5

……

34. 单位提供的保险齐全。　　　　　　　　　　　　　　1 2 3 4 5

第七章　职业适应

第一节　职业适应概述

一、适　应

适应（adaptation）一词出自于拉丁文"adaptare"，是一个应用非常广泛的概念。最早在科学意义上使用"适应"概念的是生物学，后来该词逐渐被社会学、文化学、心理学借用。国内外学者从不同角度对适应问题展开了广泛深入的研究，对于适应的含义有着许多不同的表述。

适应通常作为生物学方面的专业名词来用，它代表某生物个体或物种群体与环境（包括其他生物种群）间的协调程度，它是通过生物个体或物种群体的形态结构、生理功能、行为反应、生活习性表达出来的。作为动词来用，适应表示生物物种通过自身形态结构、生理功能、行为反应、生活习性的改变，提高它们对外界环境的协调控制能力，在这里适应的过程便是一个生物进化的过程。我们在考察某一种生物的适应性时，自然要和特定的环境条件联系在一起，因此适应本身就已经具有了与时空的相关性。时间变了，环境也可能变了，原来适应的可能不再适应，而原来不适应的也可能适应性大大地提高了。因此，生物的适应来自生物自身变异和环境变迁两方面的作用，环境条件的影响也就成为人们考察生物进化现象的一个重要因素。所以，从总体上来看，适应是指个体与环境达到和谐关系的过程。关于适应的心理学含义，国内学者大都以皮亚杰的"平衡说"为理论基础，认为适应既可以是一种过程，也可以是一种状态。有机体通过同化和顺应两种作用取得与环境的平衡，这种平衡的状态即适应状态；个体处于平衡—不平衡—平衡的动态变化过程即适应过程（田燕秋，1999）。

适应性是指个体在社会化过程中，改变自身或环境，使自身与环境协调的能力，即个体与环境在适应过程中形成的适应能力，它是认知和个性因素在个体的适应—发展—创新行为中的综合反映，是个体生存和发展中必要的心理因素之一。萨维科斯认为，它是从业者在不稳定的环境中取得成功的必要品质，与计划性、应对准备、探索自我及环境的意愿相关（Savickas，1997）。富盖特等人将适应能力视为就业能力（employability）的一个成分，认为适应能力是一种改变行为、感受和想法以回应环境要求的意愿及其能力，指乐观主义、学习倾向、开放性、内控性和一般自我效能感（Fugate，Kinicki，& Ashforth，2004）。麦卡德尔（McArdle）等人将适应能力定义为对不稳定环境的韧性。具有适应能力的个体，对不确定性和模糊性具有较高的容忍度，面对新异环境也不会感到不适。上述对适应能力的不同界定达成如下共识：适应能力是一种内部倾向性，是一组潜能的集合；适应能力针对不稳定、多变的且难以预测的新异环境；适应能力通过适当有效的环境应对行为表现出来（王益富，2014）。

《心理学词典》对适应有三种含义：①在实验心理学中，指一种感觉感受器或一个感觉器官暂时反应性或敏感性变化；②在社会心理学或社会学中，指社会或文化倾向的转变；③在进化理论中，指任何具有生存价值的结构或行为的改变。国内学者朱智贤（1989）教授认为，适应是用来表示能提升有机体生存机会的那些身体行为上的改变。在心理学中表示对环境改变做出的反应，如对光的变化的适应、人的社会行为变化等。张春兴教授（1992）则详细列举了适应的4种含义：①个体为求利于自身生存，在生理机能上和心理结构上产生改变的历程；②感官接受刺激的时间延长，其敏感度降低而使绝对阈限升高的现象，视觉、味觉、嗅觉、温觉等，都有明显的适应现象；③根据皮亚杰的认知发展理论，适应是个体因环境限制而不断改变认知结构以求其内在认知与外在环境经常保持平衡的历程；④学习或工作初期，就习惯与新要求渐进调整的历程。

当今社会对从业者的职业素质提出了更多的要求，首先需要具备的基本素质就是对职业生活的适应能力。杜威指出，良好的适应能力意味着一个人的成功，所以我们本能地对学会适应比对其他任何东西更感兴趣。从职业生涯发展的角度来讲，就业是一个系统的过程，不仅仅是职业机会的寻找，更重要的是职业的适应和在职业道路上的继续发展。如果说，就业机会关系到个体能否进入工作世界，找到一个具体的职位的话，那么职业适应与发展则关系到个体能否顺利实现角色的转型，在工作中找到自我价值和进一步的发展。

二、职业适应

西方关于适应的研究历史悠久，之后逐渐细分。他们的研究领域有认知适应、角色适应、人际技能适应、职业适应等。个人职业适应的研究最早始于20世纪50年代初。对于职业适应这个概念，国内外学者在表述上存在一些细微差别，如职业适应、职业适宜、职业生活适应等，但总的看来，都可以划归为是对职业适应领域的研究。作为一个多学科共同关注的问题，职业适应（occupational adaptability)问题得到了经济学、社会学和心理学的关注。职业适应力是适应力概念在职业领域的应用，在过去的研究中，因每个人对适应力和职业生涯的理解角度不同，职业适应力的界定没有得到一致认定。

休珀自 1974 年提出职业适应能力概念后，不断对其进行完善、更新。休珀与科纳塞(Knasel)于 1997 年提出，职业适应能力是应对现在或将来工作角色可以预测的任务，以及调适难以预测的工作或工作环境的变化所需要的一种准备状态。萨维科斯从休珀的生活广度—生活空间理论的角度，将职业适应能力定义为个体对于职业发展过程中，不管是可预测还是不可预测的问题、对所要参与的角色和要面对的改变，均做出准备的程度。后来，萨维科斯对这一概念不断进行修订和完善，应对当前和预期职业发展任务时所需要的准备状态及资源，是个体用来使其与适合他们的工作进行匹配所需要的态度、能力和行为，是管理职业转换、发展性任务和工作创伤的心理资源(刘娟，2015)。富盖特等人将职业适应能力界定为个体为满足不断变化的环境需求而改变自己态度、想法和行为的意愿与能力(Fugate，Kinicki，& Ashforth，2004)。霍尔将职业适应能力与计划性联系在一起，认为它是一种应对不确定环境的成熟心态以及对个人和相关环境进行探索的意愿，只有那些能预见变化并主动去适应变化的人才能在无边界职业生涯时代生存，即表现为高的自我意识和高的适应能力(Hall，2004)。

国内学术界对职业适应能力的研究可以追溯到 20 世纪 50 年代，但职业适应能力真正受到重视是在 90 年代以后，学者们开始从社会学、心理学、人力资源学等不同的角度展开研究。著名的社会学家袁方(1992)从劳动社会化的视角来剖析职业适应能力，指出职业适应能力是一种劳动者的社会化能力，是个人社会化总过程中很重要的一个环节，其适应水平受到包括劳动者预期社会化等内容的影响。胡仕勇等人也从劳动社会化的角度研究职业适应能力，他们认为应该从两个方面衡量职业适应能力状况：①是否能够掌握担当一个职业角色所必需的知识和技能；②是否了解工作环境的内涵，包括学习与遵守工作制度和规范，正确处理工作中的人际关系等(胡仕勇，吴中宇，曹晓斌，2004)。曾维希(2009)从心理特质的角度提出生涯灵性(career spirituality)的概念，认为它实质上就是指个体在适应复杂性的职业生涯历程中所必需的积极心理特质，由开放灵活、意义追寻、务实行动、乐观豁达、坚韧执着构成。学者赵小云和郭成(2010)认为，职业适应能力是个体因职业生涯角色变化而与之保持平衡的能力，它有三个突出的特点：一是一种可以后天培养而形成的能力，在职业遭遇困境和危机时尤为彰显；二是一种可以帮助个体向前发展的积极力量；三是涉及个体和环境两个层面，是二者交互的结果。

职业适应性是指一个人从事某项工作时必须具备的生理、心理素质特征，它是在先天因素和后天环境相互作用的基础上形成和发展起来的。职业适应指个体运用自身知识、态度和能力在参与社会生产与服务过程中，体验环境的变动，感受环境的压力，对自身的角色、能力、态度、价值观、人际关系等进行评估并不断做出调整的过程。也就是说，职业适应就是指人走上工作岗位后，逐步了解和熟悉工作的条件、环境和人际关系等的一系列心理过程，是人与职业在经济和社会活动过程中达到相互协调和有机统一的过程。可见，对人而言，职业适应是指人的个性特征对其所从事职业的适宜程度；对职业活动而言，职业适应是指某一类型的职业活动的特点对人的个性特征及其发展水平的要求。职业适应性是一个人从事工作时必须具备的生理、心理素质特征，它是在先天因素和后天环境相互作用的基础上形成和发展起来的。具体而言，就是能积极认识和调整自己以胜任工作任务，适应职业环境，使用人单位满意的能力。

第二节 职业适应的理论基础

关于职业适应的理论主要有职业生涯发展理论、赫森逊（Hershenson）理论模型、职业成熟度理论。不同学者从不同角度探讨职业适应问题。

一、职业生涯发展理论

美国著名心理学家和职业管理学家沙因（Schein）根据人的生命周期的特点及不同年龄阶段所面临的问题和职业工作主要任务，将职业生涯分为成长探索、进入工作世界、基础培训、早期职业的正式成员资格、职业中期、职业中期危机、职业后期、衰退和离、离开组织或职业退休。

(一)成长探索阶段

一般0～21岁的个体处于这一职业发展阶段，此时的主要任务是：①发展和发现自己的需要和兴趣，发展和发现自己的能力和才干，为进行实际的职业选择打好基础；②学习职业方面的知识，开始寻找适合自身的角色模式，获取丰富信息，发展和发现自己的价值观、动机和抱负，并做出合理的受教育决策，将幼年的职业幻想变为可操作的现实；③接受教育和培训，接受工作世界中所需要的基本习惯和技能的培养。个体这一阶段所充当的角色是学生、职业工作的候选人、申请者。

(二)进入工作世界

16～25岁的个体步入该阶段。首先，进入劳动力市场，谋取可能成为一种职业基础的第一项工作。其次，个人和雇主之间达成正式可行的契约，个人成为一个组织或一种职业的成员，这一阶段充当的角色是应聘者、新学员。

（三）基础培训

处于该阶段的年龄段是 16～25 岁。与正在进入职业工作或组织阶段不同，要开始担当实习生、新手的角色，已经迈进了职业或组织的大门。此时的任务主要是了解、熟悉组织，接受组织文化，融入工作群体，尽快取得组织成员资格，成为一名有效的成员，适应日常的操作程序，应付自己的本职工作。

（四）早期职业的正式成员资格

此阶段的年龄为 17～30 岁，取得组织新的正式成员资格。此阶段面临的主要任务包括：①承担责任，成功地完成与第一次工作分配有关的任务；②发展和展示自己的技能和专长，为提升或进入其他领域的横向职业成长做好基础准备工作；③根据自身才干和价值观，根据组织中的机会和约束，重估当初追求的职业，决定是否留在这个组织或职业中，或者在自己的需要、组织约束和机会之间寻找一种更好的配合。

（五）职业中期

处于职业中期的正式成员，年龄一般在 25 岁以上。此阶段的主要任务为：①选定一项专业或进入管理部门；②保持自身的技术竞争能力，在自己选择的专业或管理领域内继续学习，力争成为一名专家或职业能手；③开始承担较大责任，巩固自己的地位；④开发长期的个人职业计划。

（六）职业中期危机阶段

处于这一阶段的是 35～45 岁的个体。在这一阶段，职业工作者的主要任务为：①现实地估价自己的进步、职业抱负及个人前途；②选择自己是应该接受现状还是要争取看得见的前途；③建立与他人的良好关系。

（七）职业后期

从 40 岁以后直到退休，此阶段可说是处于职业后期阶段，此时的职业状况或任务主要有：①成为一名良师，充分利用自己丰富的工作经验，学会发挥影响，指导、指挥别人，对他人承担责任；②扩大、发展、深化技能，或者提高才干，以担负更大范围、更重大的责任；③如果求安稳，就此停滞，则要以良好的心态接受和正视自己影响力与挑战能力的下降。

（八）衰退和离职

一般在 40 岁之后到退休期间，不同的人在不同的年龄会衰退或离职，此间主要的职业任务是：①学会接受权力、责任、地位的下降；②竞争力和进取心下降，要学会接受和发展新的角色；三是评估自己的职业生涯，着手退休。

(九)离开组织或职业退休

在失去工作或组织角色之后将主要面临两大问题或任务：①保持一种认同感，适应角色、生活方式和生活标准发生的急剧变化；②保持一种自我价值观，运用自己积累的经验和智慧帮助他人。

二、赫森逊理论模型

赫森逊认为，个体步入职场之后，通过不断调整与工作情境融合，进而产生职业适应(Hershenson，1996)。个体的3个子系统包括：工作时表现出的稳定的人格、个体具备的工作能力、制定的工作目标。工作情境的3方面包括：组织文化与组织对个体的期望、完成工作所需的技能要求、福利待遇以及个体可能获得的成长或晋升机会。家庭因素(主要对个体工作人格的发展产生影响)、学校因素和社会因素(社会化)都会对个体产生重要影响。这3个因素对个体职业适应发展的影响虽然在时间上存在先后顺序，但是家庭因素对个体的影响却一直贯穿个体的整个职业生涯过程。从该理论模型我们可以看出，家庭因素是对个体职业适应的最初也是最根本的影响。家庭因素通过影响个体的工作人格进而影响职业适应水平。

三、职业成熟度理论

1965年，休珀的学生克赖茨(Crites)在总结与发展了他的研究后，在对职业成熟度研究的基础上，提出了职业成熟度的理论，该理论成为这方面研究的重要指导思想。克赖茨对职业成熟的定义是个体在从探索到衰退的职业发展的连续线上所达到的位置，通常职业成熟可用来代表个体职业发展的程度及其进行职业选择的准备状态。克赖茨模拟智力的层次模型，提出了一个多层次、多维度的职业发展模型，该模型的顶端是职业发展的总体程度，类似于一般智力因素，第二个层次是概括，由4个主要的因素群构成，左边两个描述职业选择的内容，右边两个描述职业选择的过程，在每个主要因素中又包括特定的职业成熟因素(龙立荣，方俐洛，凌文辁，2000)。

职业成熟度主要包含两类。第一，职业选择内容，主要是对职业选择的结果进行评价，包括职业选择的一致性和职业选择的现实性。职业选择的一致性是指在不同时期，个人所选择的职业领域保持相对稳定，也就是个人对某个职业探索的持续性程度。现实性是指被选择的职业与个人特性的相适程度，特性包括个人的能力、兴趣、性格以及所处的社会阶层等。第二，职业选择过程，包括职业选择能力和职业选择态度。职业选择能力是指个人获得职业信息，进行职业规划，最终做出明智的受教育和职业决定的决策能力，具体分为5个部分，它们分别是：

自我评价(self-appraisal)，指个体对自己进行正确评价的能力；职业信息(occupational information)，指个体对自己所需要的有关职业或教育的信息能通过正确的方式获得的能力；目标筛选(goal selection)，指个体对于自己的职业发展是否有了一个明确的职业目标；职业规划(planning)，指在做出职业决策后，对决策执行的能力；问题解决(problem solving)，指解决或应付在职业决策过程中所遇到的问题或障碍的能力。职业选择态度指个人对职业选择的关心程度，也被细分为5个方面，分别是：职业决策的确定性(decisiveness)，指个人是否有明确的职业；职业决策的投入度(involvement)，指个人积极参与职业决策过程的程度；职业决策的独立性(independence)，指职业决策是独立做出还是依赖于他人；职业决策取向(orientation)，指个人的工作态度或价值是任务取向的还是快乐取向的；职业决策的妥协性(compromise)，指个人在需要和现实之间妥协的意愿。

第三节 职业适应的测评工具

人们研究职业适应能力的定义、维度，最终是为了测量和应用职业适应能力，所以测量工具的研究就显得更加重要。早期的职业适应能力量表是研究者根据定义进行测量的，如休珀的计划性、探索、决策、信息和现实主义因子量表。后来的量表大多是基于萨维科斯的理论建构的，如有学者在 2009 年编制的大学生生涯适应力量表，其维度就是根据萨维科斯的观点确定的；2009 年赫希(Hirsch)编制的青少年生涯适应力量表，其维度结构也是依据萨维科斯的观点；还有台湾研究者吴淑琬在 2008 年编制的大学生生涯适应力量表，其维度结构是依据萨维科斯的观点确立的。

最近受到广泛认可的量表是在 2012 年编制的职业适应能力量表(Career Adapt-Abilities Scale，CAAS)国际版 2.0，它由包含美国、英国、意大利、法国、中国等多个国家的职业心理学家提出。该量表历时 4 年，并且在 13 个国家进行了测量学指标的跨文化检验(Savickas & Porfeli，2012)。该量表主要是根据萨维科斯的观点，即根据职业适应能力的 4 个维度，关心(concern)、控制(control)、好奇(curiosity)和自信(confidence)编制了 4 个分量表，每个量表包含 6 道题，共 24 道题，施测后都得到了很好的信度和效度。因此，该量表为后继研究者提供了很大的参照价值。有学者(Hou，et al.，2012)将该量表翻译成中文版本，并对中国学生进行测量，结果表明其可接受的内部一致性系数分别为：职业关注 $\alpha=0.79$，职业控制 $\alpha=0.64$，职业好奇 $\alpha=0.71$，职业信心 $\alpha=0.74$，总体内部一致性系数 $\alpha=0.89$。

国内学者在关于职业适应性的测量标准和维度上，由于针对测量对象、研究角度、研究目的和相关研究变量不同，所以他们在职业适应性的指标设计上也与国外学者存在一些差别。范成杰(2005)把研究对象的来源设定为城市人口，针对在城市上班的人员对其职业适应性做测量定义，他认为职业适应性可以从职业技术能力、人际关系适应能力和职业心理成熟能力3个指标进行综合考量，其具体涉及的指标有技能知识的运用程度、工资福利待遇的满意程度、工作内容完成程度、人际关系的满意程度和对领导的办事风格的适应程度。方翰青和谭明(2012)对职业适应性的内容构建与测量主要从职业适应性的概念定义的角度来进行。他们认为根据国内外对职业适应性的广泛认同的操作定义，可以从以下5个维度来进行测量：职业氛围适应、职业能力适应、职业关系适应、职业角色扮演适应和职业心理适应。王益富(2014)在以企业员工为目标的主体的研究中，为了开发适用于测量中国企业员工职业适应性的量表，通过把职业适应性划分为5个概念结构：企业文化与管理、处理人际关系、职业知识与技能、工作任务与压力、职业发展与转换，定义出5个维度来进行测量，按照对应关系分别为：组织融合能力、工作沟通能力、学习发展能力、情绪调节能力和职业转化能力。唐雪梅(2007)针对毕业研究生编制的职业适应性问卷将维度分为：职业认知适应(对当前职业目标、态度、团队等的适应)，职业技能适应(对当前职业的需求的技术和知识的适应)，人际关系适应(对职业上同事、朋友、上司等人际方面的交流适应)，以及客观环境适应(对周围的职业环境、工作氛围等的适应)。邓碧会、邓维在对大学毕业生的职业适应性的研究中将其维度划分为学习及技能适应性、人际关系适应性、职业意识适应性、职业选择适应性和职业环境适应性。

以下主要介绍三种职业适应量表作为示例说明。

一、职业适应量表

该量表由萨维科斯等人开发，随后有研究者开发了中文版本，包含4个维度：职业控制、职业关注、职业信心、职业好奇，共24个条目(Hou，Alvin，& Li，et al.，2012)。采用利克特5点计分法，数字越大，符合程度越高。

指导语：请您根据实际情况作答，答案无对错之分，谢谢！

1——非常不符合　2——一般不符合　3——不确定　4——一般符合
5——非常符合

1. 我会思考我的未来是什么样的。　　　　　　　　1　2　3　4　5

2. 我意识到现在的选择会塑造我的未来。　　　　　1　2　3　4　5

3. 我为未来做准备。　　　　　　　　　　　　　　1　2　3　4　5

4. 我察觉到我必须做出学业和职业选择。　　　　　1　2　3　4　5

5. 我会为实现目标而制订计划。　　　　　　　　　1　2　3　4　5

6. 我关注我的职业生涯。   1   2   3   4   5

7. 我保持乐观。   1   2   3   4   5

8. 我靠自己做决定。   1   2   3   4   5

9. 我为我的行为负责。   1   2   3   4   5

10. 我执着于我的信念。   1   2   3   4   5

11. 我依靠我自己。   1   2   3   4   5

12. 我做自己认为正确的事情。   1   2   3   4   5

13. 我探索周围的环境。   1   2   3   4   5

14. 我寻找机会得到成长。   1   2   3   4   5

15. 我会在做出选择前调查各种可能的选择。   1   2   3   4   5

16. 我会观察别人做事的不同方式。   1   2   3   4   5

17. 我会深入探索我的问题。   1   2   3   4   5

18. 我对新的机会感到好奇。   1   2   3   4   5

19. 我能有效完成任务。   1   2   3   4   5

20. 我有责任心把事情做好。   1   2   3   4   5

······

24. 我能解决问题。   1   2   3   4   5

二、职业适应能力量表

该量表由王益富(2014)编制,是更适合中国员工的量表,包含 5 个子量表,分别为:组织融合能力、工作沟通能力、学习发展能力、情绪调节能力、职业转化能力,每个维度均包含 3 个题目。

组织融合能力,指企业员工基于企业价值观、企业的组织结构与管理规范,在各自的岗位职责范围内将企业文化与管理规范内化为职业行为准则,与企业发展保持一致的能力。任何企业基于自身的创建条件,发展历程与管理模式,都有一套价值观和规章制度,从组织运行管理的角度而言,需要员工遵循和融入企业文化体系,才能够实现企业目标。因此,员工能否融入企业文化体系,进而逐渐形成组织认同,是衡量员工能否成为该企业成员的重要方面。

工作沟通能力,指企业员工在处理企业内部关系(包括部门关系、同事关系和上下级等关系)及外部关系(包括客户、政府、竞争对手等关系)过程中显示出来的人际协调与沟通能力。工作沟通能力不是指个体一般的社会交往能力,而是围绕着职业活动和工作展开的协调和沟通职业人事关系,包括与同事、上下级和客户之间的沟通协调能力。这种协调沟通是以实现职业工作目标以及企业发展目标为核心的。

学习发展能力，指企业员工围绕着企业生产服务，为顺利完成各自的工作职责及任务而进行的有关自身职业知识与技能提升的能力。它不是一般的学习能力，而是员工职业转化需要，有助于员工胜任职业工作的要求而进行相关职业知识与技能提升的内在动机，包括职业知识和技能的学习、工作经验的总结与自我提升等方面。

情绪调节能力，指企业员工面对职业工作相关的应激、挫折与压力时，能够有效调节情绪状态，保持良好行为反应与工作效能的能力。情绪调节能力体现在对职业应激的自我调节功能上，它包括人际应激调节和工作应激调节两方面。例如，在服务型企业中，销售人员面对客户不良态度时的情绪调节能力；面对难以完成的工作任务时的情绪调节能力。在职业适应能力中，员工的情绪调节能力主要体现为被动管理策略，它不同于情绪劳动（emotional labor）这一主动管理策略。

职业转化能力，指企业员工面对主动或被动的生涯转化机会（包括不同企业之间、不同岗位及职位之间的转化）时，能否正确理解和识别，并做出适当反应的内在动机及复杂认知与决策能力。职业转化不仅包括被动离职后寻找新的职业机会，还包括在同一组织内，是否具有主动尝试与胜任不同岗位和职位工作的内在动机。职业转化能力主要体现为在岗位职位调整（内部转化）、职业发展空间受阻、薪酬福利不高以及职业发展状况不理想（外部转化）等情况下，是否能够进行主动选择的倾向性。

本量表采用利克特 7 点量表计分。但是各个分量表的量尺标志不同，其中工作沟通能力中 1＝非常差，4＝中等，7＝非常好；学习发展能力中，1＝严重不足，4＝勉强够，7＝非常充分；情绪调节能力中 1＝彻底崩溃，4＝勉强应付，7＝有效调控；组织融合能力中 1＝完全否定，4＝勉强接受，7＝完全认同；职业转化能力中 1＝消极接受现实，4＝无所谓，7＝积极寻求新机会。

指导语：请您根据实际情况进行作答，答案无对错之分，谢谢！

组织融合能力

1. 你对公司的经营模式，态度如何？　　　　　　　　1 2 3 4 5 6 7

2. 你对公司的规章制度，态度如何？　　　　　　　　1 2 3 4 5 6 7

3. 你对领导或上司的管理方式，态度如何？　　　　　1 2 3 4 5 6 7

4. 你对公司的工作环境与条件，态度如何？　　　　　1 2 3 4 5 6 7

工作沟通能力

5. 你处理单位人际关系的能力如何？　　　　　　　　1 2 3 4 5 6 7

6. 你与其他部门同事进行沟通的能力如何？　　　　　1 2 3 4 5 6 7

7. 你处理上下级关系如何？　　　　　　　　　　　　1 2 3 4 5 6 7

8. 你与客户/顾客的沟通能力如何？　　　　　　　　1 2 3 4 5 6 7

学习发展能力

9. 专业知识不够时，你补充学习能力如何？　　　　　1　2　3　4　5　6　7

10. 工作技能不足时，你补充学习能力如何？　　　　　1　2　3　4　5　6　7

11. 你学习新知识、新技术的能力如何？　　　　　　　1　2　3　4　5　6　7

12. 你总结工作经验与教训的能力如何？　　　　　　　1　2　3　4　5　6　7

……

职业转化能力

17. 被调整到自己不喜欢的岗位或者职位，你会如何？　1　2　3　4　5　6　7

18. 在本单位的职业发展空间不如意，你会如何？　　　1　2　3　4　5　6　7

19. 对公司薪资待遇不满意，你会如何？　　　　　　　1　2　3　4　5　6　7

20. 如果自己的职业发展状况不理想，你会如何？　　　1　2　3　4　5　6　7

三、职业适应能力问卷

牛爽(2008)使用了职业适应能力问卷，该问卷包含主动性人格和无边界职业思想倾向。主动性人格部分的测量工具共有 10 个项目，在研究中样本的同质性信度为 0.894。无边界职业思想倾向部分的测量工具共有 8 个项目。由于问卷的原始项目是英文版本，故研究者翻译和修订了该问卷，研究中其同质性信度为 0.865。

指导语：请您根据自己的实际感受进行判断。

1——非常不符合　2——比较不符合　3——不确定　4——比较符合

5——非常符合

主动性人格部分

1. 我总是在不断探寻新的途径以改善自己的生活。　　　　1　2　3　4　5

2. 无论在哪里，我都是推动建设性变革的强大力量。　　　1　2　3　4　5

3. 没有什么事情比看到自己的想法成为现实更令我兴奋的了。1　2　3　4　5

4. 如果我看到了自己不喜欢的事物，我会改变它。　　　　1　2　3　4　5

5. 如果我坚信某一事情，无论成功的概率大小，我都会尽力把它做好。

　　　　　　　　　　　　　　　　　　　　　　　　　　1　2　3　4　5

6. 我喜欢做自己想法的提倡者，即使别人反对。　　　　　1　2　3　4　5

7. 我善于捕捉机遇。　　　　　　　　　　　　　　　　　1　2　3　4　5

……

10. 我能够在他人之前很早就发现一个好机遇。　　　　　　1　2　3　4　5

无边界职业思想倾向部分

11. 我喜欢与组织外部的人一起工作。　　　　　　　　　　1　2　3　4　5

12. 我喜欢需要与许多不同组织的人互相交流的工作。   1　2　3　4　5

13. 我喜欢需要在组织外部工作的任务。   1　2　3　4　5

14. 我喜欢超出部门范围的任务。   1　2　3　4　5

15. 我喜欢在由不同组织人员组成的项目组工作。   1　2　3　4　5

    ……

18. 我寻找能让我学习新东西的工作任务。   1　2　3　4　5

第八章　职业认同

第一节　职业认同概述

一、认　同

"认同"最早由威廉·詹姆斯和弗洛伊德提出。詹姆斯曾用"性格"一词表示他的认同感受，一个人的性格特征可以在精神或道德态度上看出，当这种情形突然发生在自己身上时，个体会感到自己充满生机和活力，这一刻，有一种发自内心的声音在说，这才是真正的自我。弗洛伊德把认同看作一个心理过程，是个人向另一个人或团体的价值、规范与面貌去模仿、内化并形成自己的行为模式的过程。认同是个体与他人有情感联系的原初形式。影响较大的是心理学家埃里克森、米德和温格(魏淑华，2005)。艾里克森创建了以自我同一性(self-identity)为核心的将人的生命周期分为 8 个阶段的人格发展渐成说，他认为，自我同一性是指青少年对自己的本质、信仰和一生中的重要方面前后一致及较完善的意识，也即个人的内部状态与外部环境的整合和协调一致。十二三岁至十七八岁的年轻人，发展的任务是建立自我同一性和防止自我同一性混乱。米德用了与"自我"概念相关的认同概念，他详细描述了自我如何通过与环境相互作用而发展。按照米德的说法，自我仅仅出现在有社会交流的社会情境中。在交流中，人们学习假定别人的角色，并相应地监控自己的行为。自我的概念可以定义为人们对关于自己的意见、态度和信念的有组织的描述，自我的世界可能在外人看来是主观的、假定的，但对体验它的个体来说，却完全真实。

温格认为认同有 5 个维度，它们是：认同是一种经历，我们通过参与性经历的方式和我们自己及别人把我们具体化的方式来界定我们是谁；认同是群体的成员资格，我们通过成员之间的相似性及差异性来界定我们是谁；认同是学习轨迹，我们通过我们曾在何处和将要到何处去来界定我们是谁；认同是多个成员资格的联结，我们通过把多种形式的认同综合为一个认同的方式来界定我们是谁；认同是微观与宏观之间的一种关系，我们通过属于更广阔范围和能明显反映更多风格和讨论的微观事物来界定我们是谁。

《心理学大词典》把认同定义为社会化过程中个体对他人的整个人格发展全面、持久的模仿学习。朱智贤(1989)认为，认同是一种防御机制，是指由于某种动机而选择地模仿别人某些特征的行为。荆其诚(1991)认为，认同包括认为跟自己有共同之处而感到亲切、承认、认可和赞同，个体自觉地以所认可的对象的规范要求自己，按所认可对象的规范行事，认同是在与他者发生关系的过程中产生的。沙莲香(2002)则把认同定义为涉及个人与群体隶属关系的一个概念，因此认同给个人以存在感，给个体以稳固的核心。

综上所述，国内外学者都对认同进行了定义，试图揭示认同的核心内涵。认同是一个不断变化发展的过程，即认同是动态过程，是个人与社会环境相互作用的结果。认同中最核心和人们最为关注的是"此刻我是谁?"，即身份的问题，正因为人们关注此刻我是谁，才能不断反思和发展，不断改变自己的认识和行为，从而达到心理的满足和他人的认可。认同是一种防御机制，是个体为了融入某一组织或群体，而接受他人的意愿，适当改变自己的观念和行为，以达到他人的接纳和使自己满意(王静，2007)。

二、职业认同

职业认同，又称职业同一性，在职业发展研究领域很重要，职业认同与个人的职业决策、职业探索和职业成功等都有密切的联系，当然也关系到一个人在当前复杂的职业环境中的适应性问题。目前国内学者对职业认同的概念和理解也不统一，围绕职业认同概念，也产生了多元化的观点(丁刚，2014)。

(一)态度说

态度说认为职业认同是对某一职业相对稳定的态度，如积极的情感(喜爱)、肯定性的评价(对职业价值的认可)等。例如，布劳(Blau)认为，职业认同是个体对某一职业的积极态度和强烈的投入感，体现为个体维持该职业的愿望和对职业的喜欢程度。迈耶(Meyer)等人定义职业认同为个体对他所从事的工作的积极评价，并且他所从事的工作对于个体的自我定义有着重要作用。

(二)特征说

特征说结合"identity"一词的特性、个性之含义，认为职业认同是用来表征职业各个方面特征的术语。例如，格兹德(Gazid)认为职业认同类似于表征职业的各个方面的一系列项目。尼新(Nixin)认为职业认同是用特定的工作条件来刻画一个职业群体特征的东西。

(三)身份说

身份说视职业为重要的身份类别，因为在认同过程中，个体会围绕各种差异轴(类属或范畴，如性别、年龄、阶级、种族和国家等)展开对自我身份的确认，其中每一个差异轴都有一个力量的向度，人们通过彼此间的力量差异而获得自我的社会差异，从而对自我身份进行识别。职业认同(professional identification)由此可以理解为个体在职业这个维度上的自我身份确认和识别。

依据心理学和社会心理学中认同的不同范式，又可将身份说做如下细分。

1. 强调职业对从业者个体的身份意义

该观点强调了职业本身的价值和工作特征对自我身份确认的意义。例如，有研究者认为职业认同可以理解为个体选择用"未来想从事的职业"或"现在正在从事的职业"回答"我是谁"这个问题(Fugate，Kinicki，& Ashforth，2004)。有学者在研究职业动机时，将职业认同列为职业动机的三个成分之一，并将职业认同界定为对个人身份的核心度或按照工作来定义自己的程度，包括工作卷入和晋升的愿望。心理学家尼米(Niemi)认为，职业认同是职业人的自我概念，一般是在长期从事某职业活动的过程中，人们对职业活动的性质、内容、社会价值和个人意义等熟悉和认可的情况下形成的，是人们努力做好本职工作、达成组织目标的心理基础，也是自我意识在职业领域逐渐发展的过程。

2. 强调职业对从业者群体的身份意义

该观点强调了职业群体的共有特征对自我身份确认的意义。例如，有学者认为职业认同是一个职业群体中，成员共有的态度、价值、知识、信念和技能，它与个体承担的职业角色紧密相关，是一种与主体接纳的工作角色相联系的主观自我概念。有研究者定义职业认同为个人用他所从事的工作或者从事这项工作的人所具有的原型特征(prototypical characteristics)来定义他自己的程度(Mael & Ashforth，1992)。

由于职业和工作在人的生涯中占据着重要地位，从职业这个维度上进行自我身份的识别具有重要的意义。正如埃伦·古德曼(Ellen Goodman)所指出的，在现代社会中，生产方式的变迁孕育了社会生活方式的变迁，也孕育了公民身份认同的变迁，职业认同逐渐代替籍贯认同，成为现代社会人们重新找回自我的依据。在某种程度上，倘若人们不说自己是做什么的，就越来越难以说明自己的身份了。

(四)角色说

角色说强调了个体对职业这一社会角色的认同程度。例如，有学者认为，职业认同意味着个体在多大程度上认为自己的职业角色是重要的、有吸引力的，与其他角色是融洽的(Moore & Hofman，1988)。

(五)过程与状态说

过程与状态说区别了作为过程的职业认同与作为结果的职业认同。例如，魏淑华(2005)认为(教师)职业认同既指一种过程，也指一种状态。"过程"是指职业认同是个体从自己的经历中逐渐发展、确认自己的职业角色的过程。"状态"是说职业认同是个体对自己所从事的职业的认同程度。

(六)情感与意义说

情感与意义说强调了职业认同的情感和认知属性，即认同"指归属的感觉"和认同"关联着自我概念"。沙因(Schein)认为，职业认同是社会认同的一种形式，它与人们如何比较、区分自身与其他团体的个体相联系，包括对职业实践的理解、对个人才能发展和职业价值的感知。有学者认为职业认同不但是指其他人的期望和设想的影响，还包括个体在实践经验和个人背景的基础上去发现他的专业和生活中，什么是最重要的。这两个方面是密切交织在一起的，也就是说职业认同的研究既要关注他人对这个职业(专业)的看法，又要关注从事这个职业的个体对这个职业的看法。

"职业"是社会分工体系中的一种劳动角色类别，是人们为了获取经常性的收入而从事的某种活动。而职业认同也是在社会认同理论的基础上发展起来的概念，是个体对于所从事职业的肯定性评价。职业认同对个体的心理和行为影响的研究，主要集中在职业倦怠、离职意向、工作满意度、自我效能感、职业承诺、工作压力等方面。随着经济的发展、社会的变迁，人力资源市场的结构也随之发生了巨大的变化。多元化的趋向与国际化的融合，使现有的就业环境充满了机遇，同时也给人们带来了极大的挑战。在传统的就业环境中，个体的职业定位往往来自社会或者组织对他的需要和安排，个体只需要努力工作就行了。在现代的就业环境中，个体的职业选择自主性大大增加，必然会出现职业选择的困惑。个体在初次选择工作的时候面对多样化的选择，往往会陷入困境，很多人往往不明白自己需要什么样的职业或者适合什么职业，于是出现了盲目跟风的现象，个体的就业或者择业行为受到社会舆论或是家庭的影响。出现这种现象，往往是因为个体对自己的能力、兴趣、需求、价值观等了解得不够清楚，没有形成职业认同。对于处于不同生涯发展阶段的个体来说，职业认同的指导显得十分重要。

第二节　职业认同的理论基础

认同是社会心理学领域的热门话题，不同学科、学派对其有着差异化的解释(丁刚，2014；朱伏平，2014)。

一、社会认同理论

社会认同理论是由塔吉费尔(Tajfel)和特纳(Turner)等人于20世纪70年代提

出的一种社会心理学观点，是欧洲心理学的重要理论成果，在世界范围内有着深远的影响。社会认同理论的研究起源于对种族中心主义（ethnocentrism）的不同阐释。种族中心主义是指内群体偏好（in-group favoritism）和外群体偏见（out-group derogation），传统对种族中心主义的解释主要依据现实冲突理论。现实冲突理论认为，群体间的态度和行为反映了一个群体和其他群体之间的客观利益：如果两个群体的利益不一致且有竞争关系，群体间就倾向于有歧视的态度和相互的敌意。现实冲突理论虽然解释了群体间的竞争性关系，但不能很好地解释竞争是否是群体冲突产生的必要条件和群体内关系的解释。对此，塔吉费尔和他的同事提出"最简群体范式"（minimal group paradigm），更好地解释了内群体偏好和外群体歧视等群内、群际现象。基于最简群体研究范式，塔吉费尔系统提出了社会认同理论。

社会认同理论假定了三个基本前提。第一，个体具有自我增强和自尊的需要，他们会为树立一种积极的自我概念而努力。第二，自我概念和自尊在某种程度上由社会认同所决定，个体会根据社会分类或自身所拥有的群体成员身份来建构自我概念。第三，社会认同根据群体背景而被积极或消极评估，内群体提供的积极性或消极性影响着个体社会认同的积极性或消极性。在这些假设前提下，塔吉费尔等人完成了对社会认同理论的建构，其基本要义是个体通过社会分类，对自己的群体产生认同，并产生内群体偏好和外群体偏见。个体通过实现或维持积极的社会认同来提高自尊，积极的自尊来源于内群体与相关的外群体的有利比较。当社会认同受到威胁时，个体会采用各种策略来提高自尊。个体过分热衷于自己的群体，认为自己的群体比其他群体好，并在寻求积极的社会认同和自尊中体会团体间差异，这就容易引起群体间偏见和群体间冲突。

社会认同包含三个重要的认知过程，即社会范畴化（social categorization）、社会比较（social comparison）和社会认同（social identification）。

(一)社会范畴化

社会认同理论主张，社会是由社会范畴（social categories）组成的。社会范畴是指人类依据下列维度进行的划分：国家、民族、性别、阶级、宗教、职业，等等。范畴并不孤立存在，一个范畴只有在与另一个范畴的对比中才有意义。任何个体都同时是许多不同社会范畴的成员，对人的范畴化即社会范畴化对自我有着重要意义，人们主要是从他们所归属的社会范畴那里获得他们的认同（他们的自我感知和自我概念）的。

(二)社会比较

塔吉费尔指出，特定群体或社会范畴的显著意义，只有在与其他群体或社会范畴的比较和对比中，才能显现出来（Tajfel，1981）。换言之，对内群体（我属群体）的评价，取决于与作为参照物的外群体的比较。社会认同理论假定个体有获得自尊的基本动机，而社会比较正是个体获得积极自尊的重要途径。这是因为当进行群际社会比较时，特别是在内群体具有积极特异性（positive distinctiveness），在某一比较维度上内群体比外群体表现得更为优异的时候，内群体成员就会有积极的自我评价和更高的自尊水平。相反，在社会比较的过程中，如果内群体缺乏积极特异性，内群体成员则可能有消极的自我评价和更低的自尊水平。

（三）社会认同

在范畴化和社会比较的共同作用下，个体实现了对特定群体或社会范畴的认同建构。认同建构是个体与一个或多个社会群体或社会范畴建立心理联系时所经历的过程，该过程包括3个方面：首先，知觉到自己的群体身份，即自我理解为群体的成员；其次，伴随有积极的或消极的情感卷入和增强；最后，理解和共享该身份的社会价值评价意义，其中既有内群体成员与自己形成的共识，也有外群体评价的嵌入。通过认同建构，个体形成对一些群体的积极的认知评价、情感体验和价值承诺，并内化群体成员资格（membership）为自我概念的一个部分。

（四）认同解构和重构

社会认同理论同时也指出，被建构起来的认同同时也面临解构与重构的问题。认同解构是指行动者对其身上的某种群体资格不再有认同感，他寻求放弃或脱离这种群体资格，并致力于追寻新的群体资格。借助认同解构与重构视角，社会认同理论便能处理更为宏大的社会流动和社会变迁等问题。

塔吉费尔指出了认同解构与重构的三种重要策略：一是社会流动，即人们试图离开以前所属的低地位群体和加入高地位群体；二是社会创造，即重新界定内群体特征或是选择不同的比较群体和比较维度，从而使社会认同变得相对积极；三是社会竞争，即群体间经由对抗（谈判、游行示威、斗争）的方式实现群体间地位的更新和改变。

社会认同路径主要关注的是社会认同而不是自我认同。它主张在特定的情况下，社会认同比自我认同对自我描述的影响更显著。对个人来说，社会认同具有认知功能与价值功能。认知功能是指建设世界，帮助实现认知；价值功能在于认同具有评价性意涵，能对个体价值系统施加作用，其中最重要的是赋予自我价值与意义。社会认同理论是社会心理学的宏大理论之一，它为群体形成、群际互动、组织凝聚力、职业流动、社会变迁等提供了强有力的解释框架。

二、自我归类理论

自我归类理论（self-categorization theory，也译作自我分类理论、自我类化理论等)形成于 20 世纪 80 年代，由塔吉费尔的弟子特纳等人所开创。自我归类理论植根于社会认同理论，是对社会认同理论的延伸和拓展。它依据社会心理学中广为使用的 12 个假定(assumptions)，提出了 3 个一般性假设和 14 个更为具体的假设，由此构成完整的理论体系。

概括而言，自我归类理论的基本观点体现在两个方面：第一，自我知觉或者自我概念在个人认同与社会认同之间变化；第二，当个体从依据个体的人来界定自我转变到依据社会认同来界定自我时，群体行为则成为可能并且可能显现。

(一)个人认同和社会认同

自我归类理论的一个重要工作是对个人认同和社会认同的准确区分。根据特纳的观点，自我归类理论发端于对塔吉费尔区分人际行为和群际行为的理解，然而，人际行为与群际行为又可以通过对个人认同和社会认同做出根本区分来加以解释。

特纳指出，在社会心理学中，存在着一个广为使用的假定：在社会自我概念当中，至少有三种抽象水平的自我归类是非常重要的：①自我作为人类的高级水平，自我归类基于一个人作为人类(区别于其他生命形态)的认同，与其他人类成员共享的共同特征；②内群体—外群体归类的中间水平，基于人类之间的社会相似性和差异性，把一个人确定为某些社会群体而不是其他社会群体的一员；③个人自我归类的次级水平，基于一个人作为独特的个体与其他内群体成员之间的区别，这一区别把个人确定为特定的个体。这些水平分别确定了一个人的"人类的""社会的"和"个人的"认同。在自我归类理论看来，个人认同和社会认同代表了自我分类的不同水平。

特纳认为社会自我知觉(social self-perception)沿着一条连续体发生变化。连续体的一端是把自我知觉为独特个人，即把个人内部的认同最大化，同时把知觉到的自我与其他内群体成员之间的差异最大化；连续体的中间是个体认为他与内群体成员具有适度的不同，同时，与外群体成员也具有适度的不同；连续体的另一端则是把自我知觉为一个内群体类别，即把自我与内群体成员之间的相似最大化，同时把自我与外群体成员之间的差异最大化。自我归类理论认为，尽管个体可以同时进行个人水平和社会水平的自我归类，但是，由于社会自我知觉连续体的一端是"个体特性化的"，而另一端是"去个性化的"，当个人与内群体成员的相似最大化，即在社会水平上的自我归类显著时，他在个人水平上的自我归类则很难凸显。个人认同与社会认同的区分还涉及其他的一些假设。例如，群体行为实际就是更多地依据社会认同而不是依据个人认同而行动的。

(二)去个性化和群体行为

特纳指出，个体自我知觉的去个性化将会增强内群体成员之间一致性的感知和集体相似性，形成其群体归类的显著性；同样，个体通过感知与外群体的差异也能够增加其群体归类的显著性。提高内群体—外群体归类显著性的因素往往增加了自我与内群体成员之间知觉到的一致性（相似性、等价性、可交换性），也增加了知觉到的不同于外群体成员的差异。

同时，基于自我知觉的去个性化现象，特纳提出自我知觉的去个性化是决定群体现象（社会刻板印象、群体凝聚力、种族中心主义、合作和利他主义、情绪感染和移情、集体行动、共同的规范和社会影响过程等）的基本过程。该假设被特纳本人认为是自我归类理论的核心要义。简单地讲，自我归类理论认为个体自我知觉的去个性化导致了群体行为的产生，在个体去个性化的过程中，群体行为体现了个体在自我归类的抽象层次上的变化。这种变化是个体将自我看成是某个社会类别中可交换的范例，而不是由不同于他人的个体差异所确定的独特个人。

特纳同时也强调，去个性化并不是失去个人的特性，也不是失去自我或把自我淹没在群体之中，更不是回归更原始或无意义的形式中，而是从个人水平的认同到社会水平的认同的转变，这一转变是在自我概念的性质和内容上的转变，以便在更包容的抽象水平上符合自我知觉的功能。我们也可以把去个性化看成认同的获得，因为它代表了一种机制，通过这种机制，个体可以按照社会相似性和差异性来行动。

三、符合互动理论

"符号互动论"这一术语由美国社会学家布鲁默（Blumer）提出。但在布鲁默之前，美国学者詹姆斯、库利、杜威等人先后提出了符号互动理论的重要论断。随后，美国社会心理学家米德博采众长，系统提出了符号互动论的思想。

符号是符号互动理论的基本概念。所谓符号，是指被赋予人类意义的各种事物，如姿势、表情、语言、文字、物品等，甚至特定的场合、社会情境也能成为某种符号。一个事物之所以成为符号是因为人们赋予了它某种意义，而这种意义是相关的人们所公认的，且能够引发人们的联想和情感反应。依据米德的观点，有意义的意识过程都是在人际沟通或社会交往中展开的，其最简单、最基本的形式是"姿势对话"（gesture dialogue），当某种姿势获得了人们共有的主观定义，这个姿势就获得了普遍性的象征性，于是就形成可以在广泛交往中使用的沟通形式——象征符号。人类就生活在一个用象征符号相互交往的世界中。同时，符号互动理论认为，任何具有意义的符号只有在一定的情境中才能确切地表示出其意义。同样，人们只有将符号视为一个系统，或者在一定背景下去理解符号才能真正领会其中的含义。符号互动论关注的是日常生活中符号意义的创造与交换。这些符号意义不是静态地存在于事物本身或行动者的内在心理结构中，而是动态地在人与人的互动之间衍生。

职业认同涉及自我概念，而对自我及自我概念的解读是符号互动理论的另一重要内容。符号互动理论认为，思维活动要开展大量的主观定义，其中最重要的主观定义是对自我的定义，尤其是在同他人的社会联系中对自我做出定义，即形成自我概念。

（一）詹姆斯的社会自我

詹姆斯较早地提出了"自我"的概念。他认为人类具有把自己当作客体看待的能力，并培养出对待自身的自我感情和态度。詹姆斯将自我分为物质的自我概念、社会的自我概念、精神的自我概念和纯粹的自我概念。其中，物质自我是对自己身体的认识，社会自我是对他人心目中的自己的认识，精神自我则是对自己的意识状态、心理倾向和能力的认识。物质自我、社会自我、精神自我统称为经验自我，而纯粹自我则是自我对经验自我认知和评价的结果。依据符号互动理论的观点，"社会自我"是社会互动的产物，它是个体在与别人交往中所产生的自我感觉，这种对自己的各种感情与感觉是在与别人的互动过程中产生的。

（二）库利的镜中自我

库利从个人与社会之间的关系方面理解自我概念，提出了著名的"镜中之我"的概念。"镜中之我"是指在与他人的互动过程中，我们通过感知他人对我们的反映和评价，从而建立起的自我意识、自我形象和自我评价。他人犹如一面镜子，我们正是从他人这面镜子里发现了自我。"镜中之我"概念有三个阶段或三重含义。第一，我所想象的我在别人面前的形象，这是感觉阶段，是我们设想的、他人的感觉。第二，我所想象的别人对我这种形象的评价，这是解释或定义的阶段，即我们想象的他人的判断。第三，由上述两方面引出的某种自我感觉，如自卑、自豪等，这是自我反映的阶段。

（三）米德的主我和客我

米德指出，当人们在社会交往中处理如何看待自己这一问题时，自我意识产生了分化：一个是作为思维着的"我"，即主观的我；另一个是被思维的"我"，即客观的我。他从语言学出发进行分析，认为英语中"我"的主格"I"即对应着主观的我，英语中"我"的宾格"me"即对应着客观的我。米德认为，以"I"来认识自己，我是一个主动的我，是一个当下存在的即时性的我；以"me"来认识自己，我是一个处于各种支配关系和受动关系中的我，是一个被自己和被他人作为观察对象或作用对象的我，是一个处于历时性之中的我。只有把"I"和"me"统一起来，人的自我概念才能既获得主观性又获得客观性，自我概念才会在主动与被动、即时与历时、创造与规范、个人与社会等种种矛盾关系中得到统一。

(四)戈夫曼的多重自我

作为符号互动理论的又一代表人物，戈夫曼主要探讨了社会互动中的人们是如何在他人心目中塑造自己的形象的问题。他借用戏剧学的理论，认为这种创造印象的过程是一门表演艺术，就像莎士比亚所说的那样，全世界是一个舞台，所有的男女都是演员。他们有各自的进口与出口，一个人在一生中扮演许多角色。所以，他的理论被称为拟剧论(dramaturgy)或是印象管理(impression management)。而人们在表演或印象管理的过程中，必须要有一个清晰的自我概念。必须清楚地知道自己是谁，要给观众一个什么样的形象，观众对他的表演有什么样的期望，然后才能采取相应的表演技巧。并且人们的自我概念具有多样性，因为一个人同时会扮演多个角色。因此，戈夫曼也强调人具有多个自我，每个自我在不同的时间和场景扮演不同的角色。

第三节　职业认同的测评工具

国内外学者在职业认同的结构维度上开发了一系列职业认同的量表。不同的学者从不同的理论观点出发，提出不同的结构维度，有单维、三因素、四因素和多因素等。

基于霍兰德理论，一类从单一维度测量个人与职业有关的特点的清晰度和稳定性，另外一类通过区分职业认同的不同状态和发展阶段来进行测量。单一维度的测量方式的代表就是职业认同量表(Vocational Identity Scale，VIS)，该量表在职业认同的测量中使用最广泛。霍兰德等人 1980 年编制了"我的职业情境量表"(My Vocational Situation，MVS)，其中包含了职业认同分量表 VIS(Holland，Gottfredson，& Power，1980)。该分量表的基本原理是职业认同意味着个体持有一个清晰稳定的有关自己的目标、兴趣和能力的图式，这些特性导致个体在面对环境的不明确时，能够顺利进行职业决策，而不产生决策困难。分量表由 18 个题目组成，采用 0 和 1 计分的方式，总分越高表明个体持有的职业认同越清晰稳定。该量表从出版至今得到了广泛的应用，国内也有研究者对其进行了翻译和修订(袁丽丽，2008)。

布里克森在研究教师职业认同时，从个体与群体互动的角度提出职业认同形成与确立的三因素模型，即个人因素、集体因素和相互作用因素，每个因素又分为认知、情感、行为和社会四个方面(Brickson，2000)。就个人因素而言，职业认同在四个方面界定如下：在认知上感知到作为独特个体的自我概念，能够区别与个性化；在情感上即使不和团体在一起仍具有积极的情感；在行为上能依据自我兴趣和力求积极人格而行动；在社会上能洞察自身和他人的关系、对自我有去人格化的感觉。孙利和佐斌(2010)以中小学教师为对象，认为职业认同包括职业认知、职业情感、职业价值三个维度。其中，职业认知指的是教师对待职业表现出的责任心和上进心，对待工作认真负责，把学生的事当作自己的事，为了改善工作效能积极进取；职业情感是指教师面对职业的心态，少抱怨，情绪平稳，不争不怒，不太在意额外付出是否有回报；职业价值，指职业带给教师的价值感，包括社会、领导、同事及自己对职业的价值评价。王鑫强等人(2010)认为职业认同包括职业意愿与期望、职业意志、职业价值和职业效能四个维度。刘世勇(2014)在自编的高校辅导员职业认同量表中分了五个维度：职业认知、职业情感、职业信念、职业行为、职业意志。其中职业认知包含职业角色、职业知识、职业能力和职业道德等内容。职业情感方面包含职业自尊感、职业归属感等内容。量表采用分半相关系数计算方法，所得各因子的分半信度系数为 $0.594\sim0.911$，总量表为 0.890。表明量表具有良好的信度，且量表结构效度良好。

有学者以教师为研究对象，认为教师职业认同包括向心性(centrality)、价值性(valence)、团结性(solidarity)和自我表现(self-presentation)(Kremer & Hofman，1985)。其中，向心维度指向职业角色的重要性和意义，价值维度指向职业的价值和吸引力，团结维度指向与其他同事分享共同命运，自我表现维度指向被别人认同为教师的自我表现。方明军和毛晋平(2008)将教师职业认同划分为职业价值认同、职业情感认同、职业能力认同、职业社会地位认同四个维度。价值认同是指大学教师对该职业在实现个人价值上的认同程度，情感认同是指大学教师对自身在工作中体验到的积极、愉快感受的认同，职业能力认同是指大学教师对自己教学和科研能力的积极评价与认同；职业社会地位认同则是对职业声誉和社会影响力的积极评价。

魏淑华(2005)认为，教师职业认同包括职业认识、职业情感、职业期望、职业意志、职业价值观以及对自己职业技能的感知六个维度。赵红等人(2010)探讨了日本学者研发的护士职业认同量表在中国情境下的适用性，并指出护士职业认同包括把握感、一致感、有意义感、自我效力感、自我决定感、组织影响感、患者影响感七个维度。其中，把握感是指对工作角色的理解、把握，一致感是指对工作角色的认同，有意义感是指工作目的、价值与自己的理想标准相结合，自我效力感是指能否运用自己的技能完成工作，自我决定感是指在完成工作时能否自己做决定，组织影响感是指对组织或组织发生的事情自己能否产生影响，患者影响感是指对患者的状况能否产生影响。

目前的职业认同评估工具，多由别的认同的测评工具改编，总体上关于职业认同的评估工具，可分为两类：一类是普适性的量表，可以用于多个职业领域的调查研究；另一类是专业型量表，即专门针对某种职业的量表(赵岩，2013)。

以下主要介绍三种职业认同量表作为示例说明。

一、高校教师职业认同与组织认同问卷

该量表是朱伏平(2012)从魏淑华(2008)开发的职业认同量表中抽取了部分因子载荷量较高的题目修订而成的，改编后内部一致性信度系数为 0.7879，且项目拟合效果较好，具有较好的结构效度。

指导语：对下列表述，请根据您的实际感受，在同意的分值上进行勾选。问卷的每个题项都是单选，不要多选，也不要遗漏。

1——完全不同意　2——很不同意　3——不同意　4——不确定　5——同意

6——很同意　7——完全同意

1. 作为一名高校教师，我时常觉得受人尊重。　　　　　1　2　3　4　5

2. 为自己是一名高校教师而自豪。　　　　　　　　　　1　2　3　4　5

3. 当有人无端指责教师群体时，我感到自己受到了侮辱。　1　2　3　4　5

4. 从事高校教师职业能够实现我的人生价值。　　　　　1　2　3　4　5

……

6. 我很愿意跟别人提到我是一名高校教师。　　　　　　1　2　3　4　5

二、医学职业认同量表

该量表由张丽莉(2010)编制，主要包含六个维度：职业认知、职业情感、职业承诺、职业行为、职业期望、职业价值观。职业认知指医学生对医生职业的性质、意义等的认识以及了解程度，包括了解医生职业的本质是什么，医生职业环境如何，医生职业的价值和社会地位等。职业情感指医学生对医生职业的情感投入及职业给个体带来的情感体验，是积极体验还是消极体验。职业承诺指医学生对职业的投入和对社会规范的内化而导致的不愿变更职业的程度，保持职业的愿望以及对离开这一职业的代价的认知等。职业行为指医学生在指向医疗实践行为中的行为倾向，包括职业技能以及行为特征等。职业期望指预期达到的职业发展水平以及能否取得职业成功的预期，包括对医生行业本身的大环境的看法以及对个体在大环境中所能取得成绩的展望。职业价值观即医学生对医生职业价值的基本看法和基本评价，亦即价值观在医生职业上的体现。量表采用利克特 5 点计分法。该问卷具有较好的信度和效度。

指导语：下面列出了与医学生职业认同相关的描述，请根据与您实际情况的符合程度，在相应数字上进行勾选。

1——不符合　2——不太符合　3——说不清　4——比较符合

5——完全符合

1. 入学时我对医生职业比较了解。　　　　　　　　　　1　2　3　4　5

2. 我清楚作为一名医生应承担的责任。   1   2   3   4   5

3. 医生的价值比其他一般职业更高。   1   2   3   4   5

4. 医生职业是当前社会较好的职业之一。   1   2   3   4   5

5. 医生工作压力大，风险高。   1   2   3   4   5

6. 目前的从医环境比较恶劣。   1   2   3   4   5

7. 医生的付出与所得相匹配。   1   2   3   4   5

8. 我认为医生工作充满乐趣。   1   2   3   4   5

9. 我喜欢做医生。   1   2   3   4   5

10. 当一名医生是我理想的职业选择。   1   2   3   4   5

11. 在与其他专业同学交往时，我很自豪自己是医学生。   1   2   3   4   5

12. 别人说医生不好时，我会感觉不舒服。   1   2   3   4   5

13. 医学教育让我更坚定成为医生的选择。   1   2   3   4   5

14. 如果可以重新选择，我还会做医生。   1   2   3   4   5

15. 医生职业前景不好，我有改行的愿望。   1   2   3   4   5

16. 毕业后我会选择做医生。   1   2   3   4   5

17. 医生将是我终生从事的职业。   1   2   3   4   5

18. 我会关注社会有关医生的新闻报道。   1   2   3   4   5

19. 对学习我很用心，很投入。   1   2   3   4   5

20. 我会为医学上的问题花时间思考。   1   2   3   4   5

21. 我乐意参加有助于我从医的培训讲座等活动。   1   2   3   4   5

22. 我觉得自己有做医生的天分。   1   2   3   4   5

23. 我专业学习比较扎实。   1   2   3   4   5

24. 我操作技能掌握比较好。   1   2   3   4   5

25. 我的学业比较优秀。   1   2   3   4   5

26. 我觉得我可以胜任未来的医生工作。   1   2   3   4   5

27. 我有信心会成为一名优秀的医生。   1   2   3   4   5

28. 我希望在自己的从医生涯中有所成就。   1   2   3   4   5

29. 我对医疗行业的发展前景感到乐观。   1   2   3   4   5

30. 对未来的就业我充满信心。   1   2   3   4   5

……

38. 患者满意是我未来工作追求的目标。   1   2   3   4   5

三、人力资源管理者职业认同量表

该量表由丁刚（2014）修订而成，是单一维度量表，包含 8 个项目，内部一致性信度系数为 0.86，具有较好的结构效度。

指导语：对下列表述，请根据您的实际感受，在同意的分值上进行勾选。问卷的每个题目都是单选，不要多选，也不要遗漏。

1——非常不同意　2——不同意　3——一般、不确定　4——同意
5——非常同意

1. 我为自己是一名人力资源管理者而自豪。　　　　　1　2　3　4　5

2. 从事人力资源管理职业能够实现我的人生价值。　　1　2　3　4　5

3. 作为一名人力资源管理者，我时常觉得受人尊重。　1　2　3　4　5

4. 当听到颂扬人力资源管理职业的话语时，我会有一种欣慰感。

　　　　　　　　　　　　　　　　　　　　　　　　1　2　3　4　5

5. 在自我介绍时，我乐意提及自己是从事人力资源管理工作的。

　　　　　　　　　　　　　　　　　　　　　　　　1　2　3　4　5

……

第九章　职业压力

第一节　职业压力概述

一、压　力

压力一词，源于拉丁文的"stringere"，原意是扩张、延伸、抽取等。早在14世纪，压力一词被用来表示苦难、窘迫、逆境或痛苦。19世纪初开始，生理学家、心理学家、社会学家和医生借用这个词来描述动物和人类在紧张状态下的生理、心理和行为反应。不同学科、不同学者从不同角度进行了探讨，有研究者对此做了梳理（余菊芬，2006）。

（一）社会学意义上的压力

在社会学中，压力最初被看成人与环境的冲突或失衡，并以疏离、异化（alienation）概念表述。凯南格（Kanungo）认为，疏离是一种失范状态，即控制行为和价值的社会规范被个体打破而导致的一种无规范或封闭意识的蔓延。塞姆娜（Semena）认为无力感、无意义感、失范、封闭和自我疏离是疏离概念的五种变式，都属于压力的一般范畴。更多现代社会学家倾向于使用"紧张、驱力"来表征与身体不安状态类似的社会失衡或失范，认为暴动、恐慌以及日益增加的自杀事件、犯罪和心理疾病是社会性压力（紧张）的结果，这些通常是群体现象而非个体心理现象。

（二）生理学意义上的压力

19世纪医学就存在压力和紧张这类概念，20世纪三四十年代，坎农（Cannon）和塞利（Selye）等在前人研究的基础上对压力的生理病理反应进行了开创性研究，坎农提出压力是外界作用下体内平衡的破坏。塞利则认为压力是对任何形式的伤害性刺激所产生的生理反应，即"一般性适应综合征"，包括警戒反应期、抗拒期和衰竭期三个阶段。

（三）心理学意义上的压力

心理压力是人与被评价为无法承受的、超越应对资源并伤害其健康的环境之间的特殊关系。陈旭(2004)认为压力一般是指人在某方面负荷过度的一种情况。

有学者认为，压力是一种适应性质的反应，是外界之事件、情况及动作对于个人产生特殊的生理或心理上的要求而造成的结果，且此种反应是以个体心理历程和个体特质为中介变项(Ivancevich & Matteson，1980)。按照倒 U 型理论，每个人都会有个表现好的压力水平。施正文等人认为，压力会影响个人表现，随着身体压力的时间延长，优压可能转变为劣压，从而导致身体疲倦、体力透支、生气、崩溃等，使个体表现越来越差。

二、职业压力

早期对压力的研究多由精神医学和心理学、卫生学等领域的学者进行。目前对职业压力的定义非常多，谢军(2005)对此进行了梳理。

(一)以刺激为基础的模式

该模式认为工作压力是作用于个人的力量或刺激所导致的人的紧张反应。它把压力看成人对外界的刺激所产生的生理的紧张、恐惧等，强调的是人的一种生理反应。这种模式集中注意于压力刺激的实质，关心压力的来源是什么。这是早期对工作压力分析的观点。

(二)以反应为基础的模式

该模式将压力视为个体对环境上的压力源的生理或心理上的反应。压力源指具有潜在伤害性的外界事件或情况。此定义认为压力是以各种可见的方式表现的内在反应，即研究受测者在困难环境下产生的生理与心理的变化。

(三)交互作用模式

该模式认为压力是环境的刺激与人的特殊反应彼此互动的结果，即主张工作压力是一种处理方式，主要研究个人与环境互动时的关系，并认为仅将压力界定为反应与刺激是不够的，为进一步了解压力，必须了解不同的个人，因动机、需求和压力来源不同，评估情境的方式势必有所不同。因此，认为压力应以个人动机和压力的应付作为补充，个人紧张反应的产生，除了压力源存在之外，还必须满足以下两个条件：①个人感觉到对自己需要和动机的威胁；②个人不能对压力源进行有效的应付。基本上，此种定义方式是在强调人与环境间的关系及其特殊性质。工作压力是个人在面对与期望事物有关的机会限制或要求时，知觉到这个结果很重要，但又充满不确定性所处的一种动态状况。然而压力属于个体内心感受，是一个抽象概括的概念，很难直接观察工作压力，若要具体研究必须借压力所反射出来的现象进行衡量，即工作压力的症状，或称压力的操作定义。

三、工作压力症状及压力源

关于工作压力所造成的影响一直是各国学者努力探讨的问题（谢军，2005），韦伯（Webber）将压力的反应分成五种形态。

一是主观反应，包括焦虑、疲劳、忧愁、紧张、冷漠、挫折侵略性及孤立等。

二是行为反应，包括激动、情绪暴躁、失眠、发生意外、使用药物、过度抽烟喝酒等。

三是认知反应，包括无法下决策或集中注意力、健忘、对批评过度敏感等。

四是生理反应，包括心跳加速、食欲降低、血压升高、头痛、呼吸困难等。

五是组织反应，包括高流动率、缺勤率上升、不良的人际关系、低生产率、转业、工作不满等。

压力的来源是多方面的，既有来自外部刺激的"外因性压力源"，如收入低、升职前景渺茫、工作环境糟糕等，也包括一些"内因性压力源"，如自我概念、健康、意识等。库珀（Cooper）列出一个比较完整的、简明的主要工作压力源（见表 9-1），包括引发因素及可能的后果（周隽，2003）。

表 9-1　主要工作压力源

工作压力源	引发因素	可能的后果
工作条件	工作数量超载 工作质量超载 生产线歇斯底里症 人的决定 物理危险 工作的多变性 技术因素	体力和精神疲劳 筋疲力尽 烦恼和紧张增加
角色压力	角色不稳定性 性别偏见和性别角色陈规 性骚扰	焦虑和紧张增加 工作成绩低 工作不满意
人际关系	不理想的工作和社会支持体系 政治竞争、嫉妒或生气 缺乏对工人管理的关心	压力增加 血压上升 工作不满
职业发展	降职 升职 工作安全性 受挫的抱负心	低生产能力 失去自信 焦虑增加 工作不满

续表

工作压力源	引发因素	可能的后果
组织结构	僵化和非个人结构 政治斗争 监督不足或训练不足 不能参与决策	低动力和生产力 工作不满
家庭工作相互影响	人口过剩 缺少家人支持 婚姻冲突 双重工作压力	精神冲突和疲劳增加 低动力和生产力 婚姻冲突增加

资料来源：周隽. 上海市中学教师职业压力状况及影响因素研究. 上海：华东师范大学，2003.

职业压力并不是一个新鲜的研究主题。自 20 世纪 50 年代以来，职业压力就进入了学界的研究视野，不过，职业压力成为管理学、组织行为学、心理学与职业卫生学等共同关注的热点问题还是近 10 年的事情。其中一个重要的原因就是职业压力导致了严重社会经济问题。国际劳工组织发表的一份调查报告认为，心理压力将成为 21 世纪严重的健康问题之一。美国的一份调查显示，1980 年因职业压力而引发的经济索赔占美国全部职业病索赔的 5％，1990 年这一比例上升为 15％，职业压力引发的经济索赔、劳动生产率下降、旷工、增加健康保险费用以及高血压、心脏病等直接医疗费用，每年给美国带来的经济损失高达 2000 亿美元。根据日本厚生劳动省 2003 年 6 月的国民健康报告发现，从 2002 年 4 月到 2003 年 3 月，共有 317 人因为工作过度引发心血管疾病，几乎平均每隔 1.5 天，就有一位日本人过劳死。

第二节　职业压力的理论基础

在现有的研究中，关于压力理论或压力模型的论述很多，有影响的压力理论模型主要有以下几种（谢军，2005；赵茹，2014）。

一、职业压力产生机制的早期解释

（一）刺激说

刺激说主要集中注意力于职业压力的性质和来源，强调要根据环境的刺激特性来描述职业压力状态，并且认为这种刺激带有干扰性和破坏性。职业压力的刺激学说区分了客观的压力刺激和由此带来的结果，并借用了物理学弹性定律的概念，认为物体在一定的外界压力的作用下产生形变，在一定的弹性系数范围内当压力去除时物体就能自行恢复到原来的状态，但是如果超出了这个极限，就会造成永久性的破坏，尽管压力消除也难以自行恢复到原来的状态。因此，刺激说特别强调职业压力强度不能超过个体所能承受的压力极限，即强调压力强度和个体承受之间的平衡状态。另外，刺激说还把职业压力区分为短期反应和长期反应，其中短期反应主要表现为紧张，而长期反应则表现为疾病。刺激说的代表人物主要有韦斯（Weiss）、贾妮斯（Janis）和曼（Mann）。

显然，刺激说把职业压力看成是人对外界的刺激所产生的生理的紧张、恐惧等，强调的是人的一种生理反应，强调职业压力的外部因素，而没有考虑到个人对压力程度的感知和评价，也没有注意到对压力反应的处理策略，这是早期对职业压力的观点。

（二）反应说

反应说着眼于人们对待压力的体验和认知，把职业压力看成是人的主观感受，认为职业压力是由于环境刺激物的影响使人们呈现出的一种心理反应，强调人的心理和精神方面。反应说的代表人物主要有伊万切维奇（Ivancevich）和萨莫斯（Summers）。

反应说和刺激说的区别在于反应说把职业压力看作个体面对环境刺激的主观感受，也就是压力是个体的作用结果维度上的一个概念。从含义上讲，用紧张这一词更能说明问题，而刺激说把压力看作一种客观环境的刺激作用，强调用环境的刺激特性来描述压力，是压力源层面上的一个概念。

（三）刺激—反应说

刺激—反应说多视角地考察了个人特征与外界刺激物之间的相互作用、相互影响的关系，认为职业压力不仅包括紧张和反应，还包括个体特征及对待压力策略的其他因素。职业压力是个人特征和环境刺激物之间相互作用的后果，是形成个体生理心理及行为反应的过程。刺激—反应说的代表人物主要有麦克格拉斯（McGrath）。

麦克格拉斯提出了过程导向的压力模型。他把压力看作四个阶段的封闭式环形圈状，确定了四个过程与四个类别联系的一致性，其中四个过程主要包括评价过程、决策过程、绩效和结果，而四个类别则包括情境、认知情境、选择反应和行为。评价过程是把情境和认知情境联系起来，而决策过程则是把认知情境和选择反应联系在一起，二者都是一种生理反应。这个模型主要反映了处在压力过程中的个人对压力的认知评价。

二、职业压力产生机制的动态复杂过程说

随着职业压力研究的逐步深入，研究者对于职业压力问题有了越来越全面系

统的认识，现在的压力研究已经较少单维静态地去看待职业压力，而更多地从一个系统的动态过程去分析认识职业压力心理，对职业压力的本质倾向于复杂构成与动态过程的认识。

(一)个体—环境匹配理论

个体—环境匹配理论是在 1972 年提出的，这一理论是职业压力领域中运用最多、得到最广泛接受的理论之一。该理论认为，引起压力的因素不是单独的环境因素或个人因素，而是个人和环境相联系的结果。工作的压力是由于个体能力与工作要求不匹配，只有当个性特征与工作环境相匹配时，才会出现较好的适应。

在个体—环境匹配理论的指导下，很多学者研究了不同职业的压力原因。有研究者确认了工人的自主和控制在工作中的重要性，认为缺乏控制会妨碍学习，降低动机，因而无法克服工作所引起的压力(Saute & Hurrell，1989)。斯佩克特(Spector)则考察了工作负荷和人际矛盾对雇员满意度的影响，发现过量的工作负荷和工作中的人际矛盾与焦虑、挫折感、工作满意度和健康症状有显著正相关。库珀(Cooper)和马歇尔(Marshall)吸取了心理学、社会学、管理科学等多学科的成果，提出了职业压力生成机制模型。这种模型认为，当个人的主观动机或意愿与客观环境(组织)所提供的满足(如工资、待遇、地位等)产生矛盾时，就会造成他们的职业压力。因此，工作与个人特征的相互适应性决定了职业压力的反应程度，两者之间越不相适应，职业压力越大。

(二)交互理论

拉扎勒斯(Lazarus)认为，早期的职业压力研究中明显不足的一点是将环境条件和个体特点看作分离的和不变的，尽管个体—环境匹配理论结合了个体和环境之间的关系来考虑职业压力产生的原因，虽然进了一步，但它仍然是静态地看待个体和环境之间的匹配关系。美国心理学家拉扎勒斯在 1966 年提出了他的交互理论来解释职业压力的产生问题。

交互理论的两个主要原则是：①在面临一个情境时，个体与环境相互影响；②个体与环境的关系超越独立的个体与环境的结合。如果个体和环境的关系是有压力的话，首先，个体要确认自己所面临的工作与个人是否有重要关系；其次，只有当个体做出"外部或内部的要求使用或超出了自己的资源"的评价时，心理压力才会发生。压力不是个人特点的产物，也不是环境的产物，压力的产生是某一种环境与某一种人所做的对环境可能产生的威胁的评价结合的结果。

在交互理论中，压力是一个过程，这一过程随着时间和面临的任务产生变化。拉扎勒斯提出有三种评价为事物提供了意义并影响应对的过程，它们是初级评价、二级评价和再评价。初级评价对事物的类型做最初的估计，关注的是一个人在所遇到的事情中所能获得的利益。二级评价是判断应对技巧与情境之间匹配的程度。如果说初级评价回答的是"我是不是有了麻烦",那么二级评价是关于"这种情况下我该做什么"。再评价是建立在前两个阶段发生后的处理所引起的反馈之上,它将导致初级评价的改变,相应地会影响处理该情境的应对技巧。

由于拉扎勒斯的交互作用理论全面概括了压力的构成要素,既强调环境刺激的作用,也考虑了个体特征差异,加上对数据的涵盖性和易检验性,使得它很快就成为职业压力和应对管理领域最有影响的理论之一。

(三)工作要求—控制—支持模式

工作要求—控制—支持模式(JDCS 模式)是在工作需求—控制模式(JDC 模式)基础上加入了一个社会维度(社会支持)发展而来的。

早期模型包含两个基本假设:高工作要求、低工作控制导致高职业压力;当工作要求和工作控制均处于高水平时,工作动机增强,有利于提高员工的工作绩效和工作满意度。在这种情况下,高工作要求非但不是压力源,反而是对员工的激励因素,可以产生"良性压力"(good stress)。当员工处于高水平工作要求时,工作控制可以防止员工受到过高职业压力的伤害,因而具有缓冲作用,或者说是一种保护机制。工作要求既增加学习也增加职业压力,而对工作过程有所控制可以减轻员工的压力,增加他们的学习。

进入 20 世纪 80 年代后,研究者在模型中加入了社会支持维度,将该模式发展成为工作要求—控制—支持模式。JDCS 模式认为,高要求—低控制—低支持的工作往往导致心理压力和生理疾病,而与之相对应的高要求—高控制—高支持的工作将增加学习、动机和技能的发展,即控制和社会支持可以抵消高要求的消极影响。其中社会支持应该包括家庭支持。在过去的 20 多年里,越来越多的员工在平衡工作和家庭责任之间产生冲突,造成应激。这种应激感将会导致工作不满意、抑郁、缺勤和冠心病等。托马斯(Thomas)和甘特尔(Gasnter)的研究表明,家庭支持性的政策和实践的确有利于员工的态度和身心健康,家庭支持干预增强了员工的支持感,而这种认知性的评价过程则在人们应对职业压力时起着关键的中介作用。

(四)压力循环理论模式

格梅尔希(Gmelch)在 1988 年归纳了以往有关压力的研究,提出了四阶段压力循环理论模式,这四阶段分别是:①压力源,外界加诸个体的一些特殊要求;②个体知觉,个体所感受的压力;③应对反应,当个体无法应对工作负荷,认为要求是压力时,个体会采取相应的应对方式;④结果,因长期承受强烈而负向的压力,导致生理或心理疾病。适当的压力是个体前进的动力,但过度的压力则会造成身心损伤，产生压力的因素包括个体本身的人格特质、性格、生理状况、人际关系、主观知觉、环境因素等。其中个体的认知、环境因素等是可以调适和改变的。

第三节　职业压力的测评工具

目前国内外用于研究工作压力的测试工具较多，研究者梳理了一些常用的、有代表性的测试工具（谢军，2005）。国外的有职业紧张调查表（Occupation Stress Indicator，OSI），该调查表由国际职业紧张研究的权威、英国曼彻斯特大学的库珀（Cooper）教授等人于1988年研制，目前已有多种语言译本，在20多个国家使用。该调查表由六个部分组成。①工作满意感。该部分包括22个项目，主要调查被试对工作成就及价值、工作本身、组织设计和结构、组织过程以及工作中人际关系等方面的满意程度。每个项目中有六个选择答案，即"十分满意""较满意""有些满意""有些不满意""较不满意""十分不满意"。②健康状况。该部分由两个组成部分：第一部分包括18个项目，主要调查被试对职业的感受和行为及其受工作压力影响的程度；第二部分包括12个项目，主要具体了解被试者心身疾病发生的频度。③行为类型。该部分包括14个项目，主要调查被试者的生活态度、一般行为方式和事业抱负。每个项目后有六个选择答案，即"非常强烈赞同""很赞同""赞同""不赞同""很不赞同""非常强烈不赞同"。④对周围事件的解释。该部分包括12个项目，主要调查被试对发生于自己周围事件的影响力，每个项目后有六个选择答案，即"非常强烈赞同""很赞同""赞同""不赞同""很不赞同""非常强烈不赞同"。⑤工作压力来源。该部分包括61个项目，主要调查被试在一特定时间里工作压力的来源，主要涉及工作本身的因素、管理角色、同其他人的关系、职业经历和成就、组织结构和气氛以及工作和家庭之间的相互影响等。每个项目后有六个选择答案，即"非常肯定是来源""肯定是来源""一般是来源""一般不是来源""肯定不是来源""非常肯定不是来源"。⑥紧张应付方式。该部分包括28个项目，列出了被试者在实际工作中可能利用的应付策略（coping strategy），主要涉及社会支持、工作策略、逻辑性、工作与家庭关系和时间的合理安排等，调查被试利用这些策略的程度。每个项目后有六个选择答案，即"非常广泛使用""广泛使用""偶然使用""基本上不使用""很少使用""几乎不使用"。

麦克林（McLean）的工作紧张问卷，由应付能力（coping）、工作满意感（job satisfaction）和职业紧张因素（occupational stressor）三个量表组成。应付能力量表由20个问题组成，主要询问被试对自己能力的认识、兴趣的广泛性（many interests）、反应能力（variety of reaction）、对别人的价值的认可（accepts others' values)与积极性和创造性(active and productive)方面的问题，每个问题后有五个答案供被试选择。工作满意感量表由15个问题组成，主要询问被试对自己的单位、工作、上级的工作、同事的配合和职业的发展前景等方面的满意感。每个问题后有五个答案供被试者选择。职业紧张因素量表由12个问题组成，主要询问被试工作任务和职责是否存在冲突和角色模糊(job role ambiguity)，是否感觉到工作压力以及工作范围和管理者对自己的工作支持上是否存在着紧张因素。每个问题后有五个答案供被试者选择。以上三个量表均按利克特五点等级计分，然后相加，计算相应得分。

工作内容问卷(Job Content Questionnaire)，由美国卡拉塞克(Karasek)教授于20世纪70年代末研制，原用于工作紧张与高血压、心脏病的关系的研究，现广泛用于评价职业人群的职业紧张水平。该问卷包括42个问题，共分为两个部分，即工作控制水平和工作心理需求，前者又分为两个尺度：①技术需求程度，包括六个项目，即工作需要不断学习新知识、工作可以发展技术、工作需要技术、工作任务变化、工作重复性和工作需要创造性的程度；②决定水平，包括三个项目，即有决定的自由、可选择完成工作的方式和对工作有评价权的程度。后者包括五个项目，即工作量过大、工作需求冲突、完成工作时间不足、工作速度过快和工作难度过大的程度。所有问题均按四点法计分。

工作控制问卷(Job Control Questionnaire)，由美国国立职业安全卫生研究所于1988年研制，问卷分四个维度：①任务控制，包括7个问题，主要调查被试对工作任务的变化、完成任务的方式、工作速度、工作量、工作质量、工作时间或计划、休息时间的控制程度；②决定控制，包括4个问题，主要调查被试对其工作单位的其他人和事管理的影响度；③物理性工作环境控制，包括2个问题，主要调查被试对工作场所的布置以及工作设备的布置的影响程度；④资源控制，包括2个问题，主要调查被试对工作所需要的设备和材料的利用的影响程度。该问卷每个问题后有五个选择答案，均按五点法计分。

由于我国与发达的工业化国家在社会制度、社会经济发展水平、文化背景以及文化程度等方面均存在着较大差异，上述测量工具虽然在国外取得较好的应用，但是这些测试工具中的部分内容并不符合我国的情况，易引起应答偏差和无法应答。因此，近几年国内研究者开始编制适合我国国情的工作压力测量工具，并且测量工具开始具体到某个职业，如教师、护士、军官、警察、公务员、企业员工等，众多的研究者从不同的职业角度对工作压力概念、影响因素、后果及应对策略进行了探讨。李小妹和刘彦君(2000)参照国外目前最常用的两个护士工作压力源量表，结合中国国情重新设计了中国护士工作压力源量表。该量表由35个条目组成，分为5个因子：工作量及时间分配问题、护士专业及工作方面问题、病人护理方面的问题、工作环境及资料方面的问题、管理及人际方面的问题，采用1～4级评分法。朱从书和申继亮（2002）编制的中小学教师职业压力问卷有50个项目，主要由6个因子组成，包括学生因素、工作负荷、考试压力、自我发展需要、职业期望和家庭人际，其中前三项对教师职业压力水平有显著预测作用。许延礼和高峰强（2003）编制的高中教师工作压力源量表，有52个项目，分为7个因子：领导与管理因素、工作负荷因素、考试与升学因素、学生因素、人际关系因素、社会因素、职业发展与晋升因素。于俊杰（2004）编制的警察心理压力测量工具主要由8个因子构成：组织压力、个体压力、任务压力、时间压力、挫折压力、人际压力、社会压力、经济压力。

此外，封丹珺、石林（2005）编制的公务员压力源问卷有32个项目，抽取了7个因子：上级领导、工作责任、人际关系、工作任务、工作性质、完美倾向等。郭靖、刘俊编制的国营企事业单位工作压力量表，有32个项目，分为5个因子：事业发展、人际关系、精神负担、工作报酬、经验技能。钟京雷和尹良明（2006）编制的基层军官工作压力问卷，通过探索性因素分析，从39个项目中提取了8个因子：人际支持、社会比较、领导管理、知识能力、个人因素、职业发展、工作特点、角色扮演，体现了军官工作压力源的特点。谢军（2005）编制的企业员工工作压力量表有57个项目，由3个分量表组成，其中压力症状分量表有4个因子：心理症状、个体行为症状、生理症状及组织行为症状；压力来源分量表有6个因子：职业发展、角色冲突、角色模糊、工作本身、组织结构及人际关系；压力应对策略分量表有3个因子：自我控制、社会支持、逻辑合理化。同时引入一个中介变量员工满意度，把员工满意度作为效标变量进行度量。

以下主要介绍三个职业压力问卷作为示例说明。

一、企业员工工作压力量表

该量表由谢军（2005）编制，主要从三个方面展开考察：压力症状、压力来源和压力应对策略，结果表明分量表的内部一致性α系数和分半信度基本在0.7以上，全量表的内部一致性α系数和分半信度在0.8左右，说明量表具有良好的内部结构，且量表的结构效度较好。

指导语：您好！这是一份了解您工作压力的量表，请您仔细阅读相关题项后，在最适当的选项上打钩。本调查采取无记名方式，回答无所谓对错，请不要有任何顾虑，所得资料仅供整体分析之用。请您按照自己目前的实际情况如实作答，您回答的真实性对于我们研究结果的准确性十分重要。感谢您的配合与支持！

以下是对您目前工作的一些现状描述，请您对每个描述的赞同程度做1～5的评价。

1——从不　2——很少　3——有时　4——经常　5——总是

1. 目前的工作已经使我食欲降低。　　　　　　　　　　　1　2　3　4　5

2. 早晨上班时，我时常不是很情愿。　　　　　　　　　　1　2　3　4　5

3. 工作中我有意上班迟到或早退。　　　　　　　　　　　1　2　3　4　5

4. 我们部门这一段时间次品或差错有所增加。　　　　　　1　2　3　4　5

5. 我们公司或部门现在有人上班时间整天都在磨时间。　　1　2　3　4　5

6. 最近我常常去改变我的发型。　　　　　　　　　　　　1　2　3　4　5

7. 目前我觉得全身疲惫不堪，心力交瘁。　　　　　　　　1　2　3　4　5

8. 这一段时间我们公司或部门员工的投诉或不满增多。　　1　2　3　4　5

9. 在工作过程中，我比平时更容易被激怒。　　　　　　　1　2　3　4　5

以下是对目前工作的一些现状的描述，请您对每个描述的赞同程度做1~5的评价。

1——从不　2——很少　3——有时　4——经常　5——总是

10. 在工作中我不得不做一些无足轻重的事情。　　　　　1　2　3　4　5

11. 我缺乏履行我的责任所需要的权力。　　　　　　　　1　2　3　4　5

12. 我觉得必须完成的工作的数量可能会影响工作完成的质量。

　　　　　　　　　　　　　　　　　　　　　　　　　1　2　3　4　5

13. 我觉得自己所扮演的角色已经超负荷了。　　　　　　1　2　3　4　5

14. 我常从两个或两个以上的人那里得到一些相互冲突的任务。

　　　　　　　　　　　　　　　　　　　　　　　　　1　2　3　4　5

15. 不知道与我一起工作的人对我的期待是什么。　　　　1　2　3　4　5

16. 我对自己拥有多少权利了解得很清楚。　　　　　　　1　2　3　4　5

17. 我为了实施一项任务而不得不去反对公司的一些政策制度。

　　　　　　　　　　　　　　　　　　　　　　　　　1　2　3　4　5

18. 我觉得我现在的人际关系已经影响到了我工作的开展。1　2　3　4　5

19. 我时常接到一些没有足够人力和物力来完成的工作任务。1　2　3　4　5

20. 有时我觉得个人目标很难融入组织目标。　　　　　　1　2　3　4　5

21. 有时觉得我的性格特征与组织氛围不太相配。　　　　1　2　3　4　5

22. 我对公司解决冲突或问题的方式很难接受。　　　　　1　2　3　4　5

23. 我觉得本组织的沟通存在一定的障碍。　　　　　　　1　2　3　4　5

24. 我觉得我的工作变化太快或太多使我无法适应。　　　1　2　3　4　5

25. 当我在工作中遇到困难或阻挠时，同事能提供给我一些信息或资源。

　　　　　　　　　　　　　　　　　　　　　　　　　1　2　3　4　5

　……

以下是对您目前工作的一些情况描述，请您对每个描述的同意程度做1～5的评价。

51. 如果一个朋友问你他是否应该找一份像你现在这样的工作，你会如何回答他？

1. 强烈建议别去　2. 建议别去　3. 无所谓　4. 建议去　5. 强烈建议去

52. 你对你工作的大体感觉如何？

1. 非常讨厌　2. 讨厌　3. 不置可否　4. 喜欢　5. 非常喜欢

……

57. 如果你现在必须做一个是否再从事目前这份工作的选择的话，你会怎么做？

1. 毫不犹豫地放弃　2. 有所保留地放弃　3. 不确定　4. 可能坚持现在的工作

5. 完全坚持现在的工作

二、教师职业压力量表

该量表由朱从书等人编制，可用来评估中小学教师(闫芳芳，2014)。该问卷由6个因素46个问题组成。其中考试压力因素9题，学生因素13题，自我发展因素9题，家庭人际关系因素6题，工作负荷因素5题，职业期望因素4题。采用5级评分，其中没有压力计1分，压力很大计5分，被试得分越高，说明承受的职业压力越大。该问卷的信度为0.81。

指导语：请您根据自己的情况在最符合您职业感受的那一项数字上勾选。

1——没有压力　2——有点压力　3——一般压力　4——压力较大

5——压力很大

1. 班级人数太多。	1	2	3	4	5
2. 教师社会地位低。	1	2	3	4	5
3. 报酬少，在经济上感到窘迫。	1	2	3	4	5
4. 缺少进修和接受继续教育的机会。	1	2	3	4	5
5. 知识日新月异，自己有些跟不上形势。	1	2	3	4	5
6. 教师晋级困难。	1	2	3	4	5
7. 缺少将自己的新观念付诸实践的机会。	1	2	3	4	5
8. 缺乏参与学校决策与管理的机会。	1	2	3	4	5
9. 担心下岗。	1	2	3	4	5
10. 学校或教育行政部门的各种要求太多。	1	2	3	4	5
11. 学生缺乏学习动机，对学习没兴趣。	1	2	3	4	5
12. 担心学生的安全。	1	2	3	4	5
13. 学生不礼貌，不守纪律。	1	2	3	4	5
14. 组织教学困难。	1	2	3	4	5

15. 帮助有家庭困难的学生。   1 2 3 4 5

16. 学生不服从指令。   1 2 3 4 5

17. 领导不公平。   1 2 3 4 5

18. 同事或领导的态度和评论。   1 2 3 4 5

19. 学生的议论和批评。   1 2 3 4 5

20. 学生家长不理解教师的工作。   1 2 3 4 5

21. 与某些同事关系紧张。   1 2 3 4 5

22. 家人不理解，不支持自己的工作。   1 2 3 4 5

23. 自己的家庭关系不太融洽。   1 2 3 4 5

24. 工作有困难时缺乏咨询和沟通的对象。   1 2 3 4 5

25. 缺乏必要的设备和教学材料。   1 2 3 4 5

26. 工作没有得到足够的重视。   1 2 3 4 5

27. 学校用学生考试成绩衡量教师工作水平。   1 2 3 4 5

28. 担心所教学生的考试成绩不理想。   1 2 3 4 5

29. 担心所教班级学生的升学率。   1 2 3 4 5

30. 自己对学生缺乏足够的影响力。   1 2 3 4 5

31. 参加学术讨论和研究的机会太少。   1 2 3 4 5

32. 学生不能及时准确掌握所教的知识。   1 2 3 4 5

33. 学校根据学生考试成绩评教师的职称、奖金。   1 2 3 4 5

34. 教师必须对学生的考试负责。   1 2 3 4 5

35. 每天说话太多，太累。   1 2 3 4 5

······

46. 个别差生的工作难做。   1 2 3 4 5

三、护士职业压力问卷

该量表由 35 个题目构成，分为 5 个方面。①护理工作及专业方面的问题：护理工作社会地位太低、继续深造的机会太少、经常倒班等。②工作量及时间分配问题：工作量太大、上班的护士太少、无用的书面工作太多等。③工作环境及资源问题：工作环境差、工作中所需的仪器设备不足等。④病人护理方面的问题：担心工作中出现差错事故、护士工作未被病人及家属承认、护理的病人病情太重等。⑤管理及人际关系方面的问题：缺乏其他卫生工作人员的理解及尊重、护理管理者的理解和支持不够等。该量表采用 1～4 级评分法，分数越高，表明引起压力的程度越大。该问卷内部一致性信度系数为 0.94(余菊芬，2006)。

指导语：下面是一个关于您临床工作中，可能遇到的压力的调查表，请根据您的实际情况填写，在符合您实际情况的选项上勾选。

1——没有压力　2——稍有压力　3——中度压力　4——较大压力

1. 护理工作的社会地位太低。

2. 继续深造的机会太少。

3. 工资及其他的福利待遇低。

4. 晋升的机会太少。

5. 经常倒班。

6. 工作中的独立性少。

7. 工作分工不明确。

8. 工作量太大。

9. 上班的护士数量少。

10. 没有时间对病人实施心理护理。

11. 非护理性的工作太多。

12. 无用的书面工作太多。

13. 工作环境差。

14. 工作中所需的仪器设备不足。

15. 病区拥挤。

16. 担心工作中出现差错事故。

17. 护士工作未被病人及家属承认。

18. 护理的病人病情过重。

19. 病人的家属不礼貌。

20. 病人的要求太高或太过分。

21. 病人不礼貌。

22. 病人不合作。

23. 所学的知识不能满足病人及家属的心理需要。

24. 缺乏病人教育的有关知识。

25. 担心护理操作会引起病人的疼痛。

26. 护理的病人突然死亡。

27. 缺乏其他卫生工作人员的理解及尊重。

28. 护理管理者的理解与支持不够。

29. 护理管理者的批评过多。

30. 医生对护理工作过分挑剔。

……

35. 同事之间缺乏友好合作的气氛。

第十章　职业倦怠

第一节　职业倦怠概述

一、职业倦怠

职业倦怠(job burnout)最早是由美国纽约临床心理学家弗洛登伯格(Freuden-berger)于 1974 年在《职业心理学》杂志上提出的,该研究课题一经提出,就受到了全世界的普遍重视。20 世纪 80 年代的研究发现,职业倦怠不仅是一个研究课题,也是每个人必须面对的问题。由于职业倦怠,个人、家庭、组织及社会付出了相当大的代价。1979 年,美国教育协会(National Educational Associatoin, NEA)将职业倦怠作为教育年会的中心议题;1980 年,第一届国际职业倦怠研讨会召开,职业倦怠即被视为 80 年代的危机和现代生活的疾病。

在过去的三十余年中,职业倦怠的研究从探索研究阶段,经过实证研究阶段,发展到了整合研究阶段(张吉,2009)。20 世纪 70 年代属于职业倦怠研究的探索阶段,研究涉及的职业主要是服务业和卫生保健业,这些职业的核心特征是提供帮助者与接受帮助者的关系。因此,从一开始,职业倦怠这一概念所指的就不是单纯的个人压力问题,而是在工作情境中的互动关系。研究者们采用访谈、个案研究以及现场观察等方法从实际应用的角度对职业倦怠进行研究,主要贡献是描述了职业倦怠究竟是怎样的一种现象。做出开拓性贡献的学者当属弗洛登伯格和马勒诗(Maslach)。弗洛登伯格把他和其他人在工作中经历的情绪耗竭、丧失工作动机和义务感这种现象命名为职业倦怠,对职业倦怠的症状和心理健康问题进行了阐述。马勒诗就工作中的情绪应激访谈了大量不同的公共服务人员,指出提供服务和关怀是一种需要全身心投入的工作,情绪耗竭是对工作负荷过重的通常反应,而且工作者通过在心理上疏离服务对象以应对工作中的情绪性应激。由于研究者各自从自己的研究角度来对职业倦怠进行描述,所以在这一阶段职业倦怠缺乏一个明晰统一的概念,缺乏标准化的测量工具,也缺乏定量研究,但不同研究者从不同角度出发来研究同一个问题,多样化的观点和方法为以后的研究提供了极有价值的信息。

20 世纪 80 年代，职业倦怠的研究工作进入了一个较为集中的实证性阶段。首先，职业倦怠的概念逐渐明确统一。其次，研究的关注点转向对职业倦怠的测量，研究使用问卷和调查的方法进行定量研究。特别是马勒诗职业倦怠问卷的开发和其他研究者对它的广泛认同，使职业倦怠研究进入了一个系统化的学术研究阶段。最后，研究者根据调查数据、问卷资料，初步建构了职业倦怠的理论模型。与此同时，其他国家的研究者也开始关注这一现象，有关这方面的研究从美国向其他欧洲国家辐射，跨文化研究迅速展开。

进入 90 年代，实证研究逐渐深入，出现了几个新的发展方向：①倦怠的概念扩展到了服务和教育职业以外，如医疗、计算机技术、军队及管理行业；②开始采用较为复杂的研究方法与统计工具（如结构方程）追踪研究，以探讨个体及组织因素对职业倦怠的影响，以及倦怠各维度之间的内在联系，并试图整合建构一个完整的职业倦怠的理论模型，以期在实证研究中进一步验证；③所有影响职业倦怠的变量中，最重视工作因素，如工作满意度、工作压力、工作期望、工作中的人际关系、工作负荷等，个体因素则更多的是指人口统计学变量对职业倦怠的影响，人格变量也引起了重视；④注重开展对职业倦怠干预的控制研究，强调组织与个体干预相结合的干预模式。

关于职业倦怠的含义众说纷纭，有研究者归纳出三类，即从成因、发展过程及症状方面来定义（赵春阳，2005）。

(一)成因观

职业倦怠是工作过度负荷而产生的现象，奎内思（Cherniss）认为，职业倦怠是指那些服务于助人行业（helping professions）的人们因工作时间过长，工作量过大，工作强度过高，并且无视自己的个人需要所引起的一种疲惫不堪的状态。

(二)过程观

职业倦怠是在工作过程中逐渐产生的疏离和改变，布拉斯（Blase）认为，在长期的压力下，个人在工作中可能开始产生退缩或不愿投身于工作的倾向，最后导致身体、情绪及态度方面的耗竭，即形成倦怠。

(三)症状观

职业倦怠是身心疲劳、憔悴的一系列症状，有研究者认为，以"人"为工作对象的工作者，经常要面临一些不确定感，而且经常将情感投入在"当事人"身上，因此他们的情绪和精力极易变得枯竭，产生精疲力竭、身心枯竭等一系列症状（Maslach & Jackson，1981），这方面的定义得到了很多专家的研究和探讨。

此外，大多学者认同的是，职业倦怠是指在以人为服务对象的职业领域中，个体的一种情绪衰竭(emotional-exhaustion)、去个性化(人格解体或非人性化,depersonalization)和成效感(低个人成就感,lack of personal accomplishment)的症状。情绪衰竭是指个体的情感资源过度消耗,情感处于极度疲劳状态,工作热情完全丧失。去个性化指个体以一种否定、负性、冷淡、过度疏远的消极态度对待服务对象。成效感指个体的胜任感和工作成就感下降,消极评价自己工作的意义和价值的倾向。

综合以上的观点,赵春阳归纳出职业倦怠:①就形成背景而言,职业倦怠可被视为个人对一些压力反应缺乏适当的应对策略而产生的结果;②以症状而言,包括各人身心及内在外在各方面负向的改变;③以过程而言,职业倦怠是在特定的情境中逐渐发展形成的。

二、职业倦怠的研究取向

研究者们总结了职业倦怠的四大研究取向(张吉,2009)。

(一)临床取向

临床取向的代表人物是弗洛登伯格。职业倦怠的原意是强调工作强度过高并且无视自己的个人需要所引起的疲惫不堪的状态。弗洛登伯格认为,这种情况最频繁地出现在那些乐于奉献和承担义务的人身上,他们工作量过大、工作时间过长、工作压力过大,因此,职业倦怠被认为是过分努力去达到一些个人或社会的不切实际的期望的结果。

(二)社会心理学取向

社会心理学取向的代表人物是马勒诗和派因斯(Pines)。他们用问卷及调查方法,确定了倦怠的三个主要特征:情绪衰竭(emotional exhaustion),即感到耗尽,用完;人格解体(depersonalization),表现为冷酷、麻木、非人性地对待来访对象;低个人成就感(lack of personal accomplishment),即自我评价和缺乏适应性。他们编制了马勒诗职业倦怠问卷(Maslach Burnout Inventory)来评估倦怠者的三个特征的状况。

(三)组织取向

组织取向的代表人物是奎内思。奎内思倾向于从工作环境方面来研究职业倦怠,他认为,许多人对工作的期望是不现实的,因此,容易产生幻想破灭和倦怠。他还认为导致倦怠的原因主要是工作者的付出与所得不一致,这种不一致可以分为两类:一类是个体处于过多刺激的情境,另一类是个体面对有限的刺激情境缺少挑战。奎内思认为,倦怠开始于助人者在应激与紧张时,不能通过积极的问题解决来化解痛苦,因此,他主张要增加抗倦怠的潜力。

（四）社会历史取向

社会历史取向的代表人物是耶鲁大学的萨拉斯（Sarasno）。他认为，倦怠不仅是个人的特征，也是社会面貌在个体心理特征上的一种反应。此观点强调，当社会条件不能提供一个有助于与人联系的情境时，要保持服务工作的投入是很困难的，因此，社会条件要提供各种可能以促进助人职业的发展。

职业倦怠的概念是不断发展的，这成为使职业倦怠的理论、研究范围等方面扩展的因素，因为概念的调整与充实使得人们不能拘泥于原有的思维框架，必须不断尝试从新的视角来对倦怠加以研究，探讨其理论与机制，并对人们所面临的倦怠现象做出合理的解释。

职业倦怠不仅影响个体的身心健康、人际关系，还会使个体对工作产生消极态度，降低工作绩效，同时影响与家庭、朋友、客户的关系，对自己、他人和组织都会造成负面影响。在任何工作中，职业倦怠都是一种不好的职业情绪，因此，预防并且克服职业倦怠情绪是非常重要的。在过去的二三十年间，职业倦怠已成为西方组织行为学与人力资源管理领域中的研究热点。有研究报道，职业倦怠已成为美国企业人力资源会议上讨论的主要议题之一。职业倦怠的研究发展迅速，已成为国内外工作与组织管理心理学和职业健康心理学的一个重要研究领域。

三、职业倦怠的成因

职业倦怠被专门用以说明助人职业的"职业倦怠"现象。根据研究者所强调的职业倦怠的主要成因（曾玲娟，伍新春，2003；郑晓芳，2005），目前有三种观点。

（一）情感冲突观

持这种观点的研究者都强调职业倦怠是个体因无法获得预期的重要目标时而产生的情感冲突所致。劳德戴尔（Lauderdale）认为，个体设立的目标与其在日常生活中所获成功之间差距的增大，都会导致理想的幻灭和空虚感，从而引发个体的职业倦怠感。这种意义感的丧失可发生在各种职业行为中。

（二）情感损耗观

这种观点突出了在长期需要付出情感的任务中，由于情感的损耗导致职业倦怠。助人行业中的工作者，往往要帮助他人解决各种问题，这种工作环境使得他们极有可能产生职业倦怠感。马斯拉池在其首篇关于职业倦怠的文章中谈到，在长期的情感压力下，助人职业者会产生职业倦怠感，他们对服务对象丧失所有的情感和关注，并逐渐疏远服务对象，甚至会以一种非人性的方式来对待他们。

(三)多成因观

近期研究者倾向于从多方面的成因来解释职业倦怠。有学者认为，职业倦怠是一系列消极的心理体验，产生于人际关系和组织水平上的社会交换中互惠关系的丧失。他们用亚当斯的社会公平理论来理解职业倦怠：当个体觉得自己在社会交往中处于不平等地位，即他们对工作的付出和他们从服务对象与组织处所获得的回报不相匹配时，职业倦怠感就会产生。莱特(Leiter)则认为职业倦怠是个体的自我效能感出现危机所致。

四、职业倦怠的表现

(一)工作满意度低，出现离职和旷职现象

由于丧失了工作热情和兴趣，员工一旦产生职业倦怠就会在工作中缺乏职业道德和敬业精神，敷衍了事，甚至另谋他职。

(二)对同事和工作对象有情感上的疏远和冷漠

出现职业倦怠后，员工往往感到同事之间有太多的竞争，太多的矛盾；客户不好合作，故意刁难等。这样员工就会不愿意与同事和客户交往，把自己封闭和孤立起来，这会严重影响工作效率。

(三)有巨大的压力感

心理学研究表明，适度的压力能使员工处于合理的应激状态，对员工的行为表现有积极作用。而过度的职业压力如果得不到合理释放和缓解，就会引起他们心理和生理上的不适和疾病。

例如，生理上的症状包括疲劳、食欲下降、睡眠质量变差、容易生病等；心理上的症状有挫折、愤怒、紧张、焦虑、神经质、恐惧等。对员工有重大意义的突发事件引起的压力或长时间的过度压力，将极有可能影响员工的身心健康甚至生命。

长期处于职业倦怠状态的个体不仅会出现工作效率低下，而且容易出现疲劳、头痛、失眠、记忆力减退、食欲下降、注意力不集中、烦躁易怒、抵抗力下降、容易感冒生病等状况。同时，焦虑、抑郁、自卑等消极情绪在职业倦怠个体中也较为常见。这些都会影响到个体的身心健康以及工作状态和家庭关系，降低他们的自我评价以及幸福感受。因此，及早地识别这种体验，进行适当的调整，对于每一个工作的人来说都很重要。

以下是识别职业倦怠的一些前期信号。

生理信号：①常常感觉疲倦和衰竭；②频繁的头痛、背痛、肌肉痛；③免疫力低下，经常感觉身体不适；④饮食和睡眠习惯改变。

情绪信号：①失败感和自我怀疑感伴随；②丧失工作积极性；③感觉无助、困扰和挫败；④越来越愤世嫉俗和消极；⑤疏离人群，感到孤独；⑥成就感不足，幸福感下降。

行为信号：①疏远人群；②行事拖沓，工作效率降低；③暴饮暴食或以烟酒解愁；④把挫折归咎在别人身上；⑤常迟到早退或者请假。如果发现自己在最近一段较长的时间内有如上症状，那么，你就很有可能产生了职业倦怠。

五、职业倦怠的过程

按职业生涯的发展过程来划分，职业倦怠可以分为四个时期（于泳，2009）。

职业倦怠的初始期：个体刚刚步入职场，对职场的困惑，对未来的迷惘以及感受到的理想与现实的脱节，引发了员工的恐慌和不安，对工作产生倦怠感。

职业倦怠的发展期：个体逐渐融入职场，消除了新入职时的紧张和困惑，但工作量和工作压力逐渐增大，加班日益增多；具有挑战性的任务增多，个人感到难以胜任；同事之间的竞争和复杂的人际关系日益凸显等，使个体同工作产生失衡状态。

职业倦怠的成熟期：个体在工作中逐渐趋于稳定，取得了一定的成就。同时，也进入了职业高原期，个人的发展遇到了瓶颈，难于产生新的突破。此时，如何突破瓶颈和障碍，获得事业的进一步发展是员工的最大困惑。

职业倦怠的衰退期：个体年龄增长，在组织中的地位变得不再重要，或者即将面临退休。如此种种带来的失落感和恐慌感是导致这一时期员工倦怠的主要原因。

第二节　职业倦怠的理论基础

国内外关于职业倦怠的研究由来已久，不同领域的专家学者分别从自己的学科专业领域出发，以自身的专业角度为切入点，对职业倦怠问题进行了翔实的研究分析，具有代表性的是以下几种（孙国光，2008；赵崇莲，苏铭鑫，2009）。

一、公平理论

公平理论又称社会比较理论，是美国行为科学家亚当斯提出来的一种激励理论。该理论侧重于讨论个人对组织的贡献与自己从组织获得的工作报酬之间关系的比较，研究分配的合理性、公平性及其对员工生产积极性的影响。亚当斯认为，要使组织成员保持较高的工作热情，必须使工作报酬公平合理，组织分配公平公正。因为员工会通过比较来衡量自己工作的投入产出，并且根据这个比较结果调整自己的认知或行为，最后达到公平的状态。当员工感到不公平时，就会产生职业倦怠感，进而改变自己的投入产出、自我认知或选择另外的参照对象，甚至通过离开工作场所或转变本职工作等，来改变这种不公平的状态。对于公平与否的判断则取决于横向和纵向的社会比较过程。横向比较指员工将自己所获得的报酬（包括物质上的金钱福利和精神上的被赏识、受尊重等）和自己所付出的努力和投入（包括教育程度、所做努力、用于工作的时间、精力和其他无形损耗等）之比与他人（包括同单位的和同行业的）所获得的报酬和他人所付出的努力之比进行社会比较；纵向比较是指以自己现在的报酬和付出之比作为标准，同自己过去的报酬与付出之比进行比较。若两者之间的比较结果是相等的，则员工处于认知平衡状态，对工作满意度高，从而激发工作动机，工作积极性相应提高；反之，若两者之间的比较结果出现偏差或极度不公平，那么，员工的公平感将会减少并会演化为一种持续的状态，最终对工作产生职业倦怠感。

二、匹配理论

匹配理论认为，个体与情境越匹配，工作的投入程度就越高；个体与情境越不匹配，越有可能产生倦怠。而不匹配状况的出现，则可能与心理契约有关，在心理契约的形成过程中，如果产生一些个体无法接受或难以解决的问题，个体与情境就容易产生不匹配的情况。职业倦怠的产生就是由于不匹配程度的加深导致的。该理论从工作负荷、控制、报酬、团队、公平和价值观六个方面来评价个体与情境的匹配程度，只有从匹配理论所提出的这六点出发，使工作强度、自我效能感、企业理念等与员工自身的能力、兴趣以及员工的价值观相匹配、相契合，才能有效防止员工产生职业倦怠。

三、资源保存理论

职业倦怠研究中有较大影响的理论是资源保存理论，该理论认为，如果个体在工作中只是一味地失去原有的资源，而始终得不到新资源的补充，那么，当资源失无所失的时候，个体就会产生职业枯竭。对于所重视的资源，人们具有一种本能对其进行保存和维护，对于任何可能危及资源数量和质量的状况进行限制，以便他们获得、保留和维持所珍惜的资源。当拥有的资源受到威胁，个体便会出现心理或生理上的压力，短时间内，这种压力可能表现为一些负面情绪，如焦虑、沮丧或愤怒，在一个较长的时期后，压力就可能发展为更严重的心理和身体症状。在定义中，资源是一个较为广泛的概念，物质的、具有价值的东西或者获取这些资源的方法都被当作个体的资源，如人际关系、时间、金钱、工作发展机会、参与决策的程度等。

四、社会交换理论

西格里斯特(Siegrist)从社会交换理论的角度提出了工作倦怠的"努力—回报模型"。他指出，当"投入"超过"产出"时，个体往往容易产生工作倦怠。布瑞西(Brissie)等人也发现，教师的个人回报感越强，工作倦怠水平越低。20 世纪 80 年代，随着职业倦怠的概念逐渐明晰，研究者开始对职业倦怠进行定量研究，并将编制的量表广泛应用于社会服务行业，如教师、社会工作者、医务人员。

五、生态学理论

卡罗尔(Carrol)和怀特(White)的生态学模式强调的是有机体及其与环境间的相互关系。因此，从生态学的观点来解释职业倦怠的现象，必须探究个体、生态系统及二者之间的相互影响。卡罗尔和怀特认为，造成职业倦怠的个人和环境变量相当复杂，因此探究职业倦怠必须借助科学整合的努力。就个人变量而言，有生物学、生理学、心理学、精神病学等；就环境变量而言，有经济学、社会学等。此模式最大的优点是强调任何因素都不是造成职业倦怠的唯一因素，研究职业倦怠不能从单一环境或个人因素着手，而要从环境与个人交互作用的观点进行。但因为必须面临科学整合研究，而造成职业倦怠的个人、环境变量互动的情形非常复杂，几乎不会有两个个体经由一致的途径去经历职业倦怠，因此，应用此模式在研究上有一定的局限性。

第三节　职业倦怠的测评工具

在职业倦怠的研究中，职业倦怠的测量就成了人们关注的焦点之一。早期的研究是针对服务行业的，如医护人员、学校教师、警察。但从 20 世纪 70 年代末，研究的重点就转移到如何对职业倦怠进行有效测量上，即自陈式问卷的编制和使用。

国外职业倦怠的测量量表可以分为三类：厌倦倦怠量表、马勒诗倦怠量表和奥登伯格倦怠量表。厌倦倦怠量表(Burnout Measure，BM)，由派因斯和阿伦森(Aronson)开发，由厌倦量表(Tedium Measure)发展而来。该量表包括 21 个项目，测量个体在身体耗竭、情感耗竭和心理耗竭三方面的倦怠程度，每个方面包括 7 个项目，所有项目采用七点计分(Pines & Aronson，1988)。三个部分的得分相加，得到的总分即可反映个体倦怠的程度。派因斯认为 BM 量表是一个一维的职业倦怠测量工具，可适用于所有职业群体。有研究表明，由于 BM 量表的表述并不特指与工作相关，因此用 BM 量表来测量职业倦怠有很多的局限性

(Schaufel，2001)。恩兹曼(Enzmann)的研究也表明 BM 量表并未反映出派因斯对倦怠的定义，它只反映了职业倦怠的特定方面，应用于不同职业群体的灵敏度不高，要作为通用倦怠测量工具，还需要进一步的修订。马勒诗倦怠量表(Maslach Bumout Inventory，MBI)共有 3 个版本：服务行业版(MBI-Human Service Survey，MBI-HSS)、教育行业版(MBI-Educators Survey，MBI-ES)和通用版(MBI-General Survey，MBI-GS)。MBI-GS 主要从 3 个维度(衰竭、疏离、无效能感)测量职业倦怠，它包括 3 个子量表：①衰竭(EX)，有 5 个项目；②疏离(CY)，有 5 个项目；③专业效能感(PE)，有 6 个项目。所有项目都在 0～6 的七点频率评定量表上计分。3 个子量表的得分相互独立，不能相加。奥尔登伯格倦怠量表(Oldenburg Bumout Inventory，OLBI)由艾宾浩斯(Ebbinghaus)和戴莫奥替(Demerouti)开发。戴莫奥替认为，成就感低落不应该作为倦怠的一个独立维度，因此，OLBI 只包括两个维度：衰竭(exhaustion)和疏离工作(disengagement from work)。其中，耗竭被定义为过度的体力、情感和认知紧张。疏离工作维度是指对工作的疏远。对工作目标、工作内容以及整个工作的消极态度，衰竭和疏离是所有职业群体倦怠的普遍特征，因此，戴莫奥替认为，OLBI 量表可以适用于所有职业群体。克里斯腾森(Kristensen)在批判 MBI 的基础上，编制了哥本哈根工作倦怠问卷(Copenhagen Burnout Inventory，CBI)，该量表由 3 个分量表组成，即个体的工作倦怠(6 个项目)、与工作相关的工作倦怠(7 个项目)以及与服务对象相关的工作倦怠(6 个项目)。克里斯腾森用 PUMA(Project on Burnout, Motivation and Job Satisfaction)分析了 CBI 的信效度。结果表明，3 个分量表具有很高的内部一致性信度和良好的效度，已被翻译为 8 种语言，在许多国家得到广泛应用。

国内对于职业倦怠量表的编制还不是很多，最常见于教育领域。王国香、刘长江和伍新春(2003)修订了一个适合中国文化的教师倦怠表，它是由 30 个项目所组成的 7 点自我评定量表。徐富明、吉峰和钞秋玲(2004)编制了中小学教师职业倦怠问卷，它由 15 个项目组成，采用 5 级自我评定量表。李永鑫等人(2005)参考国外相关职业倦怠问卷，经过开放式访谈和文件调查等程序，编制了适用于中国文化背景的职业倦怠问卷(Chinese Maslach Burnout Inventory，CMBI)。以上问卷都已证明了具有良好的信度和效度。

以下主要介绍 4 种职业倦怠量表作为示例说明。

一、马勒诗倦怠量表

MBI-HSS 由马勒诗等人编制，共 22 题，包括 3 个维度，分别为情绪疲惫(9 个项目)、去人性化(5 个项目)和个人成就感(8 个项目)，量表采用 7 点计分。各维度的得分为本维度所有项目的总分，如果在情绪疲惫、去人性化维度上得分越高，同时在个人成就感维度上得分越低，则倦怠程度越严重(陆官虎，2008)。

指导语：以下22个选题答案参照如下所列标准进行选择，请在最接近您的实际情况的选项上勾选。

0——从不　1——极少，一年几次　2——偶尔一个月一次或更少

3——经常一个月几次　4——频繁每星期一次　5——非常频繁，一星期几次

6——每天

1. 我觉得我的工作让我情感枯竭。	0 1 2 3 4 5 6
2. 工作一整天后，我感到精疲力竭。	0 1 2 3 4 5 6
3. 晨起，想到又要面对一天的工作，我觉得疲累。	0 1 2 3 4 5 6
4. 我能很容易地理解游客对事物的感受。	0 1 2 3 4 5 6
5. 我感到对待有些游客像对待没有生命的物体一样。	0 1 2 3 4 5 6
6. 对我而言，每天和游客打交道，让我相当紧张。	0 1 2 3 4 5 6
7. 我可以很有效地处理针对游客的问题。	0 1 2 3 4 5 6
8. 我对工作感到心力交瘁。	0 1 2 3 4 5 6
9. 我感到自己能通过积极工作影响他人的生活。	0 1 2 3 4 5 6

10. 自从干了这份工作后，我对待游客的心肠越来越硬。

0 1 2 3 4 5 6

11. 我担心这份工作会使我变得感情麻木。	0 1 2 3 4 5 6
12. 我感到精力充沛。	0 1 2 3 4 5 6
13. 工作中我经常有挫折感。	0 1 2 3 4 5 6
14. 我觉得自己工作太努力了。	0 1 2 3 4 5 6
15. 我不在意游客发生了什么事情。	0 1 2 3 4 5 6
16. 与游客打交道带给我很大的压力。	0 1 2 3 4 5 6
17. 我能很容易地和游客共同营造一个自在的气氛。	0 1 2 3 4 5 6
18. 能够为游客服务我感到很高兴。	0 1 2 3 4 5 6

……

22. 我觉得游客会把他们所遇到的一些问题归咎于我。　0 1 2 3 4 5 6

二、公务员职业倦怠量表

该量表由孙国光(2008)采用马勒诗等人编制的MBI-GS量表，经预试，最终形成的问卷共有15题，分为3个维度：情绪耗竭、人格解体以及成就感降低，问卷采用7点量表计分。量表内部一致性信度系数为0.81，有较好的效度。

指导语：请您根据自己的感受和体会，判断它们在您所在的单位或者您身上

发生的频率，并在合适的数字上画"√"。

1——完全不符合　2——很不符合　3——一般不符合　4——不确定

5——一般符合　6——很不符合　7——完全符合

1. 工作让我感觉身心俱疲。	1　2　3　4　5　6　7
2. 我能有效地解决工作中出现的问题。	1　2　3　4　5　6　7
3. 从开始干这份工作，我对工作越来越不感兴趣。	1　2　3　4　5　6　7
4. 下班的时候我感觉精疲力竭。	1　2　3　4　5　6　7
5. 我觉得我在为单位做有用的贡献。	1　2　3　4　5　6　7
6. 在我看来，我擅长自己的工作。	1　2　3　4　5　6　7
7. 早晨起床面对一天的工作时，我感觉非常累。	1　2　3　4　5　6　7
8. 整天工作对我来说确实压力很大。	1　2　3　4　5　6　7
9. 对工作不像以前那样热心了。	1　2　3　4　5　6　7
10. 工作让我有快要崩溃的感觉。	1　2　3　4　5　6　7
11. 我怀疑自己所做的工作的意义。	1　2　3　4　5　6　7
12. 当完成工作上的一些事情时，我感到非常高兴。	1　2　3　4　5　6　7
……	
15. 我完成了很多有价值的工作。	1　2　3　4　5　6　7

三、医生职业倦怠量表

医生职业倦怠量表（Burnout Inventory-Physician Survey，BI-PS）是由祝宏伟（2006）以马勒诗的职业倦怠三维度模型为理论基础，参照职业倦怠问卷（MBI），结合对医生职业倦怠访谈，编制的适用于我国医生的职业倦怠量表。最后形成的医生职业倦怠量表共27题，4个维度：情感耗竭、个人成就感、服务忧虑、人格解体。该量表内部一致性信度系数为0.93，有较好的结构效度。

指导语：这份问卷描述的都是与工作有关的情绪情感，请您仔细阅读这些题目，判断一下自己近来是否曾经对工作产生过这样的感受，根据自己的实际情况勾选。

0——完全不符合　1——有点符合　2——比较符合　3——符合

4——完全符合

1. 我觉得我的情绪情感被工作耗尽了。	0　1　2　3　4
2. 到了下班的时候，我感觉已经筋疲力尽了。	0　1　2　3　4
3. 早晨起床的时候，我觉得疲惫，但还不得不面对又一天的工作。	
	0　1　2　3　4
4. 我能很容易地为患者创造一个轻松的气氛。	0　1　2　3　4

5. 我觉得精力充沛。　　　　　　　　　　　　　　　　　0　1　2　3　4

6. 工作的压力常使我头痛失眠，腰酸背痛。　　　　　　　0　1　2　3　4

7. 我通过工作给了患者积极的影响。　　　　　　　　　　0　1　2　3　4

8. 我觉得我的工作太辛苦、劳累。　　　　　　　　　　　0　1　2　3　4

9. 我总是小心翼翼地对待患者。　　　　　　　　　　　　0　1　2　3　4

10. 我能够与患者建立良好的医患关系。　　　　　　　　　0　1　2　3　4

11. 自从从事这份工作，我变得越来越烦躁易怒了。　　　　0　1　2　3　4

12. 我能够有效地处理患者的问题。　　　　　　　　　　　0　1　2　3　4

13. 我担心这份工作会让我变得冷漠。　　　　　　　　　　0　1　2　3　4

14. 整天做与人打交道的工作对我来说的确很紧张。　　　　0　1　2　3　4

15. 在工作中，我有挫败感。　　　　　　　　　　　　　　0　1　2　3　4

16. 我值班时，希望患者越少越好。　　　　　　　　　　　0　1　2　3　4

17. 在医患关系中，我并不认为患者是弱势群体。　　　　　0　1　2　3　4

18. 我觉得很紧张，害怕出医疗差错。　　　　　　　　　　0　1　2　3　4

19. 每次大查房，为患者查体，我觉得很愉快。　　　　　　0　1　2　3　4

20. 我担心患者对于我处理他们问题的方式不满意。　　　　0　1　2　3　4

21. 工作让我感觉身心俱疲。　　　　　　　　　　　　　　0　1　2　3　4

……

27. 我认为我的工作具有创新性。　　　　　　　　　　　　0　1　2　3　4

四、教师职业倦怠问卷

教师职业倦怠问卷(Educator Burnout Inventory，EBI)由赵春阳(2005)编制，结合专题访谈和文献研究，采用国内专家编译的 EBI 问卷，贴近本地高校教师的实际工作与生活。问卷为 24 项，每项实行 4 级评分制，计分采取正向计分和反向计分两种形式，反向叙述题则反向计分，如果分数越高，则说明职业倦怠感越强。该问卷包括 3 个分量表：情绪衰竭(1～8)、低个人成就感(9～16)、非人性化(17～22)，其中 9～16 为反向题，23、24 反映内外归因状况。该量表的内部一致性信度系数是 0.86，有较好的效度。

指导语：请您根据自己的情况在每一条目后选择一个答案。

1——从未如此　2——很少如此　3——有时如此　4——经常如此

1. 对工作感觉到挫折感。　　　　　　　　　　　　　　　1　2　3　4

2. 觉得自己不被理解。　　　　　　　　　　　　　　　　1　2　3　4

3. 我的工作让我情绪疲惫。　　　　　　　　　　　　　　1　2　3　4

4. 我觉得我高度努力工作。　　　　　　　　　　　　　　1　2　3　4

5. 面对工作时，有力不从心的感觉。 1 2 3 4

6. 工作时，感到心灰意冷。 1 2 3 4

7. 觉得自己推行工作的方式不恰当。 1 2 3 4

8. 想暂时休息一阵子或另调其他职务。 1 2 3 4

9. 只要努力就能得到好的结果。 1 2 3 4

10. 我能肯定这份工作的价值。 1 2 3 4

11. 认为这是一份相当有意义的工作。 1 2 3 4

12. 我可以在工作中获得心理上的满足。 1 2 3 4

13. 我有自己的工作目标和理想。 1 2 3 4

14. 我在工作时精力充沛。 1 2 3 4

15. 我乐于学习工作上的新知。 1 2 3 4

16. 我能够冷静地处理情绪上的问题。 1 2 3 4

17. 从事这份工作后，我觉得对人变得更冷淡。 1 2 3 4

18. 对某些同事所发生的事我并不关心。 1 2 3 4

……

23. 当你的工作取得好成绩时，你认为成功的原因是（请在下面的答案中选择一项）：

1. 我的能力强　2. 我努力的结果　3. 工作任务容易　4. 我的运气好

24. 当你的工作出现失败时，你认为失败的原因是（请在下面的答案中选择一项）：

1. 我的运气差　2. 我的能力不够　3. 工作任务困难　4. 我的努力不够

第十一章　职业自我效能感

第一节　职业自我效能感概述

一、自我效能感

自我效能感(self-efficacy)是指一个人对自己有能力完成特定任务的信念，最早由美国著名心理学家班杜拉于1977年提出，是其社会学习理论和社会认知理论的核心概念。自我效能感的概念一经提出，便引起极大关注，对心理学、教育学、社会学等领域都产生了重大影响。自我效能感自从首次提出后，一直在发展变化中。班杜拉认为，自我效能感反映了一种积极思维的力量，是一种自我生成能力，有其特定性，也有其普遍性，它既有其特定的信息来源，也随自我成长而发展。

最初，班杜拉将自我效能感解释成个体对自己成功完成某行为的能力预期和信念。随后，他又将自我效能感定义为对自我控制能力的知觉或信念。20世纪90年代，班杜拉将自我效能感看作个体对其组织和实施达成特定成就目标所需行动过程的能力的信念。虽然这些定义不尽相同，但都表明自我效能感和个体的实际能力无关，而是个体对自己能力的主观评价和信念，是个体内在的自我意识过程，是无法直接进行观察或测量的。综上所述，自我效能感可以从以下四个方面进行理解。首先，自我效能感是个体对自己能做某事的行为能力的主观判断和信念。其次，自我效能具有领域特定性，也就是说面对不同领域的任务目标，同一个体的自我效能感会不同，即个体对完成不同的任务或达成不同的特定目标，自我效能感判断会有所不同。再次，自我效能感是个体整合其各种能力信息生成的，是对自己完成某任务的行为能力的预期，因而自我效能感是自我生成能力，是指向未来的。最后，个体的自我效能感一旦形成，会成为个体的一种内在自我信念，但这种内在的自我信念是一个动态的发展性指标，可以发生变化(郭本禹，姜飞月，2008)。

二、职业自我效能感

职业自我效能感(career self-efficacy)最早由哈克特(Hackett)和贝茨(Betz)提出(Hackett & Betz，1981)，他们开始用班杜拉的自我效能感概念来解释大学生职业选择中的性别差异问题，使自我效能感理论扩展到职业领域，并将职业自我效能感定义为个体在从事某种特定职业时所持有的能力的信念(姜飞月，2002)。

职业自我效能感是自我效能感在职业领域的具体体现，即个体对自己能否胜任和职业有关的任务或活动所具有的信念(狄敏，黄希庭，张志杰，2003)。职业自我效能感主要包括两方面，分别是与职业内容有关的自我效能感和有关职业行为过程的自我效能感。与职业内容有关的自我效能感是指个体对自己完成有关某一职业所规定内容(职业教育、具体职业任务等)的能力的信念。这种定义既可以指一般的职业自我效能概念，也指与某具体任务有关的职业自我效能感或与某具体职业有关的自我效能感。而有关职业行为过程的自我效能感是指个体对自己完成有关职业行为过程(如职业决策、职业找寻等)，实现行为目标能力的信念(姜飞月，2002)。

到 20 世纪 80 年代初，哈克特和贝茨认为，女性在一些职业领域的低自我效能感是导致女性在非传统女性职业领域比例不足的重要原因，进而将自我效能感与职业首次结合起来，出现和引起了研究职业自我效能感(差异性研究、相关性研究和干预性研究)的热潮。

职业自我效能感是个体在从事与职业活动有关的活动中，在对自我效能感信息进行认知加工的基础上逐步形成和发展起来的。这个过程是个体综合自身和外部世界的各种信息，在不断对自身职业能力进行评估的基础上做出职业自我效能感判断的过程。职业自我效能感通过对认知过程、动机过程、情感过程的调节，可以影响和预测人们职业选择、工作绩效、工作态度以及职业紧张。

三、职业自我效能感的信息来源

职业自我效能感的信息来源主要包括 5 个方面(李杨，2008)。

第一，个人所持有的能力观。一类是能力增长观，相信能力是可变的，是可通过学习或实践提高的；另一类是能力固定观，认为能力是一种固定、不可控的特质。持能力增长观者，职场的成功能激励他们更加努力地学习，提高、增强自我效能感，即使失败也相信是努力不够或策略运用不对，不会动摇其对自身的信心。而持能力固定观者，将职业活动和任务看作对能力的一种检验或测量，一旦失败则会损伤自我效能感。

第二，个体的归因方式和对活动的自我监控偏好。归因与自我效能感相互影响。高自我效能感者倾向于将失败归因于自身努力不足等内部可控因素，因而不会损害自我效能感；而低效能水平者习惯将低绩效归因于个人内部的不可控因素，这样又会进一步损害其职业信心。另外，有人倾向于关注自己在活动中表现消极的方面，从而降低了自我效能感；有人则习惯于注意自己的成功忽视失败方面，结果使效能自我判断朝夸大方向发展。

第三，目标设置状况。目标设置也对职业自我效能感的形成和发展具有重要作用，具体来说，包括目标的高低和具体性。设置具有挑战性的目标对于提高职业自我效能感最有利。所谓挑战性目标，是指既非高不可及也非唾手可得，需经过一定的努力方可达成的目标。过高的目标易导致挫败感从而降低职业自我效能感，过低的目标本身就是效能感不足的表现，亦无助于职业自我效能感的提升。此外，目标的具体性也是影响职业自我效能感的一个因素。具体的目标通过明确指出需要哪些努力和需要多少努力来调控人们的行为，并使个体在这些具体目标实现的过程中产生自我满足感，进而促进职业自我效能感的发展。而一般性的目标由于对需要达到何等水平缺乏明确的界定，所以不能成为人们评价自身能力的基础，不利于职业自我效能感的成长。

第四，知觉到的任务可控制性。班杜拉等人的模拟研究发现，在职场中人们如果认为所要完成的任务是自己可以控制的，也就是知觉到的可控性程度高，就会提高其职业自我效能感，反之亦然。

第五，社会文化因素。社会文化中的习俗、偏见等因素会对个人的职业自我效能感产生负面影响。比如，长期以来对女性角色的刻板印象往往会降低女性在传统男性职业上的自我效能感。

第二节　职业自我效能感的理论基础

职业自我效能感是自我效能感在职业领域的应用，而自我效能感理论是班杜拉的社会学习理论中的一个重要组成部分（Bandura，1977）。社会学习理论着眼于观察学习和自我调节在人的行为中的作用，注重行为和环境的相互作用，认为不应过分强调外在因素和依赖直接经验，应从个人的认知、行为与环境三者之间的交互作用来探讨、分析其对人类行为的影响。

社会学习理论主要包括行为习得过程、自我调节、交互决定和自我效能几个部分。

一、关于行为的习得过程

班杜拉认为，人的行为（特别是复杂的行为）主要是后天习得的，主要有两种不同的行为习得过程：直接经验学习和间接经验学习。直接经验学习是指通过直接经验获得行为反应模式的过程，或者说是通过反应的结果所进行的学习；间接经验学习是指通过观察和模仿示范者而习得行为及行为模式的过程。后者就是班杜拉的社会学习理论所强调的行为习得过程。

观察学习由四个过程构成。首先是注意过程，在注意过程中，示范者本身及其行为特征、观察者认知因素等都会影响学习效果。接着进入保持阶段，榜样或示范者不再出现，但示范行为通过符号和表象等得以在记忆中保持。第三阶段就是再现阶段，把记忆中的符号和表象转换成适当的行为，即再现之前所观察到的示范行为。而能否再现则受到行为结果的影响。行为结果包括外部强化、自我强化和替代性强化。班杜拉把这三种强化作用看成是学习者再现示范行为的动机力量。

二、自我调节理论

人的行为不仅受外在因素的影响，也受个体内在因素的调节。班杜拉认为，个体能依照自我确立的内部标准，将行为计划和预期与现实行为加以对比和评价，进而来调节自己的行为，即自我具备认知、评价及调节行为等能力。班杜拉认为，经过自我观察、自我判断和自我反应三个过程，个体完成内在因素对行为的调节，即自我调节。

三、交互决定论

行为的习得既受遗传生理因素的制约，又受后天经验和环境的影响。环境决定论认为，行为是由作用于有机体的环境刺激决定的，个人决定论认为环境取决于个体如何对其发生作用，班杜拉认为以上两种观点都有失偏颇，提出了交互决定论，认为行为、环境与个体的认知因素之间是相互影响、相互作用的。

四、自我效能理论

自我效能又可称作"自我效能感""自我效能期待""自我信念"，是指个体在面临某一任务活动时所具有的判断、胜任感及其自信程度。

自我效能感由结果期待和效能期待两部分组成。结果期待是指个体对自己某一行为会导致某一结果的预测，即如果个体预测到某一行为将会导致某一特定的结果，那么这一行为就可能被启动和被个体所选择。效能期待是指个体对自己能够进行某一行为的实施能力的预测或判断，即对自己行为能力的主观判断。当个体明确自己有能力进行某一活动时，就会产生较高的自我效能感，并选择进行哪种活动。自我效能感与个体所拥有的技能无关，但与人们对自己所拥有的能力的认识和评价有关。

自我效能感的性质主要包括以下几个方面。

首先，自我效能是自我生成能力。班杜拉认为，自我效能能将个体有关认知、情感、行为以及社会等各方面的技能整合起来，随着情境和任务要求的变化，每次结合不同的技能，以服务于不同的目的。因而，自我效能是一种自我生成能力。

其次，自我效能是行为动因机制。班杜拉指出，效能信念是人类动因的基础。在某种意义上，个体正是以效能信念为基础，来决定选择什么样的挑战性目标，付出多大的努力，在遇到困难时坚持多长时间等。自我效能具有认知性和动机性，它既是自我能动性的一种表现又是自我能动性作用的结果。

再次，自我效能是具体性和普遍性的统一。班杜拉将自我效能划分为三个层次：①一般自我效能，是个体对自己应对生活中各种问题的能力的自信心，是人们汇总各种渠道获得的关于自己在不同情境中的能力信息，对其进行的一种总体性认识和评价，因此具有一定程度的概括性；②领域效能，是对已界定的某个领域内的整合所有任务行为的自我效能；③具体任务自我效能，指的是对某具体任务中的行为的自我效能，这是研究得较多的一种自我效能。因此，随着情境和任务的具体化和细分化，自我效能也逐渐更加具有指向性和具体化。

最后，自我效能是个体性和集体性的统一。作为共同活动的集体同样具有集体自我意识和能动性，可以对集体自我在不同情境中的能力进行评判。团体目标的达成是其成员共同的意向、知识和技能的产物，人们对集体协同活动，对集体共同发挥作用的能力的信念，影响着人们追求未来的共同活动、对资源的利用程度，以及在团体活动不能很快见效或遇到困难时的坚持程度、投入的精力和努力程度。

五、自我效能感的相关研究

目前，自我效能感理论的应用主要集中在教育、职业指导和组织管理、健康等领域。自我效能感在人们生活各方面都起着重要的作用。

教育领域的研究主要关注学生的学习自我效能感和教师的教学效能感，以及它们分别对教学质量和学习成绩的影响。研究表明，教学效能感高的教师的教学质量高于教学效能感较低的教师（王红雨，严发萍，2015）。同样，学习自我效能感高的学生也比学习自我效能感低的学生在学习成绩上表现更好（王萌，宋岳礼，2015；蔡延栋，高光珍，2011）。也有研究结合自我效能感的四种信息来源，就高校教学和就业指导提供了相应的对策与建议。在职业指导与组织管理方面，研究集中探讨自我效能感与工作绩效的关系（陈俊，2013；李永周，王月，阳静宁，

2015；丛庆，张强，向明，等，2008；黄辉闪，2016)、自我效能感与职业倦怠的关系(王成义，王林松，刘琪等，2007；刘萍，2014)或是结合具体对象给予职业指导策略等(王娟，何侃，张立松，2013；侯东辉，2013)。例如，无论是以管理者、员工还是企业科技人员为研究对象，都发现自我效能感高的人其工作绩效高于自我效能感低的人。而在与健康的关系方面，研究表明，高水平的自我效能感不仅能促进身心健康，提高生活满意度，还有利于养成良好的行为习惯(黎琳，刘伟，2011)。

也有研究在相关研究的基础上，确定自我效能感作为调节或中介的作用，进一步探讨分析其因果联系。严标宾、张心贵和林知(2013)在探讨员工情绪智力和自我效能感对工作绩效的影响时发现，自我效能感在情绪智力和工作绩效之间起中介作用。

第三节 职业自我效能感的测评工具

班杜拉将自我效能区分为三种层次：具体任务自我效能，指的是对具体任务中的行为的自我效能，这是最为广泛的、研究得最多的一种。领域效能，是一种更为一般的自我效能，指的是对可界定的整个任务领域内的行为的自我效能；一般自我效能，指的是对应付生活中多个领域中的问题的自信心。

班杜拉将自我效能划分为三个维度：①水平，在某一特定领域内的自我效能感可以根据任务的难度而分为不同的水平，人们在这一维度上的差别导致不同个体选择完成简单、中等困难或很困难的任务；②强度，弱的自我效能感容易受不相符的经验影响而被否定，强的自我效能感的个体不会因一时的失败而产生自我怀疑，而是相信自己有能力取得最后的胜利，从而面对重重困难仍不放弃努力；③普遍性，它是指人们在多大范围内具有自我效能感，是在各种活动领域还是只限在某一些功能领域。因此，在测量职业自我效能时，首先要确定职业自我效能的层次(一般是确定在一、二两种层次上)。然后详细分析选定层次的主要构成因素，以此形成施测项目。最后，要依据自我效能的水平和强度来设计被试的反应方式(韦毅嘉，2006)。

现有的用于职业自我效能感的测量量表，大都采用自陈式量表。在测题方面，量表要求测量时要向个体呈现描述各种不同水平任务要求的项目，让他们评定自己执行这些活动的能力信念的强度，各个项目用与"能做"相关而不是与"要做"相关的词语表达，"能"是对行为能力的信念，而"要"是对行为意图的陈述，虽然自我效能知觉是行为意图的主要决定因素，但这两个概念在定义和经验上是有区别的。效能信念既直接又通过影响意图而影响行为表现。

目前，最通用的职业自我效能感的量表是由贝茨和哈克特两人所设计的"职业自我效能量表"。此量表严格依据班杜拉对自我效能概念和测量的理论界定而设计，保持了班杜拉自我效能水平和强度的观点。在内容上依据传统男性职业和传统女性职业作为量表计分的标准。面对每一种职业，测试者都要体现出他们相信自己能够完成这两种任务：测前辅导（在完成某一职业前所进行的前期指导）和工作职责（在接受学习和指导之后，确认可以成功地完成该职业的各项工作使命）。根据这些最终形成两个分量表：测前辅导的自我效能量表和工作职责的自我效能量表。在每一个分量表中，测试者首先进行的回答是，能否完成这项职业任务，结果所反应的是个人自我效能水平。针对每一个回答为"是"的项目，我们要客观地做出一个信心评估效果，表示的是自我效能强度。后来，学者姜飞月（2002）修订了"职业自我效能量表"。田秀兰在社会认知生涯理论和班杜拉提出的解释的基础之上，总结出自我效能预期有三个维度：难度、强度与推论性，此外他编制了自己的职业自我效能感量表，其中包括难度知觉、信心程度、结果预期、考虑所选择的程度（对不同类型职业）四个维度。李亚真在田秀兰编制的职业自我效能量表的基础上提出了专门针对大学生的职业自我效能量表。

此外，马玉华（2002）对帆板运动员自我效能的结构和现状进行了研究，发现其自我效能主要由应变力、赛前准备和赛后调整、专业理论知识和规则知识掌握、技术运用、情绪调控、战术运用、意志力和创新八个方面构成。曾庆彬（2003）在澳门公务员职业自我效能感的研究中，将澳门公务员的效能感表现归纳为工作态度、认知需求、工作信息和人际技能等42个方面。肖玮等人（2004）发现军事飞行员的职业自我效能感由适应飞行部队环境的自我效能感、飞行技术掌握自我效能感、个人成就自我效能感和体能自我效能感四个维度构成。韦毅嘉（2006）自编企业科技人员职业自我效能感量表，分为五个维度，分别是职业任务目标效能感、职业认同与发展效能感、职业任务应激效能感、职业能力效能感和职业交往效能感。李卫星（2009）自编高校教师职业自我效能感量表，包括五个维度：职业能力效能感、职业任务效能感、效能发展与认知效能感、人际交往效能感和身心效能感。李扬（2008）编制"普通公务员职业自我效能感问卷"，结果表明普通公务员职业自我效能感由创新效能感、问题解决效能感、辅助管理效能感、人际关系效能感、公文写作与处理效能感以及政策理论效能感六个维度构成。

以下主要介绍四种职业自我效能感量表作为示例说明。

一、职业自我效能感量表

姜飞月（2002）修订了哈克特和贝茨两人所设计的"职业自我效能感量表"。该量表对传统男性职业和传统女性职业项目的重新修订。通过试测，职业自我效能量表无论是重测信度，还是同质信度都达到了 0.90 以上，这表明量表具有可信性，具有较好的内容效度和结构效度。量表要求被试回答是否能完成从事这些职业所需的教育要求和工作职责；若被试对项目回答为"否"则计 0 分，若被试回答为"是"，则继续回答自信心的程度，通过 1～10 个等级（从"没信心"到"绝对有信心"）相应计为 1～10 分，得分越高表明被试的信心程度越高。

职业自我效能量表——教育要求

指导语：对于下面列出的每一种职业，请根据你觉得能否成功地完成从事这一职业所需的教育和/或训练，做出"是"或"否"的回答。如果回答"否"，后面的请勿作答。如果回答"是"，请在"没信心"和"绝对有信心"（1～10 信心程度不断递增）之间给自己的自信程度打分。

职业	你能成功地完成从事该职业所需的教育和/或训练吗？		如果"是"，你有多大自信度？ 越接近 1 越没自信，越靠近 10 越有自信									
工程师	否	是	1	2	3	4	5	6	7	8	9	10
律师	否	是	1	2	3	4	5	6	7	8	9	10
计算机程序员	否	是	1	2	3	4	5	6	7	8	9	10
护理员	否	是	1	2	3	4	5	6	7	8	9	10
医生	否	是	1	2	3	4	5	6	7	8	9	10
心理咨询员	否	是	1	2	3	4	5	6	7	8	9	10
秘书	否	是	1	2	3	4	5	6	7	8	9	10
设计师	否	是	1	2	3	4	5	6	7	8	9	10
宾馆服务员	否	是	1	2	3	4	5	6	7	8	9	10
数学家	否	是	1	2	3	4	5	6	7	8	9	10
乘务员	否	是	1	2	3	4	5	6	7	8	9	10
会计	否	是	1	2	3	4	5	6	7	8	9	10
翻译	否	是	1	2	3	4	5	6	7	8	9	10
节目主持人	否	是	1	2	3	4	5	6	7	8	9	10
小学教师	否	是	1	2	3	4	5	6	7	8	9	10
……	……		……									
经济学家	否	是	1	2	3	4	5	6	7	8	9	10

职业自我效能量表——工作职责

指导语：对于下面列出的每一种职业，如果你拥有从事这一职业所需的教育和/或训练，那么请根据你觉得能否成功地履行该职业的工作职责，做出"是"或"否"的回答。如果回答"否"，后面的请勿作答。如果回答"是"，请在"没信心"和"绝对有信心"之间给自己的自信程度打分。

职业	你能成功地履行该职业的工作职责吗？		如果"是"，你有多大自信度？越接近1越没自信，越靠近10越有自信									
工程师	否	是	1	2	3	4	5	6	7	8	9	10
律师	否	是	1	2	3	4	5	6	7	8	9	10
计算机程序员	否	是	1	2	3	4	5	6	7	8	9	10
护理员	否	是	1	2	3	4	5	6	7	8	9	10
医生	否	是	1	2	3	4	5	6	7	8	9	10
心理咨询员	否	是	1	2	3	4	5	6	7	8	9	10
秘书	否	是	1	2	3	4	5	6	7	8	9	10
设计师	否	是	1	2	3	4	5	6	7	8	9	10
宾馆服务员	否	是	1	2	3	4	5	6	7	8	9	10
数学家	否	是	1	2	3	4	5	6	7	8	9	10
乘务员	否	是	1	2	3	4	5	6	7	8	9	10
会计	否	是	1	2	3	4	5	6	7	8	9	10
翻译	否	是	1	2	3	4	5	6	7	8	9	10
节目主持人	否	是	1	2	3	4	5	6	7	8	9	10
小学教师	否	是	1	2	3	4	5	6	7	8	9	10
……	……		……									
经济学家	否	是	1	2	3	4	5	6	7	8	9	10

二、企业科技人员职业自我效能感量表

韦毅嘉(2006)自编企业科技人员职业自我效能感量表，将其分为5个方面，结果表明量，表的内部一致性系数为0.853，与一般自我效能感通用量表之间的相关系数为0.537，说明该量表信效度良好。企业科技人员职业自我效能感量表的5个维度分别是：职业任务目标效能感(3、7、8、13、18、20、41)，职业认同与发展效能感(12、15、31、39、40)，职业任务应激效能感(25、26、30、33、36)，职业能力效能感(5、21、24、34、35)和职业交往效能感(14、23、27、28)。采用5点计分，得分越高表明其职业自我效能感越强。

1——完全不符合　2——比较符合　3——不确定　4——比较符合
5——完全符合

1. 我已经清楚作答的要求。　　　　　　　　　　　　　1　2　3　4　5

2. 我会按我真实的想法回答问题。　　　　　　　　　　1　2　3　4　5

3. 我时常对我设计的项目能通过验收充满信心。　　　　1　2　3　4　5

4. 我对我现在的工作感到满意。　　　　　　　　　　　1　2　3　4　5

5. 每次失败的时候，我总觉得我的能力有问题。　　　　1　2　3　4　5

6. 我能够主动跟身边的人进行交流，不管是否跟他熟悉。　1　2　3　4　5

7. 我相信我们的产品会在市场上得到好评。　　　　　　1　2　3　4　5

8. 尽管我们的项目在测试中的效果不是太理想，但我相信最后一定能成功。

　　　　　　　　　　　　　　　　　　　　　　　　1　2　3　4　5

9. 假如我能够不买票而白看电影，而且不会被人发觉，我可能会去做的。

　　　　　　　　　　　　　　　　　　　　　　　　1　2　3　4　5

10. 大部分时间我都对我的工作充满热情。　　　　　　1　2　3　4　5

11. 我发现工作能给我真正的享受。　　　　　　　　　1　2　3　4　5

12. 如果有机会我想我能实现个人的职务提升。　　　　1　2　3　4　5

13. 只要我努力，我可以完成一项比较难的技术攻关。　1　2　3　4　5

14. 我觉得我能和其他同事一起很好地合作完成手中的项目，尽管现在我们
的配合还不怎么默契。　　　　　　　　　　　　　　　1　2　3　4　5

15. 我想我一定能在这个行业做出点成绩来。　　　　　1　2　3　4　5

16. 有时我也会说说人家的闲话。　　　　　　　　　　1　2　3　4　5

17. 我经常对自己的工作感到厌倦。　　　　　　　　　1　2　3　4　5

18. 我觉得上级会对我的工作感到满意。　　　　　　　1　2　3　4　5

19. 我身体不舒服的时候，有时也会发脾气。　　　　　1　2　3　4　5

20. 面对新的开发任务我总是信心十足。　　　　　　　1　2　3　4　5

21. 我觉得我有能力跳槽。　　　　　　　　　　　　　1　2　3　4　5

22. 我比其他员工更喜欢自己的工作。　　　　　　　　1　2　3　4　5

23. 即使在与别人交往中遭到挫折，我也有信心通过自己的努力去解决它。

　　　　　　　　　　　　　　　　　　　　　　　　1　2　3　4　5

24. 不管别人怎样说，我一直相信我能做得最好。　　　1　2　3　4　5

25. 每次遇到困难，我总有信心渡过难关。　　　　　　1　2　3　4　5

26. 即使在工作中被中途打断，我也会把精力迅速地转回到工作中去。

　　　　　　　　　　　　　　　　　　　　　　　　1　2　3　4　5

27. 我觉得同别人合作是一件很愉快的事情。　　　　　1　2　3　4　5

28. 在与别人的交往中我总能处在主动的位置。　　　　　　1　2　3　4　5

29. 有时我真想骂人。　　　　　　　　　　　　　　　　　1　2　3　4　5

30. 在遇到麻烦的时候我并不紧张，因为我相信我能处理好。1　2　3　4　5

31. 我认为职称考试对我来说实在不是太难。　　　　　　　1　2　3　4　5

32. 我从一开始就对我的工作感到满意。　　　　　　　　　1　2　3　4　5

33. 如果我负责的项目出了什么状况我想我能够及时解决。　1　2　3　4　5

34. 我觉得自己设计的东西要比其他人的好。　　　　　　　1　2　3　4　5

35. 我相信自己在技术能力上并不比别人差。　　　　　　　1　2　3　4　5

36. 我想不管在工作中碰到什么情况我总能应付自如。　　　1　2　3　4　5

……

41. 我相信自己能按照要求将项目做得更完善。　　　　　　1　2　3　4　5

三、职业决策自我效能感量表

职业决策自我效能（career decision making self-efficacy）是指个体在职业决策过程中对自己能否成功完成各项任务所必需的能力的自我评估或信心（彭永新，龙立荣，2001）。国内测量职业决策自我效能感的量表大多是在泰勒和贝茨的量表基础上进行编制或修订的，在此主要介绍最常用的彭永新和龙立荣的修订版。彭永新、龙立荣修订的职业决策自我效能量表（Career Decision Making Self-efficacy Scale，CDMSE），测量个人成功做出职业决策的信念程度。量表分为 5 个维度，共有 39 个项目：其中，自我评价包括 6 个项目，收集信息包括 9 个项目，选择目标包括 9 个项目，制定规划包括 8 个项目，问题解决包括 7 个项目，采用 5 级计分（朱韩兵，2010；闫凤霞，2015）。有研究指出，用该量表总分作为职业决策状况的整体诊断，结果更可靠（彭永新，龙立荣，2001）。

指导语：请仔细阅读下列每一种说法，并思考你对完成每一项任务有多大的信心。请在答卷中相应的代号下画"√"。

1——完全没有信心　2——有一点儿信心　3——有一些信心

4——比较有信心　5——完全有信心

1. 你有多大信心能够列出几个你感兴趣的职业或工作。　　1　2　3　4　5

2. 查找你感兴趣的职业或工作的信息。　　　　　　　　　1　2　3　4　5

3. 选择一个适合你个人前途的职业或工作。　　　　　　　1　2　3　4　5

4. 为你的职业或工作目标制订下一个近期和长期计划。　　1　2　3　4　5

5. 即使你灰心丧气时，仍坚持为你的职业目标而努力。　　1　2　3　4　5

6. 确定你理想的职业或工作是什么。　　　　　　　　　　1　2　3　4　5

7. 查找有关聘用你所在系的大学生的用人单位的信息。　　1　2　3　4　5

8. 从你正在考虑的可能的职业或工作中挑选一个职业或工作。　1　2　3　4　5

9. 确定你需要采取的行动步骤，以便成功地获得你已选择的职业或工作。

　　　　　　　　　　　　　　　　　　　　　　　　　　1　2　3　4　5

10. 判断一种职业或工作中你认为最有价值的东西。　1　2　3　4　5

11. 了解某一职业或工作的发展前景。　1　2　3　4　5

12. 选择一个适合你喜爱的生活方式的职业或工作。　1　2　3　4　5

13. 做出职业决定，不会担心是对还是错。　1　2　3　4　5

14. 获取老师或辅导员的求职推荐信。　1　2　3　4　5

15. 解决找工作时遇到的经济困难。　1　2　3　4　5

16. 确定你最有能力的职业或工作。　1　2　3　4　5

17. 找老师询问与你所学专业有关的职业和工作的情况。　1　2　3　4　5

18. 选择你的父母不同意的职业或工作。　1　2　3　4　5

19. 获得与你未来职业或工作目标有关的工作经验。　1　2　3　4　5

20. 当你的父母或朋友要你从事你力所不能及的职业或工作时，违背他们的意愿。　1　2　3　4　5

21. 描述你想要从事职业的工作事务。　1　2　3　4　5

22. 找到并利用人才交流中心，参加人才交流会。　1　2　3　4　5

23. 解决与男朋友或女朋友求职时的各种冲突。　1　2　3　4　5

24. 为了实现你的职业目标，列出你愿意或不愿意失去什么。　1　2　3　4　5

25. 查明目前或未来某种职业或工作的就业趋势。　1　2　3　4　5

26. 选择一个适合你兴趣的职业或工作。　1　2　3　4　5

27. 为了你的职业目标，你是否决定报考研究生或参加职业培训。

　　　　　　　　　　　　　　　　　　　　　　　　　　1　2　3　4　5

28. 查明某一职业或工作的人均月收入或年收入。　1　2　3　4　5

29. 选择一个适合你能力的职业或工作。　1　2　3　4　5

30. 学习专业以外的有助于你未来职业的技能。　1　2　3　4　5

31. 准确地评价你的能力。　1　2　3　4　5

32. 找一个你感兴趣的职业或工作的已参加工作的人交谈。　1　2　3　4　5

33. 挑选一个最好的职业或工作，即使要付出更大的努力。　1　2　3　4　5

34. 利用各种社会关系，获得职业和工作信息。　1　2　3　4　5

35. 利用国家就业政策和法规，保护自己的正当权益。　1　2　3　4　5

　　……

39. 找到就业机会严重不足时的暂时应对措施。　1　2　3　4　5

第十二章　职业幸福感

第一节　职业幸福感概述

一、幸福感

对幸福生活的向往和追求，可以说是不同时代、不同经济和文化背景下人们的共同追求。"幸福"是自古以来一直受到人们关注的一个概念，人们通过对幸福的探究来不断反思我们存在及生活的意义。然而，对于幸福，至今没有形成令人满意的定义，正如迈尔斯(Myers)和迪纳(Diener)所说的，每个人都清楚幸福的含义，但是却没有人能够准确地将其定义(Myers & Dinener，1995)。每个人所追求的事物各不相同，这导致学者们根本无法从外部对幸福进行描述。因此，对于幸福的描述大多都以个体主观感受为主。正如康德对幸福的描述：幸福是人们在一生中所遇到的事情都是称心如意的状态。

历史上西方哲学领域对幸福含义与组成部分已进行了详细的描述，并且形成了不同的两派观点，但是，这些研究都只停留在精神层面上的定性描述，并没有更深入的研究。直到1967年瓦尔纳·威尔逊(Wanner Wilson)撰写的一篇关于幸福感的相关因素的研究，不仅对个体精神层面上的快乐幸福进行了总结，更创新性地提出了个体的认知影响，认为个体是否感受到幸福与他的期望水平、价值观及其他个体因素息息相关。文中，他将一个幸福的人描述为"年轻、健康、受良好的教育、有丰厚的收入、外向乐观、无忧无虑、有信仰、与自信的人结婚、有工作道德、拥有适度的愿望"。在此后的几十年中，关于幸福感的研究快速发展，成果颇丰；幸福感的概念被引入心理学、社会学、组织行为学等更多研究领域，研究内容日益丰富，形成了诸多模型与理论。现代关于幸福感的研究在两种幸福主流学说的基础上展开，主要围绕着两种主要的幸福感进行研究：主观幸福感(subjective well-being)与心理幸福感(psychological well-being)(马丹丹，2012)。

(一)主观幸福感

主观幸福感是基于"快乐论"发展而来的。迪纳是主观幸福感研究的主要代表人物，他认为主观幸福感是理解人们对自己生活的评价的重要指标。主观幸福感包括两个概念取向：情绪取向和认知取向。快乐和痛苦是一对既矛盾又紧密相连的概念，两者均不能分割开来单独考虑。因此，个体的情绪方面也需从正面的情绪和负面的情绪两个角度来考量。与此同时，个体对生活的评价也通过认知来体现。因此，总体而言，主观幸福感的评价包括三个主要的内容：正面情感、负面情感及满意度。正面情感指的是个体所体验到具体的愉快心情和情绪，如开心等。负面情感指的是个体所体验到具体的不愉快的情况，如抑郁、焦虑等。而满意度可以是个体对其生活总体上的满意程度的感知评价，如生活满意度，也可以是对生活中具体某一部分的满意程度的评价判断，如婚姻满意度。在情绪导向的研究中，迪纳等学者还指出，与直接描述情绪的强度相比，情绪体验的频率似乎更能说明问题。因此，当个体感受到较高的满意度，经常感到心情愉快且很少感受到生气或焦虑等负面情绪时，我们可以说他具有较高的主观幸福感。

基于以上对主观幸福感的认知，逐渐形成了诸多用以评价测量主观幸福感的量表。其中包括针对认知部分的测量，如生活满意度量表（Pavot & Diener，1993）；对情绪部分的测量，如简式情感量表。也有学者将认知部分与情感部分相融合，从整体的角度提出了对主观幸福感的测量，如主观幸福感量表（苗元江，2009）。主观幸福感是个体对客观世界的主观感受，个体的认知评价在幸福感的形成中起到重要的作用。因此，学者们在关注幸福感的本质同时，也逐渐开始对影响主观幸福感的个体因素进行研究，从个体角度来解释幸福感水平的差异性。这些关于个体差异因素的影响作用的分析，具体可划分为两类：客观因素的研究和主观因素的研究。

(二)心理幸福感

心理幸福感是基于另一种幸福感学说——"实现论"发展而来的。与主观幸福感不同，有学者认为主观幸福感并不等同于思想上或心理上的健康，因此，用主观幸福感来解释心理意义上的幸福感受并不十分充分（Ryff，1989）。他认为积极、消极的情感与满意度是幸福感的一部分，然而，对于心理上的幸福或健康而言，更重要的是个体潜在价值的实现，他将这种以自我发展与实现为中心的幸福感命名为心理幸福感。这也与马斯洛的需求层次理论不谋而合，即人的最高需求——自我实现需求。

与"幸福"的概念一样，研究者们也没有对心理幸福感给出恰当定义，而是从其构成来进行阐述。有学者在以往心理学学者的研究基础上，从积极心理学的角度对心理幸福感构成进行了归纳，共分为六个部分（Ryff & Keyes，1995）：①自我接纳（self-acceptance），即个体对自身及过去生活的正面评价；②环境控制（environment mastery），即个体有效管理自身生活及周围环境的能力；③自主性（autonomy），即独立意识以及抵抗社会压力能力；④与他人的积极正面的关系（quality of relations with others），主要指与他人关系的质量；⑤自我成长（personal growth），包括自身的发展成长及新经验的积累；⑥生活目标（purpose in life），即个体对于生活的目标性和意义性的信念。拉夫（Ryff）的六维结构充分体现了"潜在的自我实现"的特点，是被广泛地接受与运用的心理幸福感的描述之一。

二、职业幸福感

随着研究的发展，幸福感受到了越来越多领域学者的关注，已经从心理学延伸至社会学、组织行为学等更多的研究领域。人具有社会性，个体的心理和行为与周围的环境密切相关。现如今，工作已经成为大多数人生活中的重心，工作的环境成为个体社会环境中的主要部分。在大部分人的一生中，有将近三分之一的时间被工作占据。因此，生活幸福与否，和职业幸福感休戚相关。无疑，职业幸福感的获得对于从事这项职业的人来说是有巨大的吸引力的。一个人一旦从职业中体验到了愉悦，实现了自我，充实了人生，感受到了自由的需要，他与职业之间就建立起一种活泼而丰富的联系，他就会感受到生活的美满和充实。人们通过工作，发挥自己的能力，体现自己的价值并得到提升，获得他人的尊重，增加人生的意义，职业已经不仅仅是人们赖以生存的职业，更是个体体现自我价值的重要途径。因此，只有个体在组织中感受到幸福，才能使他们在生活中也感受到幸福。由此，职业幸福感（occupational well-being）的概念逐渐受到关注。

对职业幸福感的研究，乔纳森·雷蒙德（Jonathan Raymond）等人（1990）首先提出"职业健康心理"这一概念。奎克（Quick）指出，有关职业健康的研究从很早就已经开始，研究电车司机的伤病和事故（Munsterberg，1913）、工作压力、职业枯竭和工作满意度方面的研究文献也已很多。拉夫指出，职业幸福感与职业健康的概念是不同的（Ryff，1995）。当一个人没有焦虑、抑郁及其他心理症状时，可认为是职业健康的；但是拉夫指出职业幸福感应当是一种积极的心理状态，它不单单是指没有心理疾病，它强调一种积极的状态。迈尔斯和迪纳指出，美国心理学杂志发表的消极心理学（焦虑、压力、抑郁）的文章是积极心理学（快乐、幸福）文章的七倍（Myers & Diener，1995）。塞利格曼（Seligman）和奇克森米海（Csikszentmihalyi）指出，多数研究都关注心理健康模型，有限的职业幸福感研究将很难促进积极心理学的发展。另外，阿德金斯（Adkins）强调为测量描述职业幸福感，开发有信度、效度的测量工具是非常重要的。因而，职业幸福感研究的兴起已成为必然。

对于职业幸福感的定义，国内外学者至今未达成共识。琼（Joan）和他的合作者认为，职业幸福感是个体对自身工作的各个方面的积极评价，包括情感、动机、行为、认知和身心幸福五个方面。还有一种说法，即职业幸福感是指人们在从事职业活动中的幸福体验。束从敏（2003）认为，职业是指个性的发挥、任务的实现和维持生活的连续性的人类活动。总之，职业幸福感就是人们在从事职业活动中的幸福体验（马秀敏，2010）。

三、职业幸福感的价值

人的生命有三分之一的时间是在工作。由此我们就可以做一个简单推理：如果一个人在工作中的体验，以负面的、消极的感受为主，那么显然可以认为这个人的生命质量值得质疑；相反，如果一个人在工作中的体验，主要是快乐、称心如意，那么显然这个人的生命质量则可被人称羡，这就是职业幸福感的意义所在（葛喜平，2010）。

（一）职业幸福感是建功立业的动力源

职业幸福感缺失，首先影响工作热情，使个体没有活力，感到自己的身心处于极度疲惫的状态。其次是去人格化，即刻意在自身和工作对象间保持距离，对工作对象和环境采取冷漠、忽视的态度，对工作敷衍了事，个人发展停滞，行为怪僻，提出调离申请等。最后是工作中产生无力感或低个人成就感，即倾向于消极地评价自己，并伴有工作能力体验和成就体验的下降，认为工作不但不能发挥自身才能，而且是枯燥无味的烦琐事务。这种状态对工作具有极强的破坏力。美国加利福尼亚大学、密苏里州立大学和伊利诺斯州立大学三所高校的心理学家通过分析调查275名志愿者的性格、健康条件和幸福感受等，发现学习工作中拥有幸福感的人比心情压抑的人更容易取得成功。对此心理学家解释说，比起其他人来讲，拥有幸福感的人倾向于寻找生活和工作中新的奋斗目标，从而凭借其积极向上的情感动力，更容易接近成功的目标。因此我们认为，职业幸福感是出色地完成本职工作，进而建功立业的动力之源。

（二）职业幸福感增强团队凝聚力

心理学把人际的和谐作为幸福感的社会支持因素，认为具有良好的社会支持的个体会有较高的主观幸福感、较高的生活满意度和较低的消极情感。在职业生活过程中成员之间相互信任，能够坦诚、开放、平等地沟通与交流，人际关系和谐，成员身心愉快，参与愿望强烈，工作中则充满了热情与活力。并且，从情感上对组织信任，进而产生共同的使命感、归属感和认同感，即形成团队精神。团队精神是团队成员共同认可的一种集体意识，是显现的团队成员的工作心理状态和士气，是团队成员共同价值观和理想信念的体现，是凝聚团队、推动团队发展的精神力量；团队精神是员工思想与心态的高度整合，是员工在行动上的默契与互补，是小我与大我的同步发展，是员工之间的互相宽容与理解。由于员工受到了充分的尊重，才华得到充分的发挥，反过来逐渐强化团队精神，并进而保证组织的高效运转。

（三）职业幸福感有助于职场人的身心健康

健康的身体是我们创造人生、享受生活的物质基础。职业的幸福也应该建立在健康身体的基础上。健康不仅包括身体健康，还包括心理健康，也就是健全的人格。心理学研究认为，主观幸福感主要依赖人格特质，不同的人格特质会导致不同的正性情感、负性情感和生活满意度。许多实证研究表明，外向性格与积极情感和生活满意有关，与负性情感无关，因而可以提高主观幸福感的水平；神经质则与消极情感相关，从而降低主观幸福感的水平。此外，自尊心、控制源倾向、自我概念等都影响主观幸福感。那些自尊心强、自控能力高、自我内部协调性较好的人，普遍感到更加幸福。并且，职业幸福感会带来持续满意的情感体验。愉快的情绪还能使整个机体的免疫系统和体内化学物质处于平衡状态，从而增强对疾病的抵抗力。积极健康的情绪，如愉快、欢乐、适度的紧张，可以引起心脏输出量增加，促进血液循环，使人精神振作，大脑工作能力增强；而伤心、悲痛、愤怒、焦虑等消极情绪所引起的生理变化，对于人的身体是不利的。如果机体长期处于这些不良的情绪影响下，往往会产生多种疾病，或者产生心理障碍。

第二节　职业幸福感的理论模型

自1967年瓦尔纳·威尔逊撰写《自称幸福感的相关因素》以来，幸福感的研究已走过40多年的发展历程，并取得了相当丰富的理论成果。研究者总结了一些幸福感理论和主要的职业幸福感模型（翁琴雅，2012；马秀敏，2010）。

一、幸福感理论

（一）目标理论

通过目标的观测，可以很好地了解和理解一个人的行为。目标的种类、结构，向目标努力的过程，目标的达成程度，影响一个人的幸福感。有目标的人，会感到生活有意义，产生积极的自我效能感，在追求目标的过程中更加自信、坚定地应对生活中的种种问题，从而能在困境中保持良好的情绪状态。

美国马里兰大学管理学兼心理学教授洛克和休斯在研究中发现，外来的刺激（如奖励、工作反馈、监督的压力）都是通过目标来影响动机的。目标能引导活动指向与目标有关的行为，使人们根据难度的大小来调整努力的程度，并影响行为的持久性。于是，在一系列科学研究的基础上，他于 1967 年最先提出"目标设定理论"（goal setting theory），认为目标本身就具有激励作用，目标能把人的需要转变为动机，使人们的行为朝着一定的方向努力，并将自己的行为结果与既定的目标相对照，及时进行调整和修正，从而能实现目标。这种使需要转化为动机，再由动机支配行动以达成目标的过程就是目标激励。目标激励的效果受目标本身的性质和周围变量的影响。

当个体经过种种努力终于达到目标后，如果能得到他所需要的报酬和奖赏，就会感到满意；如果没有得到预料中的奖赏，个体就会感到不满意。同时，满意感还受到另一个因素的影响，就是个体对他所得报酬是否公平的理解。如果说，通过与同事相比、与朋友相比、与自己的过去相比、与自己的投入相比，他感到所得的报酬是公平的，就会感到满意；反之，则会不满意。

目标的难度也会影响满意感。当任务越容易时，越易取得成功，个体就会经常体验到伴随成功而来的满意感。当目标困难时，取得成功的可能性就要小，个体就很少体验到满意感。这就意味着容易的目标比困难的目标能产生更多满意感。布朗斯坦（Brunstein）认为，当一个人以内在价值和自主选择的方式追求目标并达到可行程度时，才能增加幸福感，即目标必须与人内在动机和内在需要相一致才能提升幸福感。人具有某些意识或未被意识到的动机或需要，满足这些需要，幸福感提升，与个人需要不一致的目标，即便达成也不能增加幸福感。

（二）期望理论

弗洛姆的期望理论（expectancy theory），又称作"效价—手段—期望理论"，是由北美著名心理学家和行为科学家弗洛姆（Vroom）于 1964 年在《工作与激励》中提出来的激励理论。他认为，人们采取某项行动的动力或激励力取决于其对行动结果的价值评价和预期达成该结果可能性的估计。换言之，激励力的大小取决于该行动所能达成目标并能导致某种结果的全部预期价值乘他认为达成该目标并得到某种结果的期望概率。

弗洛姆认为，期望的东西不等于现实，期望与现实之间一般有三种可能性，即期望小于现实，期望大于现实，期望等于现实。这三种情况对人的积极性的影响是不同的。期望小于现实，即实际结果大于期望值。一般来说，在正强化的情况下，如奖励、提职、提薪、分房子等，当现实大于期望值的时候，有助于提高人们的积极性，在这种情况下，能够增强信心，增加激发力量。而在负强化的情况下，如惩罚、灾害、祸患等，期望值小于现实，就会使人感到失望，因而产生消极情绪。期望大于现实，即实际结果小于期望值。一般来说，在正强化的情况下，个体便会产生挫折感，对激发力量产生削弱作用。如果在负强化的情况下，期望值大于现实，则会有利于调动人们的积极性，因为这时人们做了最坏的打算和准备，而结果却比预想的好得多，这自然对人的积极性是一个很大的激发。期望等于现实，即人们的期望变为现实，所谓期望的结果，是人们预料之中的事。在这种情况下，一般来说，也有助于提高人的积极性。如果从此以后，没有继续给予激励，积极性则只能维持在期望值的水平上。

弗洛姆的期望理论从努力—绩效、绩效—奖赏、奖赏—个人目标的联系，三个层面循序渐进地道出了人性的自我进步和追求价值的过程。其基础是自我利益，每一个人都在寻求获得最大的自我满足。所以说追求幸福是每个人的毕生所求所愿。

（三）需要理论

奥德佛的需要理论认为，多种需要可以同时存在。他提出了 ERG 理论，认为人的需要分为生存（existence）、关爱（relatedness）、成长（growth）三大需要。它们的基本关系是，多种需要可以同时存在，如果高层次的需要受到抑制，低层次的需要就会更强烈。

马斯洛的需求层次理论从两个方面来阐述人的层次需求论，首先人是一个有需要的动物，其需要取决于他已经得到了什么，还缺少什么，只有尚未满足的需要才能够影响行为。换言之，已经得到满足的需要不再能起到激励作用。其次是人的需要都有轻重层次，某一层次得到满足之后，另一层次的需要才出现。这种需要包括生理的需要、安全的需要、归属和爱的需要、尊重的需要、自我实现的需要。

1. 生理需要

生理需要表现在对阳光、空气、水、住房、温饱等吃穿住行方面的需要。生理需要在所有需要中占绝对优势。具体来说，假如一个人生活中所有需要都没有得到满足，那么是生理需要而不是其他需要最有可能成为他的主要动机。一个同时缺乏食物、安全、爱和尊重的人，对于食物的渴望可能最为强烈。

2. 安全需要

当生理需要得到了一定的满足，紧接着产生的需要是安全类型的需要，如安全、稳定、依赖、保护、免受恐吓、免受焦躁和混乱的折磨、对体制的需要、对秩序的需要、对法律的需要、对界限的需要以及对保护者实力的要求等。对于寻求安全和稳定的努力还有一些范围更广的方面，这些方面见于一种极为常见的偏爱：偏爱熟悉的事物，而不是不熟悉的事物；偏爱已知的事物，而不是未知的事物。那种想用某一宗教或者世界观把宇宙和宇宙中的人组成某种令人满意的、和谐的、有意义的整体的倾向，也多少是出于对安全的寻求。另外，我们同样可以将一般科学或者哲学列为部分地由安全需要促成。不然的话，只有在真正的危机状态中，才能将安全需要看作调动机体潜能的活跃和支配因素，这些危机状态包括战争、疾病、自然灾害、犯罪浪潮、社会解体、神经症、脑损伤、权威的崩溃、长期恶劣的形势等。

3. 归属和爱的需要

当生理需要和安全需要都很好地得到了满足，爱、感情和归属需要就会产生，并且以此为中心，重复着已描述过的整个环节。对爱的需要包括感情的付出和接受。如果这个不能得到满足，个人会空前强烈地感到缺乏朋友、心爱的人、配偶或者孩子。这样的人会渴望同人们建立一种关系，渴望在他的团体和家庭中有一个位置，他将为达到这个目标而做出努力。

4. 尊重的需要

除了少数病态的人之外，社会上所有的人都有一种获得对自己稳定的、牢固不变的、通常较高评价的需要或欲望，即一种对于自尊、自重和来自他人的尊重的需要或欲望。这种需要可以分为两类：①对实力、成就、权能、优势、胜任以及面对世界时的自信、独立和自由等的欲望；②对名誉或威信（来自他人对自己的尊敬或尊重）的欲望，对地位、声望、荣誉、支配、公认、注意、重要性、高贵或赞赏等的欲望。马斯洛认为，自尊需要的满足导致一种自信的感情，使人觉得自己在这个世界上有价值、有力量、有能力、有位置、有用处和必不可少，然而这些需要一旦受到挫折，就会产生自卑、弱小以及无能的感觉，这些感觉又会使人丧失基本的信心，使人要求补偿或者产生神经症倾向。

5. 自我实现的需要

自我实现的需要是指人们对于自我发挥和自我完成的欲望，也就是一种使人的潜力得以实现的倾向，这种倾向可以说成是一个人越来越成为独特的那个人，成为他能够成为的一切，诸如自我价值的实现、发挥潜能、成就事业、实现理想等。在这个自我实现需要层次上，人与人之间的差异是非常大的，但自我实现要明显出现，通常要依赖于前面所说的生理、安全、爱和自尊需要的满足。

马斯洛认为，人的需要总是由低级向高级发展的，高级需要的出现以低级需要为前提，一个人只有当低层次需要得到满足后，高一层次的需要才会充分表现出来。但这种需要层次逐级上升，并不遵照"全"或"无"的规律，任何一种需要并不因为其高层次需要的发展而消失，高层次的需要发展后，低层次的需要依然存在，只是对行为影响的比重减弱而已。马斯洛认为，低级需要是缺失需要，高级需要是生长需要，一个人的低级需要满足后，它就不再具有激励作用。但是高级需要越得到满足，人们就越具有从事这种工作的热情。因为高级需要永远无法完全满足，具有久远的激励作用。

（四）成就动机理论

成就动机理论是美国哈佛大学教授麦克利兰通过对人的需要和动机进行研究，于20世纪50年代在一系列文章中提出的。麦克利兰把人的高层次需要归纳为对成就、权力和亲和的需要。他对这三种需要，特别是成就需要做了深入的研究。

1. 成就需要

成就需要（need for achievement），即争取成功希望做得最好的需求。麦克利兰认为，具有强烈的成就需求的人渴望将事情做得更为完美，提高工作效率，获得更大的成功，他们追求的是在争取成功的过程中克服困难、解决难题、努力奋斗的乐趣，以及成功之后的个人的成就感，他们并不看重成功所带来的物质奖励。个体的成就需求与他们所处的经济、文化、社会、政府的发展程度有关，社会风气也制约着人们的成就需求。具有成就需求的人，对工作的胜任感和成功有强烈的要求，同样也担心失败；他们乐意，甚至热衷于接受挑战，往往为自己树立有一定难度而又不是高不可攀的目标；他们敢于冒风险，又能以现实的态度对待冒险，绝不会以迷信和侥幸心理对待未来，而是要通过认真的分析和估计；他们愿意承担所做工作的个人责任，并希望得到所从事工作的明确而又迅速的反馈。这类人一般不常休息，喜欢长时间、全身心地工作，并从工作的完成中得到很大的满足，即使真正出现失败也不会过分沮丧。

2. 权力需要

权力需要（need for power），即影响或控制他人且不受他人控制的需求。权力需求是指影响和控制别人的一种愿望或驱动力。不同人对权力的渴望程度也有所不同。权力需求较高的人对影响和控制别人表现出很大的兴趣，喜欢对别人"发号施令"，注重争取地位和影响力。他们常常表现出喜欢争辩、健谈、直率和头脑冷静，善于提出问题和要求，喜欢教训别人并乐于演讲。他们喜欢具有竞争性和能体现较高地位的场合或情境，他们也会追求出色的成绩，但他们这样做并不像高成就需求的人那样是为了个人的成就感，而是为了获得地位和权力或与自己已具有的权力和地位相称。麦克利兰还将组织中管理者的权力分为两种。一是个人权力。追求个人权力的人表现出来的特征是围绕个人需求行使权力，在工作中需要及时反馈和倾向于自己亲自操作。麦克利兰提出，一个管理者若把他的权力形式建立在个人需求的基础上，不利于他人来继位。二是职位性权力。职位性权力要求管理者与组织共同发展，自觉接受约束，从体验行使权力的过程中得到一种满足。

3. 亲和需要

亲和需要（need for affiliation），即建立亲密友好的人际关系的需求。亲和需求就是寻求被他人喜爱和接纳的一种愿望。高亲和动机的人更倾向于与他人进行交往，至少是为他人着想，这种交往会给他带来愉快。高亲和需求者渴望亲和，喜欢合作而不是竞争的工作环境，希望彼此之间的沟通与理解，他们对环境中的人际关系更为敏感。有时，亲和需求也表现为对失去某些亲密关系的恐惧和对人际冲突的回避。亲和需求是保持社会交往和人际关系和谐的重要条件。

目标理论、需要理论和成就动机理论存在交叉重叠的内容。关于目标，可以理解为具体化的综合需要；而目标的达成，就是个体某些具体需要的满足。目标理论提供直接指向幸福感的分析思路，需要理论规定了需要的层次和目标的多样性，两者的结合，使需要和幸福感之间建立起直接的联系。成就动机理论提出成就需要、权力需要与亲和需要三种需要，其中权力需要和亲和需要与马斯洛需要层次理论中的人际需要相一致（翁琴雅，2012）。

二、职业幸福感理论模型

研究者总结了三种主要的职业幸福感模型（王晶，2015）。

（一）拉夫的幸福感模型

拉夫与其合作者根据人的发展理论并在埃里克森和马勒诗提出的积极心理功能的多维结构的基础上，提出了一个幸福感的六维模型：①自我接受（self-acceptance），一种对自己和自己过去生活的积极评价，承认和容忍自身在很多方面的缺点；②环境掌控（environmental mastery），具有驾驭环境的意识，能够对复杂的环境和外部活动很好地驾驭并加以控制，能够有效地利用环境所提供的各种机遇，选择和创造与个人价值与需要相适应的环境条件；③自主性（autonomy），自我决定、独立，从一定程度上看能够克服社会压力去思考和行为，能够对个人的行为进行自我调整，能够依据自己的标准对自我加以判断；④积极的人际关系（positive relations with others），拥有融洽、真诚的人际关系，拥有心心相印、亲密无间的朋友关系，能够相互理解、互谅互让；⑤个人成长（personal growth），有持续成长和发展的感受，认为自我处于不断成长和提高过程中，喜欢尝试新事物，希望实现自身的潜能，希望自身在知识和效能方面有新的提高；⑥生活目的（purpose in life），有生活目标和方向感，能够感受到当前和以往生活的意义，对人生持有信念。

（二）沃尔的心理健康模型

沃尔将幸福感集中于一个特定的背景中，其优点是：与工作相关的事件和与工作相关的幸福感间的关系会更强一些，这将对特定的工作特质如何影响员工的幸福感这一问题提供更好的理解。沃尔认为，职业幸福感由四个主要维度（情感、抱负、自主性和能力)和一个从属的包含前四个维度的第五维度(整合功能)组成。

沃尔分别对前四个维度进行了解释,研究表明,情感维度主要是由情感体验的几个不同等级构成的,如焦虑—舒适,压抑—愉快,厌倦—激情,疲劳—活力和愤怒—平静。一些潜在的维度或许可以解释这些情感之间的关系,但是,在职业幸福感的研究背景中,经验主义的研究表明,愉快—不愉快维度能够解释幸福感的大部分变异。当前很多测量职业幸福感的工具,如工作满意度、工作压力和职业倦怠等量表,都主要关注于幸福感的情感维度。抱负指的是个体对自身工作充满兴趣,从事有目的的活动,在工作中寻找有个人特色的发展自己的方式。与抱负相关的概念是内在动机和成长需要。自主性是指个体对环境的控制和保持自己观念与行为的程度。过多或过少的自主性对幸福感都有负面的影响。能力指的是个体能够成功地处理问题以及对环境产生影响的能力(主要是指心理学上的能力)。与能力相关的概念是自我效能和个人成就(姜艳,2006)。

(三)琼的职业幸福感模型

琼等人在沃尔和拉夫模型的基础上,提出了一个职业幸福感的五维模型:情感维度、职业维度、社会维度、认知维度和身心健康维度。情感维度不仅包括拉夫和沃尔的情感方面,琼等人还新增了情感衰竭、工作满意度和组织承诺。情感衰竭指的是个体的情感资源被过度使用直至耗尽。研究表明,工作满意度不仅有情感方面,还有行为和认知方面,但是工作满意度一般被认为情感方面居多,因此将其设计为愉快—不愉快维度。组织承诺指的是组织的员工鉴定和员工的组织涉入程度,它也能够体现愉快—不愉快维度,因此,组织承诺也被纳入情感维度。职业维度包括自主性、抱负和职业能力。这些概念包含了与工作相关的动机、抱负、自我效能和成就的各个方面。社会(或行为)维度包括两个概念,第一个是去个性化,指的是个体对同事的冷淡和消极的态度,第二个概念指的是个体在工作中表现的良好的社会关系的程度。身心健康维度指的是是否存在头痛或背痛这样的身体疾病。由于身体疾病和幸福感通常有显著的相关,因此,琼等人将身心健康作为职业幸福感的一个维度。

第三节 职业幸福感的测评工具

职业幸福感模型及测量是对人们工作中的幸福感的认知和测量,是诊断人们工作中幸福感程度和提升工作幸福感的第一步。与幸福感模型及测量相似,基于不同的哲学幸福观,职业幸福感分别形成了基于快乐论的职业幸福感模型及测量和基于实现论的职业幸福感模型及测量两种(陈瑜,2012)。

基于快乐哲学的职业幸福感是对人们工作中情感和认知的评价与体验,其测量工具主要从迪纳主观幸福感量表变化而来（Diener，1984），可分为工作中的积极情感、工作中的消极情感、工作的整体满意度和工作不同领域的满意度四个维度。前两者是对工作的情感评价，后两者是对工作的认知评价，即我们所熟悉的工作满意度。工作情感的量表主要有情感平衡量表、积极与消极情感量表（Watson，Clark，& Carey，1988）和工作相关情感幸福量表等。工作满意度量表主要有工作描述指数、明尼苏达工作满意度量表和彼得需求满意度问卷等。这是从对工作的情感和满意角度来测量工作中的幸福感体验的。

基于实现哲学的职业幸福感是人们在工作中潜能得以发挥和自我得以实现而体验到的幸福。其测量工具主要从拉夫的心理幸福感量表变化而来（Ryff，1989），有沃尔开发的工作情境中的幸福感量表（Warr，1990）和霍恩（Horn）开发的职业幸福感量表等，他们的维度不仅包括对工作的情感和认知部分，还包括工作中的行为要素对幸福感的影响。荷兰教师的职业幸福感量表，包括情感、专业、社会、认知和身心五个维度，情感包括情感幸福、工作满意、组织承诺、情感疲惫四个方面，专业包括自主性、胜任力、抱负三个方面，社会包括处理社会关系能力和对同事冷淡负面的态度表现，认知是认知疲乏，身心是身心抱怨。

国内对于职业幸福感的学术研究与国外相比起步较晚，主要集中在近几年。从其研究的内容上来看，主要可以划分为两类：理论研究与实证研究，其中以理论研究为主（马丹丹，2012）。实证方向的主要研究内容集中在职业幸福感的模型及构成分析。姜艳（2006）在关于小学教师职业幸福感的测量研究中，借鉴国外研究结果，将教师职业幸福感的构成分为五个维度：认知疲乏、从业动机、人际关系、身体健康和成效感。各维度的信度系数为 0.72～0.85，量表总体信度系数为 0.92，具有较好的内部一致性。王梅（2007）在关于小学教师的职业幸福感研究中，将其维度划分为领导管理、工作环境、工资待遇、人际关系、自我实现、工作压力、工作本身、学生家长因素、社会支持、整体幸福共十个维度。量表的信度检验显示各维度的信度系数为 0.722～0.840，量表总体信度系数为 0.953，量表的总体一致性较好。刘颖丽与任俊（2010）通过实证分析对高中教师的职业幸福感与个人、组织资源的相关性进行了研究预测。研究关于职业效能感的量表设计主要是参照了姜艳的研究结果，对量表的信度重新检测的结果显示，职业幸福感各维度的信度系数介于 0.660 与 0.801，量表总体信度为 0.809，其内部一致性低于姜艳研究中的信度结果。研究显示，个体资源（自我效能感）与职业幸福感之间存在显著的相关性，而组织资源（组织制度、支持、文化等方面）与职业幸福感之间不存在显著的因果关系。总体而言，国内对于职业幸福感的实证研究仍处于起步阶段。

以下主要介绍三种职业幸福感量表作为示例说明。

一、高校科研人员职业幸福感量表

该量表由马丹丹（2012）编制，参考霍恩的研究，将职业幸福感分为情感幸福、社会幸福、专业幸福、认知幸福、身心幸福五个维度。研究者发现，认知幸福题目的具体内容所测量的个体状态，如难以集中精神等，与身心健康等较为相似，因此，将认知幸福归纳至身心幸福维度，最终形成四个维度。其中，情感幸福维度包括了情绪状态及工作满意度，专业幸福包括了胜任力、抱负、自主性三个方面。情感幸福维度参考了布雷尔菲尔德（Brayfield）等人编制的整体工作满意度量表，专业幸福维度参考了沃尔编制的工作幸福感量表中的胜任力、抱负和自主性三项内容，社会幸福维度参考了拉夫心理幸福感量表中的人际关系部分，最后身心幸福维度参考了职业疲乏的相关量表。该量表最后由 22 个题目构成，内部一致性信度系数为 0.914，具有良好的结构效度。

指导语：请根据您的真实感受在相应的数字上进行勾选。

1——非常不符合　2——有点不符合　3——不确定　4——基本符合
5——非常符合

1. 大部分时间我对我的工作充满热情。 　　　　　　　1　2　3　4　5

2. 我认为我的工作是一种享受。 　　　　　　　　　　1　2　3　4　5

3. 每天的工作看起来没完没了，令人厌倦。 　　　　　1　2　3　4　5

4. 我认为我的工作非常让人愉快。 　　　　　　　　　1　2　3　4　5

5. 对我现在的工作感到很满意。 　　　　　　　　　　1　2　3　4　5

6. 我能把我的工作做得很好。 　　　　　　　　　　　1　2　3　4　5

7. 我能处理好工作中的任何问题。 　　　　　　　　　1　2　3　4　5

8. 在处理工作难题时，我觉得我比大部分人都做得好。 1　2　3　4　5

9. 我喜欢给自己设立有挑战的工作目标。 　　　　　　1　2　3　4　5

10. 我对我的工作不是很感兴趣。 　　　　　　　　　1　2　3　4　5

11. 在工作中，我喜欢尝试新的事情。 　　　　　　　1　2　3　4　5

12. 在遇到困难时，我会尽最大的努力去尝试解决。 　1　2　3　4　5

13. 在有争议的事情上，我敢于说出自己的想法。 　　1　2　3　4　5

14. 在工作中，我和同事互相信任。 　　　　　　　　1　2　3　4　5

15. 我和同事合作良好，共同完成工作。 　　　　　　1　2　3　4　5

16. 上级对我充分信任。 　　　　　　　　　　　　　1　2　3　4　5

······

22. 我常感到无力应对我的工作。 　　　　　　　　　1　2　3　4　5

二、企业员工职业幸福感问卷

该问卷由商婧（2014）编制，在访谈的基础上，参照职业幸福感的三个理论模型，以国内外研究者提出的职业幸福感结构为基础，结合国内已有的关于职业幸福感的相关论文的思考，对归纳出的五个维度命名，即工作动机、职业健康、情感衰竭、工作满意度、人际支持。工作动机（work motivation）作为一种社会性动机，是一种使个体努力工作，提高工作质量、不断创新和不断完善自己工作的驱力。对企业员工而言，工作动机主要表现在自我超越、关系取向、自我评估、外在激励与快乐工作等方面。关于职业健康（occupational health）的定义有很多，其中最具影响力的是1950年由国际劳工组织给出的定义：职业健康是员工在生理、心理以及社会交往方面表现出的最佳状态，为了防止员工的身心健康受工作环境影响，保护员工身心健康不受危害因素伤害。研究职业健康的目的主要是预防因工作导致的疾病，并防止原有疾病的恶化。情感衰竭（emotional exhaustion），是由于个体精力的耗损，而表现出的力不从心，以及感受到的身心的极其不舒适，而出现焦虑、烦躁、抑郁、疲劳和过分紧张的情绪，从而使员工的工作质量降低、工作热情减退以及影响员工工作效率。在工作中，需要高情感付出的员工，人际压力较多，精力耗损较大，从而导致工作热情消退，对工作冷漠，以及出现消极工作的负面状态。因此，情感衰竭也是职业倦怠的首发因素，表现出来是情感的淡漠、负性思维等，由于长期的情感衰竭就会导致出现成就感低落，继而会出现玩世不恭。工作满意度（job satisfaction），指个体在工作中的一种心理状态，是对所做工作以及与工作相关方面的积极感受，表现在工作环境、人际关系、工作状况、工作形式、工作压力、工作挑战性等方面。人际支持（interpersonal support），也称社会支持，个体通过其社会支持网络以获得各种资源和帮助，可以达到解决或者缓解日常生活问题的目的，并有利于维持日常生活的正常运转。社会支持有主观支持和客观支持之分：主观支持是一种内在的支持，表现为内心的满意程度，是情感方面的支持；客观支持是一种外在的支持、物质方面的支持和关系网络的支持。本问卷共26个题目，采用七点等级评分，总问卷的内部一致性信度系数是0.877，具有较好的结构效度。

指导语：请根据您的真实感受在相应的数字上进行勾选。

1——非常不同意　2——不同意　3——有点不同意　4——不确定

5——有点同意　6——同意　7——非常同意

1. 现在上班的工作环境比较好。　　　　　　　　1 2 3 4 5 6 7

2. 完成工作任务后，很有成就感。　　　　　　　1 2 3 4 5 6 7

3. 待遇比较符合预期。　　　　　　　　　　　　1 2 3 4 5 6 7

4. 目前工作很适合我。　　　　　　　　　　　　　1　2　3　4　5　6　7

5. 我感到被公司尊重与关怀。　　　　　　　　　　1　2　3　4　5　6　7

6. 我认为现在的工作是一份好工作。　　　　　　　1　2　3　4　5　6　7

7. 我对我的工作很感兴趣。　　　　　　　　　　　1　2　3　4　5　6　7

8. 因为长时间坐着，我的肩、颈、腰出现了问题。　1　2　3　4　5　6　7

9. 因为工作上的问题，我出现过失眠或早醒的情况。 1　2　3　4　5　6　7

10. 工作给我的健康带来了负面影响。　　　　　　1　2　3　4　5　6　7

11. 我感觉我的身体状况大不如前。　　　　　　　1　2　3　4　5　6　7

12. 因为工作原因，常常不能按时吃饭。　　　　　1　2　3　4　5　6　7

13. 工作压力大，有脱发现象。　　　　　　　　　1　2　3　4　5　6　7

14. 工作耗尽了我的情绪和情感。　　　　　　　　1　2　3　4　5　6　7

15. 我感觉现在已不如以前热情了。　　　　　　　1　2　3　4　5　6　7

16. 一想到第二天的工作，就想逃避。　　　　　　1　2　3　4　5　6　7

17. 下班时我感到身心疲惫。　　　　　　　　　　1　2　3　4　5　6　7

18. 早晨起床时，想到不得不面对一天的工作时，感觉非常累。

　　　　　　　　　　　　　　　　　　　　　　1　2　3　4　5　6　7

19. 我对现在做的工作很满意。　　　　　　　　　1　2　3　4　5　6　7

20. 我对自己所做工作是否有贡献仍很关心。　　　1　2　3　4　5　6　7

21. 现在的工作能让我学到东西。　　　　　　　　1　2　3　4　5　6　7

……

26. 在工作中能找到好朋友，并感到愉快。　　　　1　2　3　4　5　6　7

三、基层干部职业幸福感量表

该量表由仝莹(2014)编制，在拉夫的心理幸福感量表以及沃尔的工作幸福感以及霍恩提出的职业幸福感模型的基础上，从工作满意度、收入满意度、发展机会满意度、人际关系满意度、自我价值体现五个维度探讨干部职业幸福感。总量表信度系数为0.60。

指导语：请根据您的真实感受在相应的数字上进行勾选。

1——完全不同意　2——比较不同意　3——无所谓　4——比较同意

5——非常同意

1. 我的工作会不断出现新的挑战。　　　　　　　1　2　3　4　5

2. 我对自己目前的工作很感兴趣。　　　　　　　1　2　3　4　5

3. 对自己所处的工作环境很满意。　　　　　　　1　2　3　4　5

4. 工作中福利待遇公平性，令人满意。　　　　　1　2　3　4　5

5. 单位内部工资待遇差别不大，可以接受。　　　　1　2　3　4　5

6. 单位内部收入透明化，不存在灰色收入现象。　　1　2　3　4　5

7. 我认为自己一定会有较好的发展。　　　　　　　1　2　3　4　5

8. 对自己岗位的晋升通道满意。　　　　　　　　　1　2　3　4　5

9. 很满意单位提供的学习与培训机会。　　　　　　1　2　3　4　5

10. 自己所做的工作量与对应的职务级别匹配。　　　1　2　3　4　5

11. 工作上遇到困难时，能得到同事的关心和帮助。　1　2　3　4　5

12. 和同事在工作中能相互合作，良性竞争。　　　　1　2　3　4　5

......

17. 目前的工作让我觉得自身价值得到充分体现。　　1　2　3　4　5

参考文献

班杜拉. 自我效能：控制的实施. 缪小春，等译. 上海：华东师范大学出版社，2003.

伯格. 人格心理学（第六版）. 陈会昌，等译. 北京：中国轻工业出版社，2004.

蔡华俭，朱臻雯，杨治良. 心理类型量表（MBTI）的修订初步. 应用心理学，2001，7（2）：33-37.

蔡延栋，高光珍. 大学生自我效能感、归因与学习成绩的结构方程模型. 牡丹江师范学院学报（哲学社会科学版），2011（5）：121-123.

陈俊. 管理者自我效能感与工作绩效的关系研究. 对外经贸，2013（9）：114-117.

陈万思. 中国企业人力资源管理人员胜任力模型研究. 厦门：厦门大学，2004.

陈旭. 中学生学业压力、应对策略及应对的心理机制研究. 重庆：西南师范大学，2004.

陈瑜. 高校科研人员社会支持与职业幸福感关系的实证研究：以自我效能感为中介. 杭州：浙江工业大学，2012.

丛庆，张强，向明等. 大学生员工的一般自我效能感对其工作满意、工作绩效影响的实证研究. 成都大学学报（教育科学版），2008，22（2）：1-2，8.

戴海琦，张峰，陈雪枫. 心理与教育测量. 广州：暨南大学出版社，2005.

戴晓阳. 常用心理评估量表手册（修订版）. 北京：人民军医出版社，2015.

狄敏，黄希庭，张志杰. 试论职业自我效能感. 西南师范大学学报（人文社会科学版），2003，29（5）：22-26.

丁刚. 企业人力资源管理者职业认同的影响因素及作用机制研究. 天津：南开大学，2014.

都布林. 职业心理学：平衡你的工作与生活. 姚翔，陆昌勤，等译. 北京：中国轻工业出版社，2008.

杜勤，张厚泉. 新编职业日语（第一册）. 北京：人民教育出版社，2010.

范成杰. 城市居民个人背景与其职业适应性研究. 武汉：华中科技大学，2005.

方翰青，谭明. 高职生职业适应性的实证研究. 教育学术月刊，2012(11)：83-86.

方明军，毛晋平. 我国大学教师职业认同现状的调查与分析. 高等教育研究，2008(7)：56-61.

封丹珺，石林. 公务员工作压力源问卷的初步编制. 中国心理卫生杂志，2005，19(5)：4.

冯珍. IT 从业人员职业人格内容结构及其相关研究. 广州：暨南大学，2013.

付茂华. 制造业管理胜任力模型构建及测评工具开发. 重庆：重庆大学，2006.

葛喜平. 职业幸福感的属性、价值与提升. 学术交流，2010(2)：30-34.

郭本禹，姜飞月. 自我效能理论及其应用. 上海：上海教育出版社，2008.

韩力争. 我能创业吗——大学生创业自我效能感结构研究. 南京：南京大学出版社，2013.

侯东辉. 大学生职业决策自我效能感影响因素及高校就业指导工作对策. 教育探索，2013(10)：121-122.

胡蓓，张文辉. 职业胜任力测评. 武汉：华中科技大学出版社，2012.

胡仕勇，吴中宇，曹晓斌. 国有企业青年职工职业适应性研究. 当代青年研究，2004(1)：9-15.

黄辉闪. 员工管理自我效能感、组织气氛与工作绩效关系的实证研究. 福建师大福清分校学报，2016(1)：64-70.

黄敏儿，吴钟琦，唐淦琦. 服务行业员工的人格特质、情绪劳动策略与心理健康的关系. 心理学报，2010，42(12)：1175-1189.

黄希庭，张进辅，李红等. 当代中国青年价值观与教育. 成都：四川教育出版社，1994.

霍丽芳，贾海成. 我国职业心理学的研究现状和发展趋势. 新疆职业教育研究，2010，1(3)：10-12.

姜飞月. 职业自我效能理论及其在大四学生职业选择中的应用研究. 南京：南京师范大学，2002.

姜艳. 小学教师职业幸福感研究. 苏州：苏州大学，2006.

蒋超. 高校教师职业人格问卷编制及其初步应用. 西宁：青海师范大学，2015.

金盛华，李雪．大学生职业价值观：手段与目的．心理学报，2005，37(5)：650-657．

荆其诚．简明心理学百科全书．长沙：湖南教育出版社，1991．

乐娟．贫困大学生职业价值观特点研究．重庆：西南大学，2009．

雷小波．高职学生职业人格刍议．职业教育研究，2014(8)：15-17．

黎琳，刘伟．自我效能感与身心健康：近期研究述评．心理研究，2011，4(1)：13-17．

李卫星．高校教师职业自我效能感研究．重庆：西南大学，2009．

李小妹，刘彦君．护士工作压力源及工作疲溃感的调查研究．中华护理杂志，2000，35(11)：5．

李杨．普通公务员职业自我效能感问卷的编制及其应用．重庆：西南大学，2008．

李永瑞．人力资源测评．北京：高等教育出版社，2009．

李永鑫．三种职业人群工作倦怠的比较研究：基于整合的视角．上海：华东师范大学，2005．

李永周，王月，阳静宁．自我效能感、工作投入对高新技术企业研发人员工作绩效的影响研究．科学学与科学技术管理，2015，36(2)：173-180．

梁津安，蒋冬双．青年心理学大学生读本．西安：西安电子科技大学出版社，2008．

凌文辁，方俐洛，白立刚．我国大学生的职业价值观研究．心理学报，1999，31(3)：342-348．

刘长江，郝芳．职业兴趣的结构：理论与研究．心理科学进展，2003，11(4)：457-463．

刘国晖．国贸专业应用型本科生职业人格培养研究．黑龙江对外经贸，2010(11)：138-139，141．

刘娟．知识型员工职业适应能力与职业发展成功关系研究——基于组织支持的调节作用．上海：华东师范大学，2015．

刘萍．大学英语教师自我效能感和职业倦怠的关系研究．外语教学，2014，35(6)：68-72．

刘世勇．高校辅导员职业认同研究．北京：中国地质大学，2014．

刘颖丽，任俊．高中教师职业幸福感与资源的交叉滞后分析．华中师范大学学报(人文社会科学版)，2010，49(1)：137-140．

龙立荣，方俐洛，凌文辁．职业成熟度研究进展．心理科学，2000，23(5)．

楼静波．当代青年的职业价值观．青年研究，1990(Z1)：22-28．

陆官虎. 导游人员职业倦怠现状调查与对策研究. 重庆：西南大学，2008.

吕建国，孟慧. 职业心理学. 沈阳：东北财经大学出版社，2000.

罗成俊. 大学教师职业人格之于学生学业发展的意义：课程作用机制的方法. 苏州：苏州大学，2006.

罗高峰. 浅谈职业人格教育. 蒙自师范高等专科学校学报，2000(3)：45-48.

马丹丹. 高校科研人员工作压力、自我效能感与职业幸福感关系研究. 杭州：浙江工业大学，2012.

马剑虹，倪陈明. 企业职工的工作价值观特征分析. 应用心理学，1998，4(1)：10-14.

马秀敏. 高校青年教师职业幸福感的调查研究. 大连：辽宁师范大学，2010.

马玉华. 对我国帆板运动员自我效能的分析与提高对策研究. 曲阜：曲阜师范大学，2002.

苗元江. 心理学视野中的幸福：幸福感理论与测评研究. 天津：天津人民出版社，2009.

宁维卫. 两城市青年职业价值观的研究. 社会心理研究，1992(1).

牛爽. 无边界职业生涯时代职业适应能力与职业成功关系探析. 大连：大连理工大学，2008.

潘锦棠. 劳动与职业社会学. 北京：红旗出版社，1991.

潘文安. IT 业项目经理人胜任力模型研究. 科技进步与对策，2005，22(2)：152-154.

彭聃龄. 普通心理学(修订版). 北京：北京师范大学出版社，2001.

彭永新，龙立荣. 大学生职业决策自我效能测评的研究. 应用心理学，2001，7(2)：38-43.

任桂云. 职业兴趣探查量表(IP-60)的修订. 扬州：扬州大学，2014.

沙莲香. 社会心理学. 北京：中国人民大学出版社，2002.

商婧. 企业员工职业幸福感与心理资本的关系研究. 西安：陕西师范大学，2014.

石莉. 当代大学生职业兴趣研究. 苏州：苏州大学，2004.

时勘，王继承，李超平. 企业高层管理者胜任特征模型评价的研究. 心理学报，2002，34(3)：306-311.

束从敏. 幼儿教师职业幸福感研究. 南京：南京师范大学，2003.

宋剑祥. 国外职业人格测评研究回望. 辽宁高职学报，2013，15(5)：102-106.

孙国光. 重庆市公务员职业倦怠及 EAP 援助研究. 重庆：重庆大学，2008.

孙嘉楠. 家庭因素、职业决策自我效能感与职业适应的关系研究. 北京：北京理工大学，2016.

孙利，佐斌. 中小学教师职业认同的结构与测量. 教育研究与实验，2010（5）：80-84.

谭蔚. 武警基层军官职业人格问卷的编制与应用研究. 长沙：湖南师范大学，2016.

田燕秋. 论职业的适应性. 广西民族学院学报（哲学社会科学版），1999，21（S1）：137-139.

仝莹. 基层干部职业压力对职业幸福感的影响研究——人格特质的调节作用. 太原：太原科技大学，2014.

汪罗. 孟斯特伯格：工业心理学之父. 当代电力文化，2015（4）：86-87.

王成义，王林松，刘琪等. 警察职业倦怠与自我效能感、工作压力和工作态度的关系. 中国临床心理学杂志，2007，15（4）：401-402，411.

王登峰，崔红. 中西方人格结构差异的理论与实证分析——以中国人人格量表（QZPS）和西方五因素人格量表（NEOPI-R）为例. 心理学报，2008，40（3）：327-338.

王芙蓉. 军官职业人格量表的编制和信效度研究. 长沙：中南大学，2006.

王芙蓉，邹韶红，张亚林. 军官职业人格量表的效度. 中国临床心理学杂志，2010，18（4）：451-454.

王国香，刘长江，伍新春. 教师职业倦怠量表的修编. 心理发展与教育，2003，19（3）：82-86.

王红雨，严发萍. 大学体育教师教学效能感及对教学质量的影响研究. 南京体育学院学报（自然科学版），2015，14（5）：1-3，15.

王晶. 高校教师职业幸福感现状调查及对策研究——以武汉工程大学为例. 武汉：武汉工程大学，2015.

王静. 兰州市幼儿教师职业认同与专业发展研究. 兰州：西北师范大学，2007.

王娟，何侃，张立松. 基于自我效能感的残障大学生职业指导研究. 职教通讯，2013（14）：65-67.

王垒，马洪波，姚翔. 当代北京大学生工作价值观结构研究. 心理与行为研究，2003（1）：23-28.

王梅. 小学教师职业幸福感研究. 上海：华东师范大学，2007.

王萌，宋岳礼. 初中生英语学习自我效能感、学习策略与学业成就的相关性. 焦作师范高等专科学校学报，2015，31（2）：63-65.

王荣山. 大学生职业价值观、生涯决策自我效能与职业成熟度的关系研究. 西安：陕西师范大学，2007.

王同军. 大学生的职业归因风格、职业价值观、职业决策自我效能与求职行为的关系. 济南：山东师范大学，2007.

王鑫强，曾丽红，张大均等. 师范生职业认同感量表的初步编制. 西南大学学报(社会科学版)，2010，36(5)：152-157.

王益富. 企业员工职业适应能力：测量及影响机制. 重庆：西南大学，2014.

王云鹏. 大学生学业自我效能感、成就动机与职业兴趣之间的关系研究. 长春：吉林大学，2007.

王重鸣，陈民科. 管理胜任力特征分析：结构方程模型检验. 心理科学，2002，25(5)：513-516，637.

韦毅嘉. 企业科技人员职业自我效能感的研究. 重庆：西南大学，2006.

魏淑华. 教师职业认同与教师专业发展. 曲阜：曲阜师范大学，2005.

翁琴雅. 我国中学校长职业幸福感研究. 上海：华东师范大学，2012.

肖玮，王剑辉，车文博. 军事飞行员职业自我效能感量表的建构. 第四军医大学学报，2004，25(23)：2179-2181.

谢军. 企业员工工作压力量表初步编制及其结构探索. 长沙：湖南师范大学，2005.

徐富明，吉峰，钞秋玲. 中小学教师职业倦怠问卷的编制及信效度检验. 中国临床心理学杂志，2004，12(1)：13-14，95.

徐建平. 教师胜任力模型与测评研究. 北京：北京师范大学，2004.

徐玉明，王利斌. 警察职业人格品质与能力的社会心理学透视. 公安研究，2004(6)：88-91.

许延礼，高峰强. 高中教师工作压力源量表的初步编制. 当代教育科学，2003(21)：43-44.

闫芳芳. 城乡小学教师的职业压力、社会支持与职业倦怠的关系研究. 武汉：华中师范大学，2014.

闫凤霞. 大学生归因风格、成就动机与职业决策自我效能感的关系研究. 长春：吉林大学，2015.

严标宾，张兴贵，林知. 员工情绪智力对工作绩效的影响——自我效能感的中介效应. 软科学，2013，27(12)：49-52.

杨涛杰. 保险行业营销员胜任特征模型构建. 开封：河南大学，2007.

阴国恩，戴斌荣，金东贤. 多级估量法在大学生职业价值观研究中的应用. 心理科学，2000，23(5)：513-516，636.

于海波，张大均，张进辅. 高师生职业价值观研究的初步构想. 西南师范大学学报（人文社会科学版），2001(2)：61-66.

于俊杰. 苏州地区警察心理压力研究. 苏州：苏州大学，2004.

于泳. 大连市IT企业员工职业自我效能感、应对方式和职业倦怠关系的研究. 大连：辽宁师范大学，2009.

余菊芬. 护士职业压力、应对方式与工作满意度的研究. 重庆：西南大学，2006.

袁方，姚裕群. 劳动社会学. 北京：中国劳动社会保障出版社，2003.

袁焕伟，张元. 帕森斯职业指导思想对我国的借鉴. 职业技术，2010，9(2)：4-5.

袁丽丽. 大学生职业同一性的测量及干预研究. 南京：南京师范大学，2008.

曾玲娟，伍新春. 国外职业倦怠研究概说. 沈阳师范大学学报（社会科学版），2003，27(1)：81-84.

曾庆彬. 澳门公务人员自我效能感问卷的编制与探讨. 广州：暨南大学，2003.

曾滔，张然. 台湾吴武典职业兴趣测试方法在招聘工作中的应用. 科技情报开发与经济，2005，15(5)：254-255.

曾维希. 大学生的生涯不确定感类型与症结研究——生涯混沌论的视角. 重庆：西南大学，2009.

张春兴. 张氏心理学词典. 上海：上海辞书出版社，1992.

张吉. 高校教学管理人员主观幸福感与职业倦怠的相关因素. 重庆：西南大学，2009.

张进辅，曾维希. 现代人才测评技术与应用策略. 重庆：重庆出版社，2006.

张丽莉. 医学生职业认同现状及影响因素研究. 上海：华东师范大学，2010.

张颖倩. 大学生职业价值观与自尊、成就动机的相关研究. 长春：吉林大学，2007.

张永忠. 高中毕业生职业价值观与职业兴趣、自我概念、重要他人职业价值观相关研究. 南昌：江西师范大学，2006.

张宇. 个人球形职业兴趣量表简版（PGI-SC）中文版的信效度检验. 郑州：郑州大学，2013.

赵崇莲，苏铭鑫. 职业倦怠研究综述. 宁波大学学报（教育科学版），2009，31(4)：65-69.

赵春阳. 教师职业倦怠相关因素的研究. 长春：东北师范大学，2005.

赵海. 浅谈职业发展趋势. 经济师，2010(11)：293.

赵红，路迢迢，张彩云等．护士职业认同量表中文版的信度与效度研究．中国护理管理，2010，10(11)：49-51.

赵茹．基层干部职业压力、社会网络与职业幸福感的关系研究．太原：太原科技大学，2014.

赵小云，郭成．国外生涯适应力研究述评．心理科学进展，2010，18(9)：1503-1510.

赵岩．高校辅导员职业认同、职业自我概念和职业倦怠的关系研究．哈尔滨：哈尔滨师范大学，2013.

郑晓芳．中小学教师职业压力、人格特征与职业倦怠的关系．长春：吉林大学，2005.

郑晓霞．职业胜任力与职业成功、组织认同的关系研究．杭州：浙江工商大学，2011.

钟惊雷，尹良明．基层军官工作压力问卷的初步编制．中国心理卫生杂志，2006，20(9)：626-627.

周隽．上海市中学教师职业压力状况及影响因素研究．上海：华东师范大学，2003.

周文霞，辛迅，谢宝国等．职业胜任力研究：综述与展望．中国人力资源开发，2015(7)：17-25.

朱从书，申继亮，刘加霞．中小学教师职业压力源研究．现代中小学教育，2002，18(3)：50-54.

朱伏平．中国高校教师职业认同与组织认同研究．成都：西南财经大学，2012.

朱韩兵．大学生归因风格对职业自我效能感的影响．上海：华东师范大学，2010.

朱智贤．心理学大辞典．北京：北京师范大学出版社，1989.

祝宏伟．工作要求、工作控制感与医生职业倦怠的关系研究．石家庄：河北师范大学，2006.

Akkermans, J., Brenninkmeijer, V., & Auiber, M., et al. Competencies for the contemporary career: Development and preliminary validation of the career competencies questionnaire. *Journal of Career Development*, 2013, 40(3): 245-267.

Akkermans, J., Schaufeli, W. B., & Brenninkmeijer, V., et al. The role of career competencies in the job demands-resources model. *Journal of Vocational Behavior*, 2013, 83(3): 356-366.

Allport, G. W. Personality: a psychological interpretation. *American Journal of Sociology*, 1937, 13(1): 48-50.

Amundson, N. E., Parker, P., & Arthur, M. B. Merging two worlds: Linking occupational and organizational career counseling. *Australian Journal of Career Development*, 2002, 11(3): 26-35.

Anakwe, U. P., Hall, J. C., & Schor, S. M. Knowledge-related skills and effective career management. *International Journal of Manpower*, 2002, 21(7): 566-579.

Arthur, M. B., & Adams, J. Intelligent enterprise, intelligent careers and executive commentary. *Academy of Management Executive* (1993-2005), 1995, 9(4): 7-22.

Bandura, A. Self-efficacy: Toward a unifying theory of behavioral change. *Advances in Behaviour Research & Therapy*, 1978, 1(4): 139-161.

Boyatzis, R. E. Competence and job performance. *Competence and Performance*, 1982: 10-39.

Brickson, S. The impact of identity orientation on individual and organizational outcomes in demographically diverse settings. *The Academy of Management Review*, 2000, 25(1): 82-101.

Defillippi, R. J., & Arthur, M. B. The boundaryless career: A competency-based perspective. *Journal of Organizational Behavior*, 1994, 15 (4): 307-324.

Diener, E. Subjective well-being. *Psychological Bulletin*, 1984, 95 (3): 542.

Elizur, D., & Sagie, A. Facets of personal values: A structural analysis of life and work values. *Applied Psychology*, 1999, 48(1): 73-87.

Francis-Smythe, J., Haase, S., & Thomas, E., et al. Development and validation of the career competencies indicator(CCI). *Journal of Career Assessment*, 2013, 21(2): 227-248.

Fugate, M., Kinicki, A. J., & Ashforth, B. E. Employability: A psycho-social construct, its dimensions, and applications. *Journal of Vocational Behavior*, 2004, 65(1): 14-38.

Hackett, G., & Betz, N. E. A self-efficacy approach to the career development of women. *Journal of Vocational Behavior*, 1981, 18(3): 326-339.

Hall, D. T. The protean career: a quarter-century journey. *Journal of Vo-

cational Behavior，2004，65(1)：1-13.

Holland，J. J. ，Gottfredson，D. C. ，& Power，P. G. Some diagnostic scales for research in decision making and personality：Identity，information，and barriers. *Journal of Personality & Social Psychology*，1980，39（6）：1191-1200.

Hershenson，D. B. Work adjustment：A neglected area in career counseling. *Journal of Counseling & Development*，2011，74(5)：442-446.

Holland，J. L. A psychological classification scheme for vocations and major fields. *Journal of Counseling Psychology*，1996，13(3)：278-288.

Hou，Z. J. ，Alvin，L. S. ，& Li，X. X. ，et al. Career adapt-abilities scale-china form：Construction and initial validation. *Journal of Vocational Behavior*，2012，80(3)：686-691.

Inkson，K. ，& Arthur，M. B. How to be a successful career capitalist. *Organizational Dynamics*，2001，30(1)：48-61.

Ivancevich，J. M. ，& Matteson，M. T. Nurses & stress：Time to examine the potential problem. *Supervisor Nurse*，1980，11(6)：17-22.

Kluckhohn，C. Values and Value Orientations in the theory of Action. *T. parson E. shills.* Toward a General Theory of Action，1967，18(4)：36-61.

Kong，H. Y. ，Cheung，C. ，& Song，H. Y. Hotel career management in China：Developing a measurement scale. *International Journal of Hospitality Management*，2011，30(1)：112-118.

Kremer，L. ，& Hofman，J. E. Teachers' professional identity and burnout. *Research in Education*，1985，34(34)：89-95.

Kuijpers，M. A. C. T. ，& Scheerens，J. Career competencies for the modern career. *Journal of Career Development*，2006，32(32)：303-319.

Mael，F. ，& Ashforth，B. E. Alumni and their alma mater：A partial test of the reformulated model of organizational identification. *Journal of Organizational Behavior*，1992，13(2)：103-123.

Maslach，C. ，& Jackson，S. E. The measurement of experienced burnout. *Journal of Organizational Behavior*，1981，2(2)：99-113.

McClelland，D. C. Testing for competence rather than for "intelligence". *American Psychologist*，1973，28(1)：1-14.

Moore，M. ，& Hofman，J. E. Professional identity in institutions of higher learning in Israel. *Higher Education*，1988，17(1)：69-79.

Munsterberg, H. *Psychology and Industrial Efficiency*. Boston: Houghton Mifflin Company, 1913.

Myers, D. G. , & Diener, E. Who is happy? *Psychological science*, 1995, 6(1): 10-19.

Pavot, W. , & Diener, E. The affective and cognitive context of self-reported measures of subjective well-being. *Social Indicators Research*, 1993, 28(1): 1-20.

Pines, A. , & Aronson, E. *Career burnout: Causes and cures*. New York: Free Press, 1988.

Raymond, J. S. , Wood, D. W. , & Patrick, W. K. Psychology doctoral training in work and health. *American Psychologist*, 1990, 45(10): 1159.

Rokeach, M. *The Nature of Human Values*. New York: Free Press, 1973.

Ros, M. , Schwartz, S. H. , & Surkiss, S. Basic individual values, work values, and the meaning of work. *Applied Psychology*, 1999, 48(1): 49-71.

Ryff, C. D. Happiness is everything, or is it? Explorations on the meaning of psychological well-being. *Journal of Personality & Social Psychology*, 1989, 57(6): 1069-1081.

Ryff, C. D. , & Keyes, C. The structure of psychological well-being revisited. *Journal of Personality & Social Psychology*, 1995, 69(4): 719.

Savickas, M. L. Career adaptability: An integrative construct for life-span, life-space theory. *Career Development Quarterly*, 1997, 45(3): 247-259.

Savickas, M. L. , & Porfeli, E. J. Career adapt-abilities scale: Construction, reliability, and measurement equivalence across 13 countries. *Journal of Vocational Behavior*, 2012, 80(3): 661-673.

Schwartz, S. H. A theory of cultural values and some implications for work. *Applied Psychology: An International Review*, 1999, 48(1): 23-47.

Schwartz, S. H. , & Bilsky, W. Toward a universal psychological structure of human values. *Journal of Personality & Social Psychology*, 1987, 53(3): 550-562.

Spencer, L. M. , & Spencer, S. M. *Competence at work: Models for superior performance*. New York: John Wiley & Sons, 1993.

Super, D. E. A life-span, life-space approach to career development. *Journal of Vocational Behavior*, 1980, 16(3): 282-298.

Tajfel, H. Human groups and social categories: Studies in social psychology.

Cambridge: Cambridge University Press, 1981.

Tajfel, H. , & Turner, J. C. The social identity theory of intergroup behavior //Worcherl, S. & Austin, W. G. *Psychology of intergroup relations*. Chicago: Nelson-Hall Publishers, 1986.

Vos, A. D. , Clippeleer, I. D. , & Dewilde, T. Proactive career behaviors and career success during the early career. *Journal of Occupational & Organizational Psychology*, 2009, 82(4): 761-777.

Watson, D. , Clark, L. A. , & Carey, G. Positive and negative affectivity and their relation to anxiety and depressive disorders. *Journal of Abnormal Psychology*, 1988, 97(3): 346.

Warr, P. The measurement of well-being and other aspects of mental health. *Journal of Occupational & Organizational Psychology*, 1990, 63(3): 193-210.